全球不为人知的100个秘境

探索之旅编委会　编著

北京出版集团公司
北 京 出 版 社

图书在版编目（CIP）数据

全球不为人知的100个秘境 / 探索之旅编委会编著．—
北京 ：北京出版社，2016.3
ISBN 978-7-200-11965-7

Ⅰ．①全… Ⅱ．①探… Ⅲ．①旅游指南—世界 Ⅳ．
①K919

中国版本图书馆CIP数据核字（2016）第057254号

全球不为人知的100个秘境
QUANQIU BUWEIRENZHI DE 100 GE MIJING

探索之旅编委会　编著

*

北京出版集团公司
北京出版社　出版
（北京北三环中路6号）
邮政编码：100120

网　址：www.bph.com.cn
北京出版集团公司总发行
新华书店经销
北京华联有限公司印刷

*

787毫米×1092毫米　16开本　18印张　373千字
2016年3月第1版　2018年3月第2次印刷

ISBN 978-7-200-11965-7

定价：49.80元
质量监督电话：010-58572393

前言

它们藏身于高山、大海、雨林、城市……它们鲜为人知，虽然不一定有赫赫声名，但它们有自己的风景，自己的魅力，自己的神秘，它们就是美丽地球上的秘境。

也许是造物者的刻意安排，也许是人类祖先的高超智慧，也许是现代人们的机缘巧合，无论如何，都成就了它们，成就了这些神秘而又让人不能止步的地方。

这里有挑战人们勇气的生命禁区，雨林、深渊、荒漠、洞穴，足以刺激你的心跳，让你感受探险的神奇乐趣。这里有地球上绝版的神秘境地，那些独一无二的美景，比宝物更珍贵，发现它们的心情一定是激动得难以言喻。这里有鬼斧神工的天地杰作，在它们面前，我们就如沧海一粟般渺小，让人不得不佩服万能的造物主。这里有神秘莫测的古城传说，岁月的影子清晰地投射在古城的伤痕上，我们静静地坐着，聆听千百年前的故事。这里有世界文明的遗存，先人已逝，留给我们的是无尽的智慧，值得我们驻足和尊崇。这里有遗世独立的绝美村落，你若是一个文艺青年，一杯茶，一本书，一下午，坐在村口的榕树下，潺潺的小溪边，何欲何求？

这其中，有中国的，也有世界的。是的，我们将要走遍地球的每个角落，它们都是人类认识地球几千年来尚未被充分征服的地方。也许有些地方你曾经来过，有些地方你计划前往，而有些地方你还未曾留意。这样的美景或许会与你的记忆产生共鸣，或许可以为你勾勒出一幅完美的旅行蓝图，或许会唤起你的灵感和梦想，带你去体验秘境的魅力与神奇。

征服是一种生活态度，不只是身体的征服，还有灵魂的升华。打开书，带上热情与希望，让灵魂先出发吧。

目录

第一章 挑战勇气的生命禁区

第二章 绝版地球神秘地带

第三章 鬼斧神工的天地杰作

第六章 遗世独立的绝美村落

第一章

挑战勇气的生命禁区

如果你是一个探险者，

那么请带上勇气和毅力，

挑战生命的禁区。

当你离开，

你将无所畏惧，

战胜自己，

你就是勇者。

左图：科罗拉多大峡谷，蜿蜒曲折，像一条桀骜不驯的巨蟒，匍匐于凯巴布高原之上

关键词：藏羚羊、保护站、无人区
国别：中国
位置：青海省西南部玉树藏族自治州境内
最佳旅游时间：夏季

可可西里

生命的禁区

将自己的心交付给这片土地，在高原强劲的心跳声中感受雪域的圣洁与坚韧。

可可西里蒙语译为“美丽的少女”，藏语称该地区为“阿钦公加”，是目前世界上原始生态环境保存最完好的地区之一，也是目前中国建成的海拔最高、面积最大、野生动物资源最为丰富的自然保护区之一。这里被称为可可西里无人区，神秘的“死亡地带”。

可可西里地区平均海拔在5000米左右，这里气候干燥、寒冷，氧气稀薄，淡水资源稀缺，环境非常险恶，让人望而生畏，被称为“生命的禁区”。由于人类无法在这里长期生存，所以只能依稀见到适应高寒气候的野生动植物，因此，高原野生动物拥有了得天独厚的生存条件，这里成为“野生动物的乐园”。藏羚羊被称为可可西里的骄傲，是中国特有的物种。曾经有人这样描述过：“藏羚羊不是大熊猫，只要你看到它们成群结队在雪后初霁的地平线上涌出，精灵一般的身材，飞翔一样优美的跑姿，你就会相信，它之所以能够在这片土地上生存数千万年，是因为它就属于这里。它不是一种濒临灭绝、适应能力差的动物，只要你不去管它，它自己就能活得好好的。”陆川导演的电影《可可西里》让藏羚羊走进了人们的视野，人们在看到壮美景色和血淋淋历史的同时，也对这块神秘的地方充满渴望与憧憬。如果你被电影中那种苍凉纯净的美所震撼，不妨背起背包亲自穿越可可西里，去感受圣洁的同时也体验一下大自然的残酷。不少人喜欢在这里进行探险和户外生存，不知道这些人是否知道，在可可西里，探险的意义其实就是拯救，拯救藏羚羊，拯救美丽，也拯救人类自己。因为在这片美丽与苍凉交织的土地上，再也经受不起摧残、暴虐和屠杀了。

可可西里，皑皑雪山下，草原碧绿如洗，在心跳声中感受雪域的圣洁与坚韧

成群结队的藏羚羊在地平线上涌出，尽情驰骋，它们属于这里

可可西里无人区没有人类居住，但却是可以让行者的灵魂栖息的地方。严格来讲，这里根本不能算是观光地或者风景旅游区，它的美不是走马观花就能领略的，它也不是供游客感官享受的度假天堂。你需要如朝圣者那般虔诚，你需要变成这里所有动植物中的一员，与一草一木一云一月对话，你需要把自己的欲望扣于大自然的膝下，将自己的心交付给这片土地，才能在高原强劲的心跳声中感受雪域的圣洁与坚韧。

可可西里依旧是一片少有人踏足的秘境，这里是中国最脆弱的“死亡之地”，也是中国最美的“生命禁区”，这里需要人们放下贪欲和畏惧，用爱心和关怀去守护，唯有如此，这片秘境才能真正向世人展示它的壮阔和美好。

不可不游

玉珠峰

玉珠峰坐落在青海省格尔木市和玉树州交界处，它宛如一位俊秀的少女，矗立于美丽的可可西里东部，成为可可西里的守护神。

龙羊峡水库

龙羊峡人工水库已成为美丽的旅游景点，大坝锁黄河，高峡出平湖。碧波荡漾，湖光山影，乘游船绕湖一周，苍穹碧野，令人心旷神怡。

鄂陵湖

鄂陵湖面积 610 平方千米，最大水深 30.7 米，平均水深 20 米，蓄水量 107.6 亿立方米。鄂陵湖水草丰美，肃穆幽静，是候鸟的天然聚居地，被人们称为青海的第二鸟岛。

Tips

1. 可可西里生态旅游区每年游客数量限制在 1000 人以内，去旅游最好提前详细咨询。
2. 可可西里的大气含氧量只有内地的七成左右，有心脏病、高血压、肺病等疾病的患者，最好不要前往。
3. 可可西里的环境已经很脆弱，一定要注意保护环境。不可分解的垃圾要带出，可分解的就地掩埋。

湖水极为清澈，湖面风平浪静，纤萝不动，宛若诗画

关键词：荒漠、胡杨、罗布人
国别：中国
位置：新疆东南部
最佳旅游时间：4—10 月

罗布泊

再现的传奇

那些胡杨孤独地躺在沙丘之间，它们千年不朽，也许只是为了向后人诉说此处往日的辉煌，那些美丽的湖泊，那些勤劳的人们，和那些被黄沙埋没的动人故事。

罗布泊，曾经的中国第二大咸水湖，如今已退化成干涸的盆地

再没有什么树能比沙漠中的胡杨更能让人感到历史的沧桑了，行走在罗布泊的荒漠中，到处都是胡杨。它们有的挺立在戈壁中，粗大的枝干上，长着细细的枝条，明明很苍老，却又透着股初春的新奇，让人想到那些擦红施粉的古稀老太太，俏皮得可爱；有些倒在地上，干枯的木段散落一片，不知道是根还是枝；还有些胡杨林中，老树皮肤皲裂，沟壑纵横，而旁边的新林则郁郁葱葱，生机勃勃，正是“病树前头万木春”，让人感慨岁月如斯，盛日难持。

触摸着那些沙漠上的枯干，斑驳的树皮上传来不尽沧桑，仿佛听到它们在诉说着千万年前此地的辉煌：那时这里湖泊充盈，林木蔽空，水鸟在湖畔栖息，狍鹿在林间嬉戏，勤劳的罗布人驾着小舟捕捞肥美的大

被风沙侵蚀了千百年的怪石，似乎向人们讲述着神秘的历史

鱼……如今，沧海已为桑田，绿洲被黄沙吞没，村子、湖泊都消失在历史深处，只剩下这干枯的胡杨树，千年不朽。

沿着布满卵石的荒野前行，干涸的河流上游，竟还有清泉冒出，可惜流了没多远就都渗入黄沙之下。忽然远处一片姹紫嫣红，莫非这就是传说中的海市蜃楼？竟然是这么清晰，这么美丽！直到有香味袭来，才晓得原来真的有一园桃花，满园春色和周边的荒漠形成鲜明对比，也许这就是桃花源吧，原来它竟躲在西域的大漠深处。

桃园不远处高悬着“阿不旦”的门，告诉游人罗布人的村子到了。以前，人们普遍认为，神秘的罗布人还保留着古老的生活方式，他们不种田、不放牧，尽是靠渔猎为生，如今到了这里，才觉得他们并没有那么神秘。村子早已接受了外面世界的文化，旅游设施遍布，旅游才是这里最主要的收入来源。

离开罗布人的村子，深入大漠去看看那些干涸的湖泊，拾起被黄沙烤得滚烫的贝壳，放到鼻下，已经没有一点腥气了，也许它们早已在烈日、风沙中晒了千年，早就忘了湖泊是什么味道。夕阳西下时，古烽火台进入眼中。孤零零的土丘矗立在荒漠之中，不知曾有多少戍边青年在此奏响羌笛，吹出一段江南的小调；又有多少青年，在月下弹着胡地的琵琶，想着长安城中倚窗西望的佳人；多少刀光剑影在这里掠过，多少鲜血从这里渗入地下。

崔嵬神秘的雅丹城中又埋藏着什么样的秘密？是罗布人在此埋藏了惊天的宝藏，还是游龙般的白龙堆下藏着哪一代帝国的龙脉？风起时那些鬼哭狼嚎之音是将士们绝望的呐喊，是寻宝者、探险家们失望的哀鸣，还是被敌人逼入死亡之地的亡国遗民深深的诅咒？

罗布泊就是这样一个到处都是谜团，到处充满神秘气息的地方，这里到处都是惊险，到处都是冷寂，但它带来的那种刺激和壮美的沙漠风光会让每一个来到这里的人深深地爱上这片土地。

造化面前，游人在追思这里曾经的繁华

不可不游

太阳墓

太阳墓位于孔雀河古河道北岸，1979 年被考古学家侯灿、王炳华等发现，此处有古墓数十座，每座都是中间用一圆形木桩围成的死者墓穴，外面用几十厘米高的木桩围成 7 个圆圈，并组成若干条射线，呈太阳光芒放射状。经测定，太阳墓已有 3800 年历史。

太阳墓西侧，在古河道北岸的一片台地上，有成片的株距相等、行距相同、树干很粗的枯死的胡杨林。这成排成行的枯树，带有明显的人工营造特征，成为一个不解之谜。

孔雀河

孔雀河源于博斯腾湖，流经库尔勒、尉犁县进入罗布荒漠，现中游河道灌满流沙，偶有稀疏胡杨树和芦苇、红柳，下游河道则寸草不生，一片死寂，沦为荒漠，河道两岸偶有轰然倒地的枯胡杨。

龙城雅丹

龙城雅丹（一种典型的风蚀性地貌）为罗布泊地区三大雅丹群之一，位于罗布泊北岸。土台群皆为东西走向，呈长条土台，远看为游龙，故被称为龙城。龙城雅丹又称为白龙堆雅丹，并被《中国国家地理》评选为中国最美的三大雅丹第二名，也被誉为“最神秘的雅丹”，因为极少有人见过它的真貌。

营盘汉代遗址

营盘汉代遗址是罗布泊地区中保存较完好的一处古遗址。遗址中有一圆形城墙，直径 300 米，残墙高近 6 米，城西有一佛塔遗址，碎土坯形成金字塔形。古城北边 2000 米处的高台地上，存有佛塔基座，佛塔基座西边则是著名的古墓群，为罗布泊地区最大的墓葬群。据资料介绍，营盘是官办的屯兵驿站，一方面扼守丝绸之路的中道，起保护商旅的作用，另一方面孔雀河就于城旁流过，土地可以屯垦。

Tips

❶ 穿越罗布泊需有性能良好的越野车或骆驼等交通工具，维修工具、卫星电话、GPS 等也必不可少。

❷ 沙漠一天中温差很大，须带足衣被。

❸ 搭帐篷尽量选用红色或其他颜色显眼的布料，穿的外衣也要醒目些，使个人目标容易被人发现。

❹ 一定要多人多车结伴而行，备足至少 15 天以上的水和食品，并根据个人身体状况自备药品。万一遇到特大沙尘暴，逗留时间肯定会延长。

关键词：雪峰林立、湖泊遍布、民族风情
国别：中国
位置：云南省怒江州
最佳旅游时间：全年

怒江大峡谷

极致的诱惑

双崖倚天立，万仞从地劈。云飞不到顶，鸟去难过壁。——唐·岑参

怒江大峡谷，山峰陡峭，云雾缭绕，雪峰显露，原始森林郁葱，景色美如画

怒江，顾名思义，水流湍急、涛激浪怒，从唐古拉山出发后，就势不可当，一副盛气凌人的样子。它咆哮着、怒吼着，奔涌向前。怒江两岸山岭海拔均在3000米以上，落差大、水流急，就像一个不知疲惫的运动员，直直地往前冲去。江水如骏马般奔腾向前，撞击出了一条山高、谷深、峰奇的大峡谷。

云朵因山势高大而停滞，鸟儿因峰谷险峻而难行，两岸的山峰高高耸峙倚天而立，峭壁如刀劈一般笔直。怒江以一泻千里的雄姿顺流而下，宛如一条玉带，缠绕着两边的山峰，汹涌澎湃。

峡谷东岸为碧罗雪山山脉，西岸为高黎贡山山脉，怒江奔腾于两个山脉之间，两岸山势雄伟、壁立千仞，垂直上下的石壁让人不敢直视。怒江大峡谷深受印度洋西南季风的影响，出现了“一山分四季，十里不同天”的美景。河谷还是树木翠绿、鸟语花香、生机盎然的春天，山巅之上却早已冰雪覆盖，严寒逼人。各种珍稀的花草在这里茂盛地生长，罕见的禽鸟在这里自由地穿行。峡谷的景色总是给人一种季节错乱的感觉，令人如入仙境却又意乱神迷。

大峡谷的水也是奇幻的，随着季节的变化而变化。山上枝繁叶茂、鲜花盛开之时，江水倒映着山间的树木和花草，绿的、红的、紫的，交织成一幅五彩斑斓的油画，似乎是上天不小心打翻了颜料盒，毫不吝啬地把所有色彩倾注其中。树叶凋零、白雪皑皑的冬季，白茫茫的一片纯洁的世界，江水也变成了银白色，清风吹过，水面仿佛铺满了片片的碎银，发出夺目的光芒。一年四季之中，江水总是跟随着季节的节拍，变换着美丽的心情，让游人不管什么时候到来都有不一样的感受。

高山、深谷、江流养育锤炼了怒江大峡谷的各族儿女，傈僳族、怒族、独龙族等民族生活在此。他们各具特色的生活方式、民俗活动构成了一幅和谐的峡谷风景画。傈僳族祈求五谷丰登的阔什节，除旧迎新的澡潭会；怒族庄严隆重的仙女节；独龙族剽牛祭天的祭祀活动……这些丰富多彩的民俗活动，都给怒江大峡谷增添了浓厚的人文情趣，这些震撼人心的盛会也吸引着无数的游人前来探秘寻奇。

在奔腾激荡的怒江面前，所有的船儿望而却步，溜索就这样应运而生。溜索是大峡谷中最具人文特色的景观，这无疑是与外界联通的最便捷、最简单的方式。蜘蛛侠似的飞渡方式，一方面彰显了傈僳族、怒族儿女们的过人胆识与超凡智慧，另一方面也赋予了他们诉说相思的浪漫。溜索最初是一对相爱的傈僳族男女发明的，至今仍带着股炽热的相思之情。通过溜索，人们可以在怒江上凌空飞翔，能够摆出各种造型，宛如水上漂一般的轻功让人羡慕，但过溜索需要极大的勇气。

听着怒吼的水声，绝对是一次极为震撼的视听享受；两岸的风景如画，树木苍翠欲滴，鲜花烂漫似锦，山顶银装素裹，原生态的环境让你欲罢不能；在这里真的能够感受到大峡谷的险峻，看到高山的云雾缭绕，天如同水洗一样湛蓝，空气清新怡人，人们纯朴自然，在这里大自然的魅力是无法阻挡的。怒江大峡谷绝对是值得一去的地方。

怒江涛声隆隆，水势汹汹，奔腾激荡

不可不游

怒江第一湾

奔流不息的怒江，经过两处绝壁、大山的阻隔，两次被迫转道，形成了一个半圆形的大湾，称为怒江第一湾。湾上怒江台地平坦开阔、构成三面环水的小平原，此处水流平缓、水质清冽，四周景色宜人。坐落在湾中心的坎桶村，

怒江两岸，翠竹绿林，古木参天，松萝满树，幽中显古，蔚为壮观

阡陌交通、男耕女织，一片田园风光。或泛舟江上，或对歌唱晚，悠闲自在。

丙中洛

丙中洛坐落在峡谷之间，周围群山林立、怒江环绕而过，是一处罕见的平坦台地，被人们称作怒江中的桃花源。这里原始宗教、基督教、藏传佛教共存，傈僳族、藏族和谐生活，有着多元的文化和民族风情。独特的地形以及环境，形成了丙中洛南部地区在冬至那天出现两次日出日落的奇景，实在奇特。

澡塘会

怒江地区居住的傈僳族人们常年被高山大江阻隔，交通极为不便。一年一度的澡塘会则给他们提供了交流见面的机会，人们汇聚起来赛歌、欢饮，互相交流生活经验。这是傈僳族人难得的相聚时光。

仙女节

怒族信奉仙女，是母系氏族崇拜女性的遗风。每年农历三月十五至十七日，怒族人就要为仙女过节，此时正值杜鹃盛开，又被称为鲜花节。人们祭祀祝祷，祈求来年五谷丰登。

Tips

❶ 在这里可以参加过溜索、划木船等活动，但一定要在专业人员的带领下进行。

❷ 路过怒族人家门前，要提防看门的狗，不要轻易靠近没有主人在家的院落。

❸ 尽量穿轻便的鞋子，因为大部分时间要在怒江边上行走。

当地少数民族正载歌载舞，欢声笑语

关键词：雪山、深谷、悬崖峭壁
国别：中国
位置：西藏
最佳旅游时间：5—10月

雅鲁藏布大峡谷

无人穿越的处女地

雪山露出少许面庞，像个娇羞的新娘不敢摘下头顶的红盖头。

雅鲁藏布大峡谷两侧，壁立千仞，峰岭上冰川悬垂，云雾缭绕，气象万千

雅鲁藏布大峡谷是世界上最深、最长、海拔最高的河流大峡谷。它的发现，成为20世纪最伟大的地理发现之一。仅仅在汽车上观看，雅鲁藏布大峡谷的奇美就足以震撼人心了，仿佛一把不知多大的宝剑，将巍峨连绵的山岭一劈为二。那些雪峰、那些川壑，忽然间被分为两部分，只能隔着大峡谷遥遥对望。

汽车沿着川藏公路前行，首先到达的是林芝。茫茫林海衬托着花的海洋，这里的树木种类很丰富，有香蕉树、棕榈树等。林芝冬季平均气温在0℃以上，夏季在20℃左右，冬暖夏凉，是全国闻名的避暑胜地，越来越受到旅游者们的青睐。

车行至雅鲁藏布大峡谷，车窗外经常可以看到高耸的古树上挂着很多哈达，这些曾经洁白的哈达被山风撕裂，呈现出无比的沧桑。据说这是为了纪念文成公主的。当地人说，顺时针绕着古树转三圈，未婚者会有桃花运，已婚者会婚姻美满。

来到了雅鲁藏布大峡谷，就不能不提一个地方。从林芝的八一镇到排龙，之后由排龙走到扎曲，你就能够欣赏到世界上最深的峡谷——雅鲁藏布大峡谷。

当你站在扎曲的山顶远眺，白云从身边飘过，对面的雪峰在云海中若隐若现，早晨的阳光将山峰染成金色，仿佛一座座仙山福地。向下看，怪石突兀，绿树掩映，浩浩荡荡的雅鲁藏布江自西而来，然后转向，绕着南迦巴瓦峰形成马蹄形大拐弯，向南奔腾而去。滔滔大河突然转了一个直角，令人惊叹不已。高峰与拐弯峡谷的组合，在世界峡谷河流史上十分罕见，这本身就是一种自然奇观。

如果从空中鸟瞰大峡谷，你会发现雅鲁藏布江是在无数雪峰和碧绿的群山之中切出的一条陡直的峡谷，穿越高山屏障，围绕南迦巴瓦峰形成奇特的大拐弯，南泻注入印度洋，其壮丽奇特无与伦比。

最后，可以乘车由排龙到米林，由米林到山南地区的加查，游览整个雅鲁藏布大峡谷风光。你可以看着雅鲁藏布江的水，从固态的万年冰雪到沸腾的温泉，从涓涓细流、帘帘飞瀑到滔滔江水；你可以看着大峡谷的山，从遍布热带雨林的山脉到直入云天的皑皑雪山，让人感觉如神来之笔。其山峰皆为强烈上升断块，巍峨挺拔，直入云端。峰岭上冰川悬垂，气象万千。

眺望远方，云雾缭绕，高峰都很模糊，一阵山风过后，那些圣洁的雪山依稀可见。如同头顶白纱的美丽少女，在日光下双眸熠熠生辉，顾盼间让游人神魂颠倒；又如娇羞的新娘不敢摘下头顶的红盖头，微风拂过，露出桃花般娇羞的俏脸。

清澈的河水沿着山峰在曲折的河道里流淌，平缓而宁静。岸上是丛生的植物，绿意盎然，焕发着勃勃生机。逶迤的群山下，随处可见色彩鲜艳的小屋、各种家畜随意地在

雅鲁藏布江，它的激流至今没有一人敢于漂流，谷底至今没有一人能全程穿行

滔滔大河突然转了一个直角，令人惊叹不已，不能不为这大自然的鬼斧神工叫绝

雅鲁藏布江犹如一条银色巨龙，从雪山冰峰间流出，奔向藏南谷地

门口游荡，似乎这里就是它们的乐园。在这里，没有现代城市的喧嚣，没有灯红酒绿的应酬，没有世俗中的客套与奉承，有的只是那仿佛一伸手就能碰到的蓝天，在云海中若隐若现的雪山，还有那奔流直下的江水。呼吸着来自雪山之巅的空气，让自己浮躁的心平静下来。

雅鲁藏布大峡谷内河段，冰川、绝壁、陡坡、泥石流和波涛汹涌的大河交错在一起，环境错综复杂。许多地区至今仍无人涉足，堪称“地球上最后的秘境”。但它也是世界仅存的一块处女地，至今无人敢在此漂流，更没人敢在此徒步穿行。这里有世上最纯净的天空，最飘逸的云彩，最雄伟的雪峰，最漂亮的大拐弯，最丰富的宝库，这里是世界上最美丽、最令人向往的地方。

不可不游

雅鲁藏布江大拐弯

在雅鲁藏布大峡谷中奔流不息的江水从高向低一路穿行。河流本来是从西向东流淌，在下游时，突然折向南流，再转向西南流，形成世界上罕见的马蹄形大河湾。这个大拐弯展示了大自然的神奇魅力。

布达拉宫

布达拉宫位于拉萨，是西藏的象征。它是一座古老的宫殿，延续了古老的建筑风格。在这里，你可以欣赏到世界最高处的宫殿的独特魅力。探险雅鲁藏布大峡谷归来之后，你可以领略一下它的风采。

大昭寺

大昭寺位于拉萨老城区，是一座藏传佛教寺院。它有着悠久的历史，还有着古老的传说。它在藏传佛教中拥有至高无上的地位，是西藏现存最辉煌的吐蕃时期建筑，也是西藏最早的土木结构建筑，开创了藏式平川式的寺庙风格。

Tips

1. 可以提前一周服用预防高原反应的药物。
2. 峡谷内有猛兽、毒蛇生存，应做好安全措施。
3. 在雨季期间最好不要进入峡谷探险，有可能发生泥石流等自然灾害。

关键词：惊险、死亡谷
国别：美国
位置：加利福尼亚州东南部
最佳旅游时间：11 月至次年 4 月

加州“死亡谷”

触碰死神的手

这里到处都是最绝美的景色，却散发出死亡的气息……

美国加利福尼亚州与内华达州相连的群山之中的“死亡谷”，面积达 1400 多平方千米。峡谷两“岸”，悬崖绝壁，地势十分险恶。这里是北美洲最炽热、最干燥的地区。每逢倾盆大雨，炽热的地方便会冲起滚滚泥流。因为恶劣的环境，整个地区都被神秘所笼罩，人们将其称为“死火山口”“干骨谷”和“葬礼山”等，但越是奇特的景观，越是惊险刺激，就越能吸引游人前来探访。1933 年美国总统胡佛将其命名为“死亡谷”，并设立为国家特级保护区，1994 年美国将其正式辟为国家公园。

死亡谷还是印第安人曾经的居住之地，关于印第安人守卫着他们的圣山，杀死进入此地的冒犯者的流言在附近不断传播。最为传奇的是 1849 年冬天，一批往旧金山淘金的队伍抄捷径横穿该谷，但很多人再也没有走出来，没人知道他们到底遇到了什么，是怪兽、恶魔，还是凶残的土著，或是无法解释的自然现象。少数活着走出山谷的人都对他们在其中的遭遇闭口不谈，只是将其称为“死亡之谷”。

荒漠气候下死亡谷中的一片开阔之地

死亡谷中沟壑纵横的山峦

如今，开放的国家公园吸引了更多的游客，他们并未遇见任何怪兽或死亡的威胁，相反这里环境倒是十分美丽。如果驾驶登山车走在蜿蜒的公路上，游人会不断地看到紫红或者橘黄色的山岩，在一望无际的沙漠的衬托下，岩石色彩随着阳光的强弱不断变化，奇幻莫测，人们称之为“艺术家的调色盘”。这些色彩是由矿物质中那些不同元素组成的，岩石含有毒性，接触多了对人的健康有害。距离一个村庄不远有一处宽广的沙丘，沙丘上纹路清晰，错落有致，宏伟苍莽，构成一幅令人叹为观止的天然美景图，让人们深深体会到大自然神奇的力量。唯一不足的是在这里几乎找不到生命的迹象。

在死亡谷最低处，你会看到犹如银带一样的盐溪和恶水河床。这条盐溪水温高达40℃，含盐量比海水还高出 4 倍，但在干旱的气候下，这里就只留下闪闪发光的盐粒。龟裂的恶水河床还有一个奇特的现象，在有些大石背后，可见到明显的滑行轨迹，长长的带有动感的滑行轨迹完全是大石自行运动的结果，不过究竟是风力使然还是地震推动，仍无人知晓。时至今日，大石滑行的轨迹从未中断或者停止过，神秘的大自然总在我们不经意间又将神秘的轨迹拖行得更长更远。正是这些奇妙的景物，让人几乎失去空间感和时间感，被死亡谷深深地吸引着！

皎洁月光下形成的自然景观

不可不游

死亡谷国家公园

死亡谷国家公园不仅景色十分美丽，还是美国著名的爱德华空军基地和太空实验的场所，拜沙漠地带终年不断的强风所赐，高科技的风力发电产业在此蓬勃发展，而令人赞叹的沙砾地质奇观也成为此地最大的特色，每年吸引各地的游客纷至沓来。

魔鬼高尔夫球场

魔鬼高尔夫球场是风吹日晒而形成高低起伏、尖顶状结晶的盐地，之所以如此称呼它，是由于它恶劣的地势，除了魔鬼之外，没有人可以在这片土地上打高尔夫球，若真的在此处打球，那么就得接受一场魔鬼般的训练。

艺术家路

艺术家路是一条蜿蜒的单向泥土道路，途中有一转口可到达艺术家调色板，此地东侧的山岳，因含有云母、褐铁矿、赤铁矿等丰富矿物质，形成五颜六色的图案，就像是画家恣意挥洒的画作，又如同天赐的艺术作品。

烟囱井

烟囱井附近的沙丘是死亡谷国家公园内驾车最容易抵达的地方。来此一游的观光客，都会尝试在沙丘里翻滚的滋味，或是领略由沙丘顶往下滑动的美妙感受。

Tips

❶ 托马斯·凯勒餐厅（Thomas Keller）是到死亡谷旅游不可错过的景点，餐厅是一栋石头建造的房子，它是当代加利福尼亚的烹调中心，提供具有法式风格且品质非凡的菜肴。

❷ 参观完死亡谷的自然景观，到洛杉矶圣莫妮卡餐厅（Santa Monica）享用“创意沙拉”，成为很多名人的潮流新热点体验。

关键词：巨洞、暗礁、蝙蝠
国别：美国
位置：新墨西哥州
最佳旅游时间：4—6 月

卡尔斯巴德洞

带屋顶的大峡谷

在荒凉的沙漠地下，隐藏着一处惊人的奇观，一处多彩的地下宫殿……

开阔的洞内钟乳石到处都是，在灯光的映衬下，色彩绚丽

美国新墨西哥州南部有一处壮丽的奇观，这就是卡尔斯巴德洞，因为其中生活着大量蝙蝠，当地人称之为“蝙蝠洞”，是西半球最大的天然巨穴之一。卡尔斯巴德洞窟国家公园内奇特的地质形态非常罕见，这里有各种各样的怪石、石笋，有巨大的形似珊瑚礁的凸岩底座，有一排排垂挂而下的石帘，有幽静的洞中水潭，有潺潺不息的地下河流……

主洞穴的拱形洞口直通地下，漆黑一片，深不可测，其规模和气势令人悚然。庞大的地下迷宫迄今为止尚未被完全探索清楚，它的空间是如此庞大，以至于美国滑稽演员威尔・罗杰斯（Will Rogers）称这个地下奇景为“带屋顶的大峡谷”。

洞中的岩石在亿万年的演变中，形成了数不清的奇观，较大的有 6 层楼高，而较小的则如蕾丝般精美。有些丛生的石笋高高地挂在洞顶上，如同悬挂着无数把利剑，游人站在下面顿时感觉头顶生凉；有些从高处垂下的石笋聚成一堆堆、一簇簇，远远望去如同飘浮在空气中的水母，那垂下的丝须，似乎还能随意摆动；还有些巨大的钟乳挺立在洞中，如同沙漠上丛生的仙人掌，因饱含铁元素而呈现出的黄绿色，使它们更加形象逼真。墙壁上的怪石更是如同鬼斧神工的雕刻般精美传神：有的如少女的脸颊，圆润光滑；有的如同老人的拐杖，倚靠在石椅之旁；有的如同站起瞭望的兔子、奔走的野狼，动感十足……

不同的洞穴，也存在不同的景观，大的内部十分空旷，怪石、水潭列于其间；小的则如狭仄的深廊，只能看到斑驳的洞壁，其中也黑暗得多；靠近外面的地方还能感到沙漠中的暑气，空气也比较干燥；而深入地下的洞中则清凉湿润，洞壁不时有积水流下，汇入幽深的水潭中；有些洞穴只有一条道路，直通洞底，而另外的则如迷宫般复杂，洞中曲径相连，石墙、石林时时将道路分隔。

卡尔斯巴德洞的地面上，是北美最大沙漠的部分山区。此处生活着丰富的野生动物，有长耳鹿、草原狼、美洲狮和浣熊等，植物包括龙舌兰、仙人掌和墨西哥刺木。壮丽的沙漠使山区景观和地下洞穴奇观相得益彰，使卡尔巴斯德洞窟国家公园成为享誉全球的胜景。

此外，公园的另一个看点就是蝙蝠。每年 4 月至 10 月的傍晚时分，无数的蝙蝠从洞口蜂拥而出，在夜空中仿佛迅速移动的黑云，蝙蝠群呼啸而过，形成宽度达 160 千米的巨网，所过之处，飞虫片甲不留。当黎明到来时，它们才会陆续返回洞穴。而白天，它们就密密麻麻地挂在洞穴之中，如同洞顶结满了黑色的果实，蔚为壮观。

不可不游

大房子

大房子位于卡尔巴斯德洞入口处地下大厅旁边，“房间”四壁造型各异的钟乳石，将整个洞穴装点得犹如一座豪华的宫殿。景点中一步一景、移步换景，很多景致都让人过目难忘。

国王宫殿

国王宫殿也是一座巨大的溶洞，洞顶石笋如倒悬剑林，地下长满稀疏的巨大“石塔”。有些地方，积水聚成浅浅的水坑，水潭、奇石在灯光的照射下显出奇幻的色彩，美不胜收。

皇后室

皇后室溶洞中，石笋因为饱含铁元素而显示出梦一般的景色——它们随着铁氧化物的种类和含量不同而呈现出红、黄、绿等不同的色彩，加之那些奇形怪状的外观、灯光的照射、流水的辉映，你会看到蓝色的帷幕、绿色的百叶窗、浅红色的仙人掌、淡黄色的壁橱等奇妙的景观，让人以为这是充满魔法的地下宫殿。

流水侵蚀下形成根须状的石幔，蔚为壮观

Tips

① 很多洞穴中十分潮湿，游人最好穿防水、防滑的鞋子，另外灯光暗淡或耀眼处应仔细看路，以免摔倒发生危险。

② 参观时应遵守旅游规定，有些景点可能存在危险，游人不可随意越过栏杆，更不可独自深入无人探测的洞穴中冒险。

关键词：沉船、神秘
国别：中国
位置：江西省北部
最佳旅游时间：11 月至次年 3 月

鄱阳湖

魔鬼三角区

多少年来，在这片水域沉没的船只无数，帆影点点、渔舟片片的美丽的鄱阳湖果真有这样一片诡秘的水域吗？

鄱阳湖绚烂的晚霞，让人不禁诵咏“秋水共长天一色”

鄱阳湖是中国第一大淡水湖，也是中国第二大湖。“浩渺鄱湖水接天，波翻浪涌竞争先；连江通海胸怀广，滋养生灵岁复年。”鄱阳湖上承赣、抚、信、饶、修五河之水，下接长江。丰水季节浪涌波腾，浩瀚万顷，水天相连。但是，它也存在一片类似于“百慕大”的神秘水域。在它的北部有一处令当地渔民和过往船只闻风丧胆的神秘三角地带，矗立在这个区域东岸的一座有 1000 多年历史的建筑风格非常独特的老爷庙，为它平添了许多神秘色彩，这便是被称为“魔鬼三角区”的老爷庙水域。自古以来这里翻沉了无数的船只，出现了一系列令人们难以解释的怪谜。

新中国成立前，在这里沉没的船只非常多。1945 年 4 月 16 日，侵华日军一艘 2000 多吨的运输船“神户九号”，装满了在我国掠夺的金银财宝和古玩等顺长江入海回日本，谁知船行驶到鄱阳湖老爷庙水域却无声无息地下沉了，船上的 200 多人没有一人逃生。

如果单论沉船事故多，“魔鬼水域”倒也没有什么出奇之处，但令人费解的是，这片水域水并不深，一般深度只有 30 多米，最深处也只有 40 米左右，而且湖底并没有什么暗礁，根本就没有触礁沉没的可能。

驻九江的日本海军派出了一支优秀的潜水队伍来到老爷庙，谁知潜水员下水后，有去无归，只一人得返。他脱下潜水服后，面色苍白，说不出一句话来，接着精神失常了。

曾夺去许多生命，吞没过许多财宝的鄱阳湖“魔鬼三角”，屡屡显露杀机、制造惨案的

芳草萋萋，湖水淼淼，远山朦胧，鄱阳湖美得醉人

秘密，究竟何在呢？问题似乎变得越来越令人费解，也由此成为一个亟待解开的谜团。

不可不游

石钟山

在鄱阳湖与长江汇合处，即湖口的东南岸，岿然耸立着石钟山。它虽然高不过 50 米，但危崖临流，峻峰壁立，由船上仰视，如与天相连。石钟山，实际上是两座山，两山分踞南北，相隔不到 1000 米。它们都由石灰岩构成，下部均有洞穴，形如覆钟，面临深潭，微风鼓浪，水石相击，响声如洪钟，故得名为“石钟山”。

鄱阳奇景

鄱阳湖水，经调蓄后由湖口注入长江，奔涌而出。江、湖水的汇合处，一边混浊，一边碧清，形成一条明显的清浊分界线，延绵 20 多千米，堪称一大奇观，令人叹为观止。

Tips

1. 想去鄱阳湖观鸟，最好早去，否则增多的游人会使鸟儿受惊逃走。
2. 到鄱阳湖，要吃全鱼宴，特别是潘阳三鲜（银鱼、鳜鱼、凤尾鱼）。
3. 观鸟时不要穿红、黄、橙这些色彩鲜艳的衣服，强烈的色彩容易使鸟儿受到惊吓。

白鹳落在树梢之上，仿佛也被这美丽的鄱阳湖景色迷住了

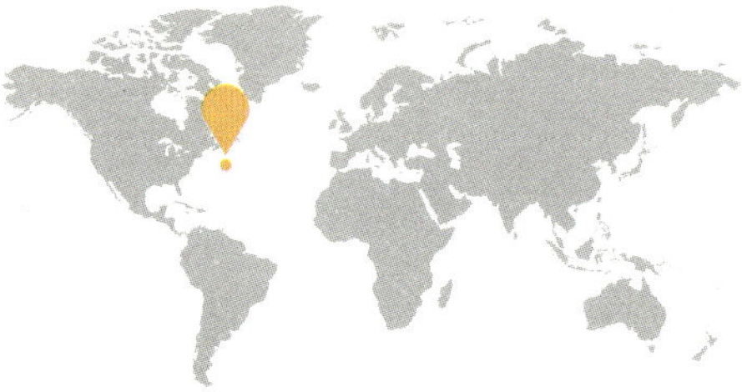

关键词：自然现象、失踪事件
国别：英国
位置：北大西洋西部
最佳旅游时间：春、冬两季

百慕大

死神的魅影

世界上最离奇的地方，无数飞机、轮船在这里永远地消失了，没人知道，那里面到底有什么。

清澈幽蓝的海水给人安逸的享受，但百慕大仍透着一丝神秘

百慕大位于北大西洋，这里金融业和旅游业繁荣，是得天独厚的“避税天堂”和远近闻名的“公司天堂”，是世界著名的离岸金融中心。大西洋清澈幽蓝的海水似乎是最适合游客放松休闲的地方，当地有宜人的热带气候、风景优美的海滩，还有粉红色的细沙和蓝绿色的海洋。不过，百慕大之所以出名，并非是由于它美丽的海岛风光，而是因为这里的神秘事件。说起百慕大，人们就会联想到恐怖而神秘的“百慕

岸边的礁石形态各异，似乎诉说着神秘失踪事件的缘由

大三角海区”。很多人相信，一旦进入就再也出不来了。甚至最有经验的海员或飞行员通过这里时，都无心欣赏那如画的海上风光，而是战战兢兢，提心吊胆，唯恐碰上神秘恐怖的力量，不明不白地葬身大海。因为几百年来，曾有无数架飞机和轮船在那恶魔般的几何图形中消失。这些离奇的事件，是怒海波涛、旋涡、神秘的电磁力造成的，还是过于丰富的想象力在作怪呢？

一名飞行员，曾经驾驶飞机从百慕大三角上空飞行。据他自己描述，他曾遇到过巨大的云海，两片云海正好挡住了他的飞行线路，他只好决定冲进云海去冒险飞行。当他将要接近云海的时候，发现两片云海相交的地方上空出现了一个U字形缺口，他毫不犹豫地掉转方位向那个仅有的缺口飞去。然而，当他进入缺口后，才发现那根本不是普通的航线，他的飞机进入了一个由数条直线状云朵围绕成的长线形云洞。他在里面飞行就好像是自来水在水管中穿行一般，没有其他路径，更看不到尽头，就这样，他只行驶了几分钟便冲出这诡异的云洞，随后无线电也恢复了信号。当他与总站的接线台联系的时候，总台发现他已经偏离了正常飞行航线，并且失去联系也不是他认为的几分钟，而是将近30分钟。时间到底是如何消失的，没有任何人可以解释。

现在，百慕大三角已经是那些神秘的、不可理解的各种失踪事件的代名词，每年吸引着无数喜欢探险、爱好探索自然之谜的人前往参观。

海浪肆虐着岸边的岩石，显得神秘而凄凉

不可不游

首府汉密尔顿

汉密尔顿 1815 年成为百慕大的首府，从城市高处可以俯瞰整个汉密尔顿港湾。乳白色的房屋，高大的百叶窗，带尖顶的哥特式教堂，拱廊式的购物街，热带的奇花异草，旧时的马车，穿深色西装、长筒袜短裤在街上行走的白领员工……所有这些给这个北大西洋岛国城市注入独特的魅力。

吉布士山灯塔

吉布士山灯塔坐落于百慕大南安普顿教区的一座高山上，是世界上最古老的铸铁灯塔，灯塔高 36 米，由于其坐落的山高 74 米，使得灯塔显得更高、更壮观。如果想要观赏整个百慕大及其绵长的海岸，吉布士山灯塔是最佳选择。如果半途中累了，还可以在茶室休息喝喝茶，然后继续向上爬。对于游客来说，在温暖的灯塔茶馆里饮茶，也是一种安静的享受。

百慕大群岛

百慕大群岛是在火山喷发中诞生的，岛上多火山熔岩，低丘起伏，最高海拔 73 米。在岛上，则遍布温泉、地热，不时飘来的水汽与颜色鲜艳、造型古怪的亚热带植物和花草，令其充满了神秘的美感。沿海遍布五颜六色的珊瑚沙滩，而周围的海水也被海底的珊瑚染成了鲜艳的蓝绿色。

Tips

❶ 百慕大是大西洋上唯一不允许非本地居民驾驶汽车的海岛。

❷ 当地的餐馆有收取小费的习惯，一般建议给 10% ~ 20% 的小费。

关键词：探险、神秘
国别：哥斯达黎加
位置：科库斯火山脉的中心
最佳旅游时间：4—6 月

科库斯岛

与鲨共舞

这孤悬于太平洋上的岛屿，始终蒙着面纱，吸引人们前来探险。

你也可以坐在椰子树上尽情感受蓝天白云带来的惬意

漫无边际的海平面上，逐渐显现一片森然的阴影，近了看，才骇然发现那是一座孤岛，这座科幻惊悚小说里出现过上百次的荒岛就是科库斯岛。它是太平洋东岸唯一一座热带雨林岛，和《失落的世界》里描述的场景一样，雾气不动声色地笼罩在岛的上空，巨大的灌木丛和芭蕉树扇动着枝叶，此起彼伏，风把岛上不知名的兽类嚎叫声捎到耳边，于是每接近 1 米，心跳就愈加剧烈。

岛的四周暗礁林立，东部有 60 ~ 180 米高的悬崖峭壁，形成天然屏障，因其优越的地理位置和环境，这里成为 17 世纪海盗的乐园，因此传说岛上埋藏了大量的金银珠宝。那些年，海盗们把它当作劫掠商船的最佳出发地和后勤供给基地。那是一个混乱嚣张的年代，海盗们掠夺大量金银财宝，吸引后代们趋之若鹜，纷纷前来探险寻宝。

神奇的传说、宝藏的秘密、秀美的风光驱使着探险者纷纷踏上这座宝岛，无所不用其极地疯狂探寻着宝藏的下落。因此，在那段时间，科库斯岛的生态受到了较为严重的破坏。为了保护科库斯岛的生态环境，哥斯达黎加政府决定封闭该岛，严禁任何人破坏岛上环境。因它与世隔绝，很多濒临灭绝的生物得以保存下来，并不断地进化出全新的物种。因此这块土地的面积虽不及全世界万分之一，却孕育出占世界 4% 以上的物种。岛上地势险要，悬崖、丘陵和陡壁上密密麻

深入海中的长廊让你更方便接触蔚蓝的海水

麻地爬满了各种时代的植物，演绎着生命进化的历程。公园中 70 多种动物，有很大一部分是地球上别的地方看不到或者濒临灭绝的。这些珍稀物种中包括金刚鹦鹉和锤头鲨等。

科库斯岛被公认是世界十大潜水胜地之一，是潜水人的梦想之地。“世界上没有别的地方会像科库斯岛般有这么多大鱼济济一堂……在这里只要潜一次水，就有机会与成千上万的鱼近距离接触。”水下的科库斯岛世界，红唇蝙蝠鱼既性感又搞笑，大鳐鱼和白鳍鲨肩并肩一起打瞌睡，丝鲨与成群的海苴鱼一起畅游，蝠鲼与斑点鹰鳐跳舞狂欢。这里也是鲨鱼的天堂，有鲸鲨、锤头鲨和白鳍鲨，还有金枪鱼等其他鱼类。

岛上遍布奇形怪状的礁石和形态恐怖、迷宫一样的地下暗洞。除此之外，还有千姿百态的瀑布，俨然一个岛中王国。各种奇景聚在这里，相当热闹有趣。如果你怀着一颗寻宝的心来到这里，那么，别再拘泥于总也找寻不到的宝藏，请收下大自然这份珍贵的馈赠吧。

不可不游

蝠鲼

游客在潜水过程中，幸运的话可以看到有着“水下魔鬼”之称的独特动物——蝠鲼。它们因在海中优雅飘逸的游姿与夜空中飞行的蝙蝠相似而得名。蝠鲼虽然体型庞大，但从不会主动攻击人类，反而会与潜水的人近距离接触。潜水的游客可以放心地用手去抚摸它们的身体，可以与它们相处得其乐融融，巨大的蝠鲼特别像一个憨厚老实又有点淘气的小孩子。

就连茅草的亭子都散发着浓厚的异域风情

Tips

❶ 岛上可供住宿的地方不多，游客一般选择在乘坐的邮轮上住宿。

❷ 热带水果和海鲜是当地的特色美食。

关键词：冰川、火山、变幻
国别：冰岛
位置：大西洋和北冰洋的格陵兰海之间
最佳旅游时间：1—3月，6—9月

冰岛

世界尽头

靠近山的这一面是一座天堂般银白晶莹的冰河，另一面则是冒着热气的地热喷泉，恍惚间，以为到了天际。

阳光下，蒸腾的水雾中布满闪着金光的点点水珠，亮艳的彩虹若隐若现

冰岛，在英语里意为“冰冻的陆地”。据说这个神奇的小小岛国名字的由来，源于发现者的最初印象。公元4世纪，希腊地理学家皮菲依曾称它为“雾岛”。但由于海岛远离大陆，交通不便，很少有人光临。公元864年，斯堪的纳维亚航海家弗洛克踏上岛岸，此岛才真正被“发现”，后斯堪的纳维亚人、爱尔兰人、苏格兰人纷至沓来。当这些移民的船驶近南部海岸时，首先见到的是一座巨大冰川，即冰岛著名的瓦特纳冰川。人们对这座冰川留下了极深的印象，于是把该岛命名为“冰岛”。

初到冰岛时，每一个人都会有一种走到世界尽头的感觉：没有一棵树，路两旁是一望无际的黄绿色的火山岩荒漠，天尽头是一座座火山。难怪当年美国宇航员实

岛上住宿并不落后，设备都十分现代化

施登月行动之前选择在冰岛的荒漠上体验月球上的感觉。

冰岛的地貌十分罕见，再没有哪个地方容纳了如此众多的地貌特征：这里有欧洲最大的冰川，种类繁多的火山，鲜见的浮冰湖，多姿多彩的奇峰峻岭和海岸绝壁，数不清的地热泉，以及别有洞天的瀑布，大片大片人类尚未惊扰过的冰帽、苔原、冰原、火山岩荒漠等原始地貌，是极冷的冰和极热的火共存共荣的地方。

冰岛的天气也变幻莫测，让人捉摸不定。人们经常开玩笑说："如果不喜欢冰岛这会儿的天气，那么请你等 5 分钟，到时候可能比现在更糟。"由此你就会知道，冰岛有多神奇。

另外，岛上拥有很多火山，以"极圈火岛"之名著称。火山总数为 200 ~ 300 座，这其中活火山有 40 ~ 50 座。较为有名的火山有拉基火山、华纳达尔斯火山、海克拉火山与卡特拉火山等。1963—1967 年在西南岸的火山活动形成了一个 2.1 平方千米的小岛。

冰岛温泉的数量居全世界之冠，全岛约有 250 个碱性温泉，最大的温泉每秒可产生 200 升的泉水。距离雷克雅未克较近的温泉城，是个值得一去的地方，这里的花草树木和建筑简直是北欧童话里的仙境再现。

或者因为这里有世界上最纯净的空气和水，以及最好的温泉，或者因为冰岛是个神秘莫测的国度，比起其他的北欧国家，冰岛

冰岛大喷泉，到处冒出灼热的泉水，热气弥漫，如烟如雾

看起来很原始，人与自然非常贴近。在冰岛居民大量集中的南部海岸附近，80% 的火山岛与冰河、湖泊、山洞熔岩混在一起，加上杂草丛生，似乎永远走不出去。你是否愿意来体验一下它的神秘？

不可不游

蓝湖

蓝湖位于雷克雅未克市东南方向，是冰岛最大的温泉。人们称蓝湖是个“天然美容院”，有些游客慕名而来，更有甚者在冰岛转飞机的几小时的间歇中也要乘车到蓝湖来泡泡。蓝湖是露天的温泉，由于地热发达，即使是在雪花飘飞的时候，游客仍可以泡在暖融融的水中，充分享受大自然的恩赐。

议会旧址国家公园

议会旧址国家公园是冰岛著名的国家公园和旅游胜地，素有“世界最古老的民主议会会址”之称。公元 930 年，经 39 个定居酋长倡议，在此会址召开名为“阿尔庭”的全体居民大会，并由此而得名。至今冰岛许多重要政治活动仍在此举行。

议会旧址位于冰岛最大的天然湖泊——议会湖之畔，近旁悬崖峭壁高耸，与明净的湖水相映成趣。优美的景色吸引众多游客到此观光览胜。在这里还可以看到古老的议会讲台、议会教堂和丢满钱币的银光四射的水潭。

Tips

① 骑自行车游冰岛是个绝好的选择，你可以随时带着自行车跳上公共汽车，但是崎岖不平的路、恶劣的天气，再加上时常需要渡河，对你来说也许是个挑战。

② 三文鱼是非常棒的美味，是每一个到冰岛的旅游者非尝不可的上等食品，在欧洲只有四星级的宾馆早餐才提供三文鱼。

关键词：绿洲、岩画、沙鼠
国别：阿尔及利亚、利比亚等国
位置：非洲北部
最佳旅游时间：3—5 月

撒哈拉沙漠

生存的渴望

阳光将沙子染成耀眼的黄色，如黄金般绚丽，渐行渐远，身后留下两行平行的脚印。

骆驼成为沙漠地区代替游人徒步的重要交通工具

撒哈拉沙漠是世界最大的沙漠，是世界上阳光最多的地方，也是自然条件最为严酷的沙漠。在这里，白天看不到地平线，白茫茫一片，远近难分。撒哈拉沙漠位于非洲北部，占全洲总面积的 32%。这块沙漠大约形成于 250 万年以前，沙占据了它 1/5 的面积，其余则是裸露的平原、岩石高原、山地和岩滩。气候条件极其恶劣，是地球上最不适合生物生存的地方之一。自古以来，撒哈拉沙漠就固执地拒绝被人们打

撒哈拉沙漠上连绵的沙丘如同月球的表面，在阳光照射下璀璨如金

扰。撒哈拉沙漠人迹罕至，但也绝非没有人烟，撒哈拉的多数人集中在绿洲上生活。

撒哈拉沙漠将非洲大陆分割成两部分，北非和南部黑非洲。这两部分的气候和文化截然不同，撒哈拉沙漠南部边界是半干旱的热带稀树草原，而往南则是雨水充沛、植物繁茂的南部非洲。

撒哈拉沙漠时而扬尘、时而平静如水，给人以致命的诱惑。散步于撒哈拉沙漠，只要你用心去感受，就能发现蕴藏在深处的美——浩瀚无垠的沙漠，晴空万里，骄阳似火，博大的美让人窒息，那苍凉雄伟的景象也别有一番风韵。

撒哈拉的植物成长期极其短暂，深藏在地下不知道多少年的种子疯狂生长，在雨露下开花结果，完成一次生命的历程。似乎一瞬间，千花盛开的景象代替了贫瘠空旷，使人感到耳目一新。待开后，干旱再次控制大地，种子则默默潜伏，陷入等待之中。顽强的生命不惧等待，在时间中寻求机会，看天空云卷云舒，撒哈拉沙漠守望者们坚守着那份渴望与执着，等待生命的雨季。

说到撒哈拉沙漠，就不得不提到一个女人、一本书。三毛，一个瘦弱的女子，背起行囊，只身奔向黄沙漫天的撒哈拉沙漠，从此，一片苍茫的荒漠沙海在她的笔下犹如轻巧的画卷，有声有色地展开。不知道是撒哈拉成全了三毛的乡愁，还是三毛成全了万千大众年轻人的梦境。每个人都有年轻的时候，茫然无从，不知所措。隐藏在平静生活下的内心，渴望的却是另外一种东西，一种更为自由、更为洒脱的生活，撒哈拉是一个绝好

撒哈拉大沙漠中的造型奇特的土柱，凄凉之中让人遥想当年的辉煌

的圆梦之地，遥远、神秘、如梦如幻。

沙漠是一个无关风月的地方，都市的狂躁与不安在它那狂野的风沙面前都化为一个最纯粹的信念：活下去。撒哈拉是接近于生命本质的地方，一片绿色的生命之洲、一泓能够润嗓的泉水，一切在平常生活中你不屑一顾、唾手可得的东西，此时此刻却成为你全部的奢望。难怪会有人说去过了撒哈拉沙漠，你才能爱上这个世界，在那里体验过生与死的选择，才知道现在生活的珍贵。

不可不游

绿洲

沙漠的绿洲流水潺潺，渠道纵横，似一抹新绿点缀着沙漠，显露生机，给人希望。绿洲有许多隐藏着的小村镇，民房为土木结构，壁垒结实，顶上为黄土，屋里冬暖夏凉，着实舒服清爽，同时，其最大的优点是可阻断沙尘暴的侵袭。当地人就在绿洲生活、繁衍生息，度过一生。

岩画

岩画是研究撒哈拉沙漠的宝贵资料。在很多时候，远远望去，人们以为遇见了蛇、飞禽等，但是走近一看，却是撒哈拉沙漠岩壁上的岩画，这些岩画栩栩如生，各具特色，人们可以从岩画的图像推想出古代的自然面貌。

沙鼠

沙鼠耐旱，门齿极为发达，尤其喜欢啃食植物根系，吃得很多，食量惊人。据考察，100 只沙鼠的吃草量比一只羊的吃草量还多，沙鼠生性喜好打洞，建造出规模宏大的地下工程，游客稍不小心就会陷进它们布置的陷阱里。沙鼠破坏植物的根系，掩埋植物，会加速土地的沙化。

Tips

❶ 传统美味的摩洛哥美食，不容错过。

❷ 水在沙漠里是珍贵的资源，穿越沙漠需要耗费很大的体力，除水之外不要带过多其他物品。

关键词：珀斯、沙克湾、岩石
国别：澳大利亚
位置：西澳大利亚州首府珀斯以北
最佳旅游季节：8—10月

岩塔沙漠

荒野的墓标

放眼望去，四处都是岩石，或突兀站立，或金鸡独立，或仰天长啸，或低头不语而俯视着大地，形状各异，长短不一。

沙漠中沙丘推动作用下形成的砂石块

岩塔沙漠，位于澳大利亚西部的西澳首府珀斯以北约250千米处，在邻近澳大利亚西南海岸线的楠邦国家公园内。这片沙漠荒凉不毛，人迹罕至，只见风卷流沙，一片金黄，一片死寂，只有风在呜咽，如泣如诉。这片茫茫的黄沙之中，耸立着成千上万的岩塔，像一个个寂寞无助的孩子，苍凉地立在风中，经受着千年狂风的洗礼。它们奇形怪状，遍布沙漠，景色壮观，神秘而怪异。有人形容这种景象为“荒野的墓标”，让人感到世界末日的来临。这里地形崎岖，地面布满了石灰岩，只有越野汽车可行驶。这里是科幻小说家描写岩塔的惊险小说最理想的背景地。

暗灰色的岩塔高 1 ~ 5 米，竖立在平坦的沙面之上。往沙漠腹地走去，岩塔颜色由暗灰色逐渐变成金黄色。有些岩塔大如房屋，有些则细如铅笔。岩塔的数目成千上万，分布在约 4 平方千米的面积上。每个岩塔形状不同，有的表面比较平滑，有的像蜂窝，有的像巨大的牛奶瓶散放在那里，等待送奶人前来收集，还有一簇名为“鬼影”，中间那根石柱状如死神，正在向四周的众鬼说教。其他岩塔的名字也都名如其形，但是不似“鬼影”那样令人毛骨悚然，如叫“骆驼”“大袋鼠”“臼齿”“门口”“园墙”“印第安酋长”或者“象足”等。岩塔已有几万年的历史，帽贝等海洋软体动物是构成岩塔的原始材料。几十万年前，这些软体动物在温暖的海洋中大量繁殖，死后，贝壳破碎成石灰沙。这些沙被风浪带到岸上，一层层堆成沙丘。

在冬季多雨、夏季干燥的地中海式气候下，沙丘上长满了植物。植物的根系使沙丘变得稳固，并积累腐殖质。冬季的酸性雨水渗入沙中，溶解掉一些沙粒。夏季沙子变干，溶解的物质结硬成水泥状，把沙粒粘在一起变成石灰石。这样逐渐累积，沙被吹走，坚硬的石灰岩就露出来成为岩塔。岩塔上有许多沙痕，记录了沙丘移动时的沙层厚度及其坡度的变化。

历史上很多名人走访过这片沙漠，相对于岩塔外表的真实原理，人们更愿意相信这是造物主的安排。

不可不游

珀斯

西澳大利亚洲的首府，以拥有众多美术馆、博物馆、主题公园以及种类繁多的野生动物而闻名世界，这里阳光灿烂，活动项目丰富，是理想的度假胜地。

沙克湾

沙克湾由庞大的水生生物叠成，坐落在澳大利亚西海岸尽头，被海岛和陆地环绕，以其中 3 个无可比拟的自然景观著称。它拥有世界上最大和最丰富的海洋植物标本，并拥有世界上数量最多的儒艮（海牛）和叠层石（与海藻同类，沿着土石堆生长，是世界上最古老的生存形式之一）。在沙克湾内，还保护着 5 种濒危哺乳动物。

波浪岩

波浪岩耸立在珀斯以东 340 千米处的海顿附近，这块单片岩经风沙长期吹袭侵蚀，形成巨大的波浪形状，高 15 米，长约 110 米。岩石上有很多不同颜色的条纹，像大海中的波浪，极其壮观。游者可随旅游团前往，行程穿越达令山脉。

沙漠中林立的岩塔，从远处看如同一棵棵仙人掌

Tips

❶ 在沙漠里容易迷路，一定要带好地图、指南针，最好寻找当地的导游同行。

❷ 由于沙漠的沙子很细小，要将相机保管好，否则沙粒进入后不容易清理，还会划伤显示屏。

关键词：浩瀚、胡杨、沙丘
国别：中国
位置：新疆塔里木盆地
最佳旅游时间：10月下旬至11月中旬

塔克拉玛干沙漠

死亡之海

一颗来自沙漠的沙粒，飘荡千万里。捧一把细沙放入手里，漫漫漏掉，时间就这样过去了。

如果我们可以将造就各种地球形态的神秘力量称为造物主的话，那么造物主的力量真是太伟大、太神奇了。他不仅造就了奇妙洞穴，也造就了热带丛林和苍茫大漠。如果这些是造物主神奇而伟大的创作，那么，塔克拉玛干沙漠或许是造物主对世界的最大恩赐。

塔克拉玛干沙漠，维吾尔语意为“进去之后出不来的地方”，人们通常称它为“死亡之海”。它位于中国新疆的塔里木盆地中央，是中国最大的沙漠，也是世界第九大沙漠，同时还是世界最大的流动沙漠。整个沙漠长约 1000 千米，南北宽约 400 千米，面积达 33.76 万平方千米。沙漠里亦有少量的植物，其根系异常发达，长度超过地上部分的几十倍乃至上百倍，以便汲取地下水分；沙漠中的动物有夏眠的现象。对沙漠旅人来说，骆驼是他们唯一的伴侣。

沙漠之中的唐僧师徒取经塑像

由于地处欧亚大陆的中心，四面高山环绕，塔克拉玛干沙漠充满了奇幻和神秘的色彩。塔克拉玛干沙漠的侧翼为雄伟的山脉：天山在北面，昆仑山在南面，帕米尔高原在西面，东面逐渐过渡，直到罗布泊沼地。在南面和西面，在沙漠和山脉之间，是由卵石碎屑沉积物构成的一片坡形沙漠低地。

世界各大沙漠中，塔克拉玛干沙漠是最神秘、最具有诱惑力的一个。有资料显示，塔克拉玛干腹地被评为中国最美的 5 个沙漠之一。风声、沙动充满这个壮观的世界。这里，300米高的金字塔形沙丘屹立如守岗的战士。狂风能将沙墙吹起，高度可达其3倍。沙漠里沙丘绵延，受风的影响，沙丘时常移动。沙是那样的细腻明亮，在太阳的照耀下显示出五颜六色的光彩，极其壮观雄伟。不过，在浩瀚的沙漠里也有人间的天堂——绿洲，从高空俯瞰，犹如沙海中的绿色岛屿。

塔克拉玛干沙漠流动沙丘的面积很大，沙丘高度一般在70～80米，最高达250米。沙丘类型复杂多样，复合型沙山和沙垄宛若憩息在大地上的条条巨龙；塔形沙丘群呈现出窝状、羽毛状、鱼鳞状，变幻莫测。人在沙漠面前显得如此渺小，微风过后，脚印完全归于平坦，在大自然面前，无论是谁，一切终将归还于本真。

黄昏，面前是一望无际的沙漠，头顶是蓝得没有一丝杂色的辽阔天空，金黄色的沙漠在远方连成一条线，大地呈现出一片诗意的苍凉。

变幻多样的沙漠形态，丰富而抗盐碱风沙的沙生植物植被，蒸发量高于降水量的干旱气候，以及尚存于沙漠中的湖泊，穿越沙海的绿洲，潜入沙漠的河流，生存于沙漠中的野生动物和飞禽昆虫，特别是被深埋于沙海中的丝路遗址、远古村落、地下石油及多种金属矿藏……都被笼罩在神奇的迷雾之中，有待于人们去探寻。

沙漠之舟——骆驼

不可不游

乔喀塔格山

在塔克拉玛干腹地海拔1413米的乔喀塔格山（红白山）上眺望塔克拉玛干沙漠，则是另一种浩瀚。苍茫天穹下的塔克拉玛干无边无际，它能于缥缈间产生一种震慑人心的奇异力量，面对此景，每一个人都感慨人生得失的微不足道。在红白山上欣赏和田河的秋色，是一辈子不能忘怀的经历。和田河两岸的胡杨在阳光下泛着浓厚的金黄，如宽大的金色丝带缠绕着大地，从天际延伸过来，又蜿蜒消逝于天的另一尽头。

胡杨

在塔里木河附近的沙漠地区，胡杨林的气势、规模均在全国之首，轮台的胡杨林公园也是国内独一无二的沙生植物胡杨树林的观赏公园。当秋色降临，步入胡杨林，四周为灿烂金黄色所包围。洼地水塘中，蓝天白云下，胡杨的倒影如梦如幻。和田河的胡杨树大部分树形呈塔状，枝叶茂盛，秋天时通体金黄剔透，此处的胡杨以成片的优美林相为显著特点，加上起伏的沙丘线条，任何时候进入眼帘的都是一幅美丽的风景画。

在塔克拉玛干大沙漠穿行，是热门的探险运动

Tips

❶ 个人携带的摄影器材要做好防沙和防土的处理，在有缝隙的地方尽量用透明胶纸封好。

❷ 秋天穿越塔克拉玛干要有保暖的准备，气温有时可降至0℃。

关键词：红色沙漠、百岁兰
国别：纳米比亚
位置：非洲西南部的纳米比亚境内
最佳旅游季节：7、8月，11、12月

纳米布沙漠

“骷髅”的传说

沙漠并非都是金黄色，纳米布沙漠就是一个传奇，耀眼的红色成了它的主导色。

红色的沙丘，宛如火焰燃烧

如果用一个颜色来形容沙漠，你首先会想起什么样的颜色？灿烂如黄金的黄色？对！可是，世界上的沙漠都是这个颜色吗？答案当然是否定的！在非洲西南部纳米比亚境内的纳米布沙漠，它的颜色就是红色，妖艳的红色。

游者来纳米比亚，几乎所有人都有一个共同的理由，就是看那世界顶级的经典景色——纳米布红色沙漠。关于这里，能够找到的资料不是太多，但是这也没有办法阻挡人们去看这世界美景的脚步。在摄影狂人和旅行者心中若干个必去之地中，都能见到它的身影。

纳米布沙漠地处非洲南部，它虽没有撒哈拉沙漠那样广阔，但是同样壮观。纳米布沙漠里的苏维来沙丘是世界上最高的沙丘，一些沙丘可达 300 米。如果你运气好的话，还能撞见沙漠里的大象，纳米布沙漠是世界上唯一有大象生存的沙漠。同时，它也是世界上年龄最大的沙漠，成形时间为 8000 万年前，许多动植物只有在这里才得一见。纳米布是一片凉爽的海岸荒漠，在那马语里的意思为“不毛之地”。纳米布沙漠向来以艳丽的红色沙丘闻名。红色沙漠，是因为含有丰富的铁，铁氧化后沙漠就变成了红色。随着日照角度的改变，沙漠颜色在一天中也不断地变化，当然，最神奇的是清晨或黄昏，太阳斜照，一半黑一半红，黑得沉静，红得妩媚，我们又怎么能错过它呢？

许多年前，地质学家们便来此研究，但直到今天，人们对这片沙漠依旧知之甚少。附近的海域会有南风，并带有大雾，加上强烈的洋流，会导致船只迷路，于是北面的海滨有许多船的残骸，被称为“骷髅滩”。

纳米布沙漠是世界上最干燥的地方之一，在这里生活必然需要很强的适应性。百岁兰就是能够忍耐恶劣环境的代表。它发现于 1860 年，是一种十分奇妙怪异的植物，其生长条件非常恶劣，年降雨量少于 25 毫米，加上来自海边的雾气也只相当于 50 毫米。最老的百岁兰的年龄估计在 1500 ~ 2000 年。

有些美景需亲身经历，到了这里，看到了和照片里不一样的纳米布沙漠；看到了半月状的弧形沙丘和倒影；看到了颜色饱满的乌云和彩霞，渲染着天与地；看到了一道道彩虹随着雨点的脚步出现；看到了远古化石化了的树木矗立在纳米比亚沙漠死亡谷中，红色沙丘成了背景。在顶级的自然风光里坐下来全身心地去感受，这种震撼非亲身经历不能体会。任何文字和图片的表述，在大自然的鬼斧神工面前都是苍白无力的。

没有撒哈拉沙漠的浪漫，也没有戈壁沙漠的浩瀚，但这里有世界最变幻多彩的沙丘。千年植物，一半海洋，一半沙漠的景观，还有酷似月球的地貌 ，这是纳米布沙漠，一个令人去过之后还想去的地方。

沙漠中的河流在旱季完全干涸，遍布裂缝的河床暴露在空气中

纳米布沙漠中的植物，生命在这里顽强地和命运抗争

不可不游

斯瓦克普蒙德

斯瓦克普蒙德是个充满德式建筑的小城，清洁、宁静、有序，给人一种来到欧洲小镇的错觉。大部分当地人会讲德语。1890 年以来，德国对纳米比亚长期殖民统治的影响还是很深远的。从斯瓦克普蒙德到纳米布沙漠的苏丝斯黎，驾车仅需三四个小时 。

沙丘

纳米比亚的沙丘不仅壮美，而且是全球最高、最古老的。大自然提供了原料，风来进行雕琢，阳光又为其打上了不断变幻的光影。如果拍摄红色沙丘的美景，早晨和傍晚当然是最佳时刻。

死亡湖盆

死亡湖盆是一个黏土质的湖盆，位于诺克路福公园内，靠近另一个更有名的名叫索苏维拉的盐湖盆地。 死亡湖盆也可被称作盐湖盆。死亡湖盆周围是世界上最高的沙丘，这些沙丘有的高达 300 米，其基底均为砂岩质。

Tips

1. 如果经费允许的话，不妨搭乘当地的小飞机，从高空俯瞰形态各异的沙丘，别有一番风情。
2. 如果想了解纳米布沙漠的人文地理，那么要跟随旅游团出游。

关键词：诗情画意、生机勃勃
国别：中国
位置：新疆昌吉吉木萨尔县
最佳旅游时间：全年

古尔班通古特沙漠

生命与死亡交织之处

没有撒哈拉沙漠的浩瀚，没有戈壁沙漠的狂野，有的只是生机勃勃，充满诗情画意。

沙漠的边缘，草甸植被在努力地生长，弱小却有着顽强的生命力

有人曾说："沙漠里冬季有较多积雪，春季融雪后，古尔班通古特沙漠特有的短命植物迅速萌芽开花。这时，沙漠里一片草绿花鲜，繁花似锦，把沙漠装点得生机勃勃，充满诗情画意。"

古尔班通古特沙漠地处新疆准噶尔盆地中央，是中国第二大沙漠，同时也是中国面积最大的固定、半固定沙漠，面积约 4.88 万平方千米，海拔 300 ~ 600 米，水源较多。它虽没有撒哈拉沙漠那样的雄伟广阔，但是同样美丽。

许多来古尔班通古特沙漠的游客，大概

巨大的沙丘仿佛直通白云，风沙勾勒出完美的曲线

都是为了看那引人瞩目的短命植物群落、白雪皑皑的冬季雪景以及春季的鲜花、夏季的绿灌。在这里，一切都显得生机勃勃，诗情画意，仿佛一处人间天堂。每个旅行者都为它疯狂。

实际上，古尔班通古特沙漠并不是一片沙漠，而是由4片沙漠组成的沙漠群。沙漠的沙粒主要来源于天山北方各河流的冲积沙层。由于风向的关系，沙丘可以分为不同的类型，其中沙垄是最典型的，占整个沙漠面积的一半以上。沙垄像一条条没有树叶的枝干般躺在地上，其最短的长度也可达数百米，高几十米，放眼望去，极为壮观。

沙漠垦区农牧场呈带状分布在沙漠南缘。绿色通道上，绿洲与沙漠相隔交错，形成了独特的自然人文景观。一边是胡杨、梭梭、黄羊，古老的自然生态；一边是机耕、电井、喷灌，现代的绿洲文明。一边是沙丘绵延，万籁俱寂，生命罕至；一边是绿波万顷，欢歌笑语，生机盎然。

生命与死亡竞争，绿浪与黄沙交织，现代与原始并存，是观光考察自然生态与人工生态的理想之地。有寸草不生、一望无际的沙海黄浪，有梭梭成林、红柳盛开的绿岛风光；有千变万化的海市蜃楼幻景，有千奇百怪的风蚀地貌造型；有风和日丽、黄羊漫游、苍鹰低旋的静谧画面，有狂风大作、飞沙走石、昏天黑地的惊险场景。中午黄沙烫手，甚至可以暖熟鸡蛋；夜晚寒气逼人，像是进入冬天。茫茫大漠绿洲不仅有各种奇观异景，而且保留了大量珍贵的古“丝绸之路”文化遗迹。

有些美景需亲身经历，每个人心里都有一片沙漠，或辽阔，或壮观，或生机勃勃。

绵延的沙漠一望无垠，沙丘上渺无人烟

即使没有撒哈拉沙漠的浪漫，也没有戈壁沙漠的浩瀚，但这里诗情画意的景象就足以使我们为之折服，我们还有什么理由不喜欢这个地方呢？

不可不游

魔鬼城

魔鬼城又称乌尔禾风城，位于新疆准噶尔盆地西北边缘的佳木河下游乌尔禾矿区，为一处独特的风蚀地貌，当地的蒙古人将此城称为“苏鲁木哈克”，哈萨克人称之为“沙依坦克尔西”，意为魔鬼城。魔鬼城地面海拔高度300～500米，平均海拔380米，由一系列孤立台地组成。

驼铃梦坡

驼铃梦坡沙漠公园是一座天然的荒漠动植物园，位于新疆准噶尔盆地古尔班通古特沙漠南缘的石河子150团场，是一片原始、粗犷、一望无垠的沙漠世界。这里沙丘连绵，沙浪起伏，宛如浩瀚的金黄海洋。沙生植物以顽强的生命力在这干旱的沙坡上生生不息。驼铃梦坡内还有百余种动物，这些飞禽走兽在大漠的草林中安居乐业、繁衍生息。

Tips

❶ 每年的9—12月最适合观景，1—8月最适合探险。
❷ 住宿的地方很少，最好随身携带帐篷以供在外露宿。
❸ 此地非常适合野餐，只要带上生食和炊具即可，这里柴火到处都是，可以尝试梭梭烤肉、烤馕。

关键词：沙丘、动植物
国别：博茨瓦纳、纳米比亚等国
位置：非洲中南部
最佳旅游时间：7、8月，11、12月

卡拉哈里沙漠

生命的奇迹

亿万年的变迁，岩石风化为细沙和粉尘，造就了雄壮的卡拉哈里沙漠。

沙漠中最善于跳跃的物种——跳羚

提起非洲，“干旱”一词首先映入脑海，干旱的大陆造就了雄伟的撒哈拉沙漠，如此辽阔，一望无垠。当我们惊叹这个世界上最大的沙漠的时候，在非洲的中南部有一个名为卡拉哈里的沙漠，这个美丽的地方也在向我们挥手，迎接着各地的人们前来游玩。

卡拉哈里沙漠地表起伏不大，是一片遍地是沙的平原。它北临恩加米湖，南界奥兰治河，东起东经 26° 左右，西迄大西洋沿

象群出没的地方就会有水源

岸附近，是非洲南部内地高原的一个如盆地般的平原。它几乎占据了博茨瓦纳全部、纳米比亚东部 1/3 以及南非开普省极北的部分。在西南部与纳米比亚的海滨沙漠混为一体。

卡拉哈里沙漠西南部降水量极低，因而几乎没有树或大灌木丛——只有分散的旱生灌木和矮草。卡拉哈里沙漠和撒哈拉沙漠中部纬度相当，气候相似，同样也受副热带高气压系统的影响，地面终年干燥，年降水量 125 ~ 250 毫米；中部降雨较多，有零星树木及若干灌木和草地；北部则根本没有沙漠，而是一片开阔的林地。棕榈树生长在灌丛中，常绿树和落叶树均长到 15 米高，树林中还有某些适合做木材的品种，其中最大又最稀有的树是猴面包树。奥卡万戈沼泽地滋长着苇草、纸莎草、睡莲和其他嗜水的植物。令人折服的是在如此干旱的环境下，却呈现出一片生机勃勃的景象。

卡拉哈里沙漠的整个西部以长长的沙丘链为特色，大致呈南北或西北走向。沙丘至少长 1.6 千米，宽数米，高 6 ~ 60 米。每一个沙丘同相邻的沙丘都由一个宽而平行的凹

卡拉哈里沙漠，因降水稍多而有一定植被覆盖

卡拉哈里沙漠，一望无垠的干沟和细沙

坑分隔开来，凹坑被当地人称为“街”或“小路”，因为每一个凹坑都便于人行进。周围都是一望无际的沙的海洋，在阳光的照耀下，沙粒闪闪发光，如同黄金般耀眼。

如果乘坐飞机或者热气球横跨沙漠时，你会看到一波接一波的沙丘好似在不断地移动。沙丘很高，密密麻麻地排列着，顶端的沙粒被风吹平，宛如倒立的盘子。沙丘上刮出条纹，从天空俯瞰，相连的沙丘此起彼伏，色彩变幻万千，似乎在给人们献上一场美丽壮观的视觉盛宴。

不可不游

干湖

卡拉哈里沙漠从来没有水流入海洋，每条溪流将其流程结束在略低的凹坑里，但这里没有出口。当小溪干涸时，由水流缓慢的溪水带来的细小淤沙粒子与可溶钙矿物和由水蒸发后所凝结的盐一起沉淀了下来。其结果是这些地面没有植被，干的时候呈闪闪发光的白色，可溶矿物的胶合活动使其变硬，有时则被浅浅一片不流动的水所覆盖。

盐绍

卡拉哈里沙漠的土壤大多以沙为基础，色红，有机物含量低。从化学方面看，它们呈碱性，极为干燥。在盐沼地或附近，土壤趋向于含钙或含盐，对多数植被都有毒性。

Tips

❶ 给养准备方面，多携带水果、蔬菜。
❷ 如果要在沙漠里休息，应搭起帐篷以免阳光直晒。
❸ 穿着衣物应轻便、宽松而合身，不要轻易脱下衣物，以防止灼伤或增加流汗。

关键词：绝迹、化石
国别：埃及
位置：法尤姆省开罗西南约 150 千米
最佳旅游时间：10 月至次年 2 月

鲸鱼谷

生命的记录

在这片经历沧海桑田的沙漠绿洲，只有那年代久远的化石、奇形怪状的山峦上的水纹线无声地告诉人们：这里曾是海底世界。

沙漠中竟然有“鲸鱼”，简直无异于天方夜谭！但是，在埃及法尤姆省所属的沙漠深处，有一个叫鲸鱼谷的地方，那里的确有“鲸鱼”。4000 万年前，这里还是一片汪洋，无数海洋生物在这里遨游，因有成群的鲸出没，所以得名鲸鱼谷。

如今，人们在这里集中发现大量珍贵的古代鲸类的化石，其中不乏很多珍贵的已灭绝的鲸类化石，它们显示出古代鲸类后肢的残余部分，记录了鲸类由陆上生物演化成海洋生物的过程。

这里几千万年以前还是一片海域，如今却成了布满化石的荒漠

在古地中海的水域里，一头阔口巨牙的夭矫巨兽沉到海底死掉了。随着时间的推移，它的骨骸蒙上了一层厚厚的沉积物。大海的水渐渐消退，从前的海床变成了沙漠，风霜慢慢刨去骨头上面的砂岩和页岩。渐渐地，世界变了。地壳的变动把印度推入亚洲的版图，挤出了喜马拉雅山脉。在非洲，人类的始祖头一次只靠后腿站起来走路了。法老王建造了金字塔。罗马帝国盛极一时又灭亡。与此同时，风继续耐心地挖掘。

终于有一天，菲利普·金格里奇完成了这件杰作。他率领的考古小组找到了鲸鱼骨骼化石，一块块连起来，并且“从脊椎到尾巴的整副骨骸”都可以完整地连成一体。经科学考证，这种鲸叫“械齿鲸”，是始祖鲸的一种，目前已经绝迹。械齿鲸由陆地哺乳类演化而来，它没有呼吸孔，却从其陆地祖先那里继承了一双小脚。这种鲸看起来很像大海蛇，但比海蛇珍贵得多，这一考古发现在世界上引起了轰动。

原地露天展出的鲸类骨骼化石，保存得非常完好

今天，走在沙漠里看到这些古老海洋生物的化石，想象一下，这片干旱的土地还是一片汪洋时，鲸鱼正在猎食和潜游的情景。沧海桑田，翻天覆地。那镌刻了时间记忆的化石，以及山峦上的水纹线，都无声地告诉游人：我们是可以触摸的时间，这里曾是海洋的世界。

走进这个依然与世隔绝的“桃花源”，人们不禁会感慨人生，思考永恒，却又不知道永远到底有多远。大漠中的“鲸鱼”，又何尝不能反观包括人类在内的地球物种的现实和未来呢？

不可不游

加伦湖

加伦湖的湖区落差形成一些瀑布，水边草木青翠，与远处茫茫沙漠形成鲜明对比。湖水湛蓝得令人感动，如一颗明珠点缀着法尤姆的美景。满眼绿色，各色的枣椰树令农家风光恬淡、安静，人仿佛置身于一幅田园山水画中。

开罗塔

开罗塔坐落在尼罗河中的扎马利克岛上，仿照埃及的象征物——莲花所建，塔高 187 米，为开罗的千塔之冠。登上这座现代化建筑，全城景色，尽收眼底。街道上川流不息的车辆，大大小小清真寺的拱顶，鳞次栉比的高大建筑，气势非凡的高架高速公路，还有那白帆点点、飘若玉带的大河，荡漾入海，不舍昼夜。

Tips

❶ 请携带防晒霜、遮阳帽、墨镜等防晒用品，防止晒伤，埃及是一个不卖面膜的国家，如需要，需自备。
❷ 酒店内一般不提供拖鞋、牙具，热水为房间服务项目，需要另外加费用。

第二章

绝版地球神秘地带

那些或与世隔绝或浪漫或神秘的地方，

时时刻刻冲击着我们的想象力，

那里究竟是一个什么样的世界？

是否藏着不为人知的故事？

是否有真实存在的野人？

这其中的种种神秘诡异，

等你来揭晓。

左图：流水、密林、高山，其中也许隐藏着许多不为人知的秘密

关键词：雪山、湖泊、白水台
国别：中国
位置：云南省迪庆藏族自治州
最佳旅游时间：全年

香格里拉

人间仙境

到香格里拉，这个最接近天堂的地方，来探寻我们心中的日月。

白塔是藏区最常见的标志之一

“香格里拉，一片圣洁的土地，一个失落的天堂，一处人间的仙境。不要问香格里拉在哪里，香格里拉在每个人的心中……”英国《不列颠文学家辞典》曾对它有过这样的评价。

抛开一切，仅仅是译出“香格里拉”这个名词，便是一件了不起的功绩。无论是汉语的“世外桃源”、英语的“遥远而迷人的地方”、法语的“人间仙境”、西班牙语的“天堂”，还是藏语“心中的日月”，都远远不及“香格里拉”那么温婉雅静。香格里拉以其虚无缥缈的神奇魅力蜚声全球，最终成了人间乐土和世外桃源的代名词。

英国冒险小说《消失的地平线》后记中说：“世上许多神奇美妙的事物往往就被拥有它们的人们所忽略。”但是香格里拉却没有，它如此虚幻迷离地在人们的现实生活与精神世界之间的地平线上游荡了半个多世纪，至今仍散发着诱人的魅力。

香格里拉有绝美的自然景色，雪山、冰川、峡谷、森林、草甸、湖泊，那里纯净的空气能够过滤掉心灵的浮躁，同时带给人安然、恬静、悠远、知足的心境。那里有雪峰峡谷、庙宇深邃、森林环绕、牛羊成群，这一切都像童话一样充盈着梦幻、和谐和安宁，像日月星辰一样未经尘染、澄澈高远。

澄碧的蓝天下是熠熠生辉的圣洁雪山，

清幽宁静深邃神秘的高山湖泊，呼唤人们去揭开她美丽的面纱

其中最著名的是梅里雪山，它的卡格博峰是云南第一高峰，被誉为“雪山之神”，守护着这片美丽雪域。它像一座雄壮高耸的金字塔，时隐时现的云海为它披上一层神秘的面纱，绵延的冰川如玉龙匍匐，银光夺目。梅里雪山以巍峨壮丽、神秘莫测享誉世界，早在 20 世纪 30 年代美国学者就称赞卡格博峰是“世界最美之山”。

雪山的高山湖泊清澈明净，在各个雪峰之间的山涧凹地、林海星罗棋布，神秘莫测，路过的人几乎都敛声静气，不愿触怒神灵。

香格里拉，这个最接近天堂的地方承载了多少人的梦幻和向往？你不必刻意寻找它，它只是我们心中的一方净土和圣地，是一个没被世俗和金钱侵蚀的世外桃源，平常而淡泊，亘古而永恒……

这里湖泊全都清冽纯净，植被完整，未受到任何污染

松赞林寺被誉为“小布达拉宫”，又有“藏族艺术博物馆”之称

不可不游

虎跳峡

长约 16 千米的虎跳峡，是世界上最深的峡谷之一。它的江面落差达 200 米，两岸雪山峭壁笔直立于江面之上 3000 多米，整个峡谷分成 3 段，有 18 处险滩。在这里，你可以看到飞瀑直泻、巨石横生的景象，动人心魄。

雨崩村

雨崩村就像陶渊明笔下的世外桃源一般，整个村子只有一条通往外界的小路。这里群山环绕，人烟稀少，村里却地势平坦，多处庄园，是一个独特的村落。

纳帕海

纳帕海是一个自然保护区，距香格里拉县城 5 千米，是香格里拉最有高原特色的风景区之一，也是全县最大的草原。在纳帕海有世界濒危珍禽黑颈鹤，很多游客都前来观赏。

碧塔海

碧塔海位于香格里拉县城东部，总面积为 14.18 平方千米，保护区内的动植物种类繁多，其中还有第四纪冰川时期遗留下来的古生物——重唇鱼。

Tips

1. 去香格里拉旅游建议带上羽绒服、手套、防滑靴。
2. 夏季在草原上住帐篷时，一定要点燃篝火。
3. 迪庆属高海拔地区，不宜剧烈运动，不宜饮酒，多食蔬菜、水果，以防发生高原反应。
4. 高原上紫外线很强，需要做好防晒措施。

普达措国家公园的山上森林茂盛，湖水碧绿，周边有草甸和鲜花点缀

关键词：湖光山色、电影取景地、岩石
国别：英国
位置：大不列颠岛的西北部
最佳旅游时间：全年

苏格兰高地

来自远古的苍郁

苏格兰高地就像一幅用最高级的颜料绘制的风景油画，漫步在苏格兰高地，你的一颦一笑、一举一动都会在这优美的画卷里定格成永恒。

石楠花竞相绽放，装点着空旷的高地

苏格兰高地在远古时期被水流和冰川分割成峡谷和湖泊，留下了呈不规则形状的山区。苏格兰高地是欧洲留存的少有的几块大荒原之一，这里人烟稀少、与世隔绝，保留着原始的苍郁和荒凉。

屹立在梦幻般的湖泊旁边有一座早已残破的古堡；翡翠般的山坡倒映在明镜一样的湖面上；草坡连绵起伏地伸展到山脚下或湖泊旁，延伸到和云相接的地方；身着苏格兰格子裙的本地人，站在湖水边面对无际的蓝天和山谷演奏悠扬的苏格兰小调；看着漫山遍野星星点点的白色花儿令人身心畅快，恍

威廉堡，被喻作“苏格兰高地之门”

尼斯湖，传说有水怪出现

如梦境。由于没有受到现代文明的入侵，许多人将这里认为是欧洲风景最原始最优美的地区。

电影《勇敢的心》就是在这里拍摄的，它将苏格兰高地的壮观景象搬到了银幕上。影片里苏格兰高地的美如史诗般壮观，海风就像永不停歇的歌谣，深蓝色的山脉覆盖着一层紫色的薄雾，天空的尽头镶嵌着粉红色的云朵……苏格兰高地的美，带着些许缥缈的不真实感。也许这里人烟太过稀少，以至于恍惚间会变成童话故事里精灵和仙子的居住地，视线内的所有风景都美得令人窒息。

而那些古朴的苏格兰小镇也别有一番异乡风情，踏在不知何时铺就的黑石板小径上，看着两侧古朴的建筑上挂满五彩缤纷的灯管，玻璃橱窗中的圣诞老人，捧着大礼盒对往来顾客欢笑送迎。忽然感觉这场景似曾相识，在哪里见过呢？想了好久才明白，原来是在儿时的童话故事里。这些小镇穿过千年的时光，静默地屹立在那里，深邃的文化积淀感染着每一个前来游览的客人。

而苏格兰小镇的酒吧里面却又显出了一种截然不同的情调，穿着火辣的美女伴着音乐热舞，人们在台下举酒高呼。可这些人一旦到了街上，又一下子恢复了严肃与沉稳。也许这就是真正的苏格兰，严肃的外表下，藏着一颗火热的心。

不可不游

天空岛

天空岛又名斯凯岛，位于苏格兰高地的西海岸，是内赫布里底群岛最大的岛屿，也是该群岛中最具代表性的一个。它与英国大陆之间靠一座叫“斯凯”的跨海大桥连接，比起以前的渡船往来，大大方便了游客的出行。

古朴的苏格兰小镇别有风情

尼斯湖

尼斯湖位于英国苏格兰高原北部的大峡谷中，湖长 39 千米，宽 2.4 千米。面积并不大，平均深度达 200 米，最深处有 300 米。该湖终年不结冰，两岸陡峭，树林茂密。湖北端有河流与北海相通，是英国内陆最大的淡水湖。

威廉堡

威廉堡被喻作“苏格兰高地之门”，威廉堡不仅是通往苏格兰西部高地的门户，也是苏格兰的旅游中心。除了迷人的日落，威廉堡还提供配套完整的汽车高速公路服务站。沿着湖边是一条双车道公路，让你尽赏湖光山色。

Tips

① 英国汽车靠左行，过马路时记住先看右边，不少人行横道红绿灯需行人按按钮才亮。

② 苏格兰不同地区口音可能有一定差别，但对于有一定英语基础的游客来说，语言不存在障碍。

瀑布好似一条条银色的长绢，从天女的织布机上倒挂下来

舒缓的流水，薄毯一样的绿色草地，静谧安详

关键词：野人、奇石
国别：中国
位置：湖北省西部
最佳旅游时间：5—10 月

神农架

幽境探秘

野人传说？地质公园？还有更多奇迹等着我们去发现……

野人谷，探寻野人足迹

“山脚盛夏山顶春，山麓艳秋山顶冰，赤橙黄绿看不够，春夏秋冬最难分。”一首诗生动形象地描写出了神农架地形、气候的多样迷人。由于湿热的东南季风和干冷的大陆高压循环交替，以及高山森林对热量、降水的调节，这里形成夏无酷热、冬无严寒的宜人气候，当南方城市夏季普遍高温难耐时，神农架却是一片清凉世界。

神农架包括神农顶国家自然保护区、燕天景区、香溪源旅游区和玉泉河旅游区四大景区，是中国内陆唯一保存完好的一片绿洲，拥有在世界中纬度地区唯一保持完好的亚热带森林生态系统，动植物区系成分古老且珍稀。冷杉、岩柏、梭罗、珙桐等遮天蔽日，金丝猴、白熊、苏门羚、大鲵以及白鹳、金雕等出没草丛林间。

来神农架旅游，最不可错过的是那些幽深、奇秀的峡谷：红坪峡谷、关门河峡谷、夹道河峡谷、野马河峡谷，个个雄伟壮观。峡谷中长满了珙桐、银杏、杉树、松柏等各种树木，即使在盛夏里走进这些山谷也会享受到带着不同树木香气的阵阵轻风。阳光穿过树叶，在头顶形成了一片柔光闪耀的帷幕，斑斑点点的光影投在地面上，落在嫩草丛中，掉进清澈的溪水中，伴着风，伴着流水不断地摇晃，仿佛一支柔和的催眠曲，让人想躺在这青青的草地上，静静地放松身心。

阴峪河、沿渡河、香溪河、大九湖风光绮丽，那些潺潺的流水从桃李林中穿过。每到花开时节，满树的粉红映在流水中，美得如同陶渊明笔下的桃花源。落英飘散在河水中，惹得游鱼相互追逐，掬水轻嗅，香气沁人。既为这美欣喜，又为春暮而伤感，不觉发出“流水落花春去也”的感慨。

陡峭的群峰，氤氲的薄雾，美妙如一幅惊世图画

神农架多样的地质奇观，更是让人拍案叫绝。万燕栖息的燕子洞，时冷时热的冷热洞，盛夏冰封的冰洞，一天三潮的潮水洞，雷响出鱼的钱鱼洞处处如仙境；泉飞瀑、云海佛光透着祥和的柔光。

这里还有古老的传说和古朴的民风民俗，人与自然共同构成中国内地的高山原始生态文化圈。神农氏尝草采药的传说，“野人”之谜，汉民族神话史诗《黑暗传》，川鄂古盐道，土家婚俗、山乡情韵都具有令人神往的魅力……

不可不游

宋洛乡的水洞

宋洛乡里有一处水洞，只要洞外自然温度在28℃以上，洞内就开始结冰，山缝里的水沿洞壁渗出形成晶莹的冰帘，向下延伸可达10余米，滴在洞底的水则结成冰柱，形态多样，顶端一般呈蘑菇状，而且为空心。进入深秋时节，冰就开始融化，到了冬季，洞内温度就要高于洞外温度。

神农顶

神农顶面积约2平方千米，海拔3106米，是名副其实的“华中第一峰”。神农顶终年雾霭茫茫，岩石裸露，长有苔藓和蕨类植物，山腰上则分布着箭竹林带、冷杉林带和高山杜鹃林带。

九大湖

九湖坪四周高山环绕，最高峰2800米，形成一道天然屏障。在东西有九个大山梁，梁上森林密布，气势雄伟。山梁间九条小溪犹如九条玉带从云雾中飘舞下来。在这高山平原上也恰好有九个湖泊鳞光闪闪。一条小溪串联着九个小湖泊，那情景犹如一条项链上串着的九颗宝石。

箭竹林间，怪石嶙峋，姿态迥异，引人入胜

Tips

1. “吃的洋芋果，烤的疙瘩火，烧酒配着腊肉喝，除了神仙就是我。”到了神农架，一定要尝尝当地的腊肉、土豆和嫩豆腐。
2. 神农架景区攀登山路崎岖，游人应当备好登山装备。
3. 山上的猴子十分顽皮，小心背包被抢。

关键词：水与火、喷泉、色彩
国别：美国
位置：怀俄明州
最佳旅游时间：5—10 月

黄石国家公园

彩色的奇迹

水与火在这里相互交织、融合，创造出了一个个极其雄壮、瑰丽的奇迹。

大棱镜温泉，是上帝赐予的一颗明珠

这里被称为“地球表面最精彩、最壮美的景色”，它已经超出了人类艺术所能达到的最高水平，任何语言在这种美景面前都会显得苍白无力。也许最能描述黄石公园美丽的便是游人见到它时，那一声声惊叹。

水与火在这里相互交织、融合，创造出了一个个极其雄壮、瑰丽的奇迹。公园内仅温泉就有 3000 多处，其中间歇泉 300 处，许多泉水喷水高度超过 31 米。这些喷泉虽然距离很近，但各具特色：狮群喷泉由 4 个独立的泉眼组成，每当要喷出水柱时，地下

黄石国家公园，被美国人称为“地球上独一无二的神奇乐园”

就会传来狮吼般的响声，响声未止，4 道巨大的水柱便向空中激射而出；老忠实喷泉因其规律性而闻名，它每隔几十分钟便喷发一次，每次喷发四五分钟，巨大的水柱高达 40 多米，100 年间从未间断；蓝宝石喷泉，澄净的泉水喷向高空，在天空的映衬下显得格外澄蓝，如同阳光下熠熠发光的蓝宝石；大棱镜喷泉是美国最大的喷泉，宽 70 多米，泉边池水深 50 余米，更奇特的是泉水会随着季节而变换颜色，春季湖面是灿烂的橙红色，夏秋两季呈现出迷人的红色或黄色，冬季则变为深绿色。

沿着园内的道路、小径，游人可以尽情地欣赏各种温泉奇观；黄石湖、肖肖尼湖、斯内克河和黄石河分布其间；雪峰、峡谷不时映入眼帘……到此的游客无不为眼前所见的奇观所震撼。

黄石河被称为美国“唯一没有水坝的河流”，河道忽宽忽窄，河水忽疾忽缓，急流撞上岩石，迸溅水花无数，跌入崖下清潭之中，犹如“大珠小珠落玉盘”。忽而河水又泻下高崖，形成两道壮丽的瀑布，轰鸣着奔入大峡谷。这两条瀑布高过百米，宛如玉带垂天，银河坠地。黄石河像一把利刃，将连绵的山峰切开，形成了壮丽的黄石峡谷。河水在大峡谷中奔流咆哮，草木葱茏，鸟立于崖间，兽攀于岩上，晨昏水雾迷蒙，中夜流水映月。崖壁的石头都是五颜六色的火山岩，从上到下闪着耀眼的光芒，这是整个公园中最美丽的地方。

公园总面积的 85% 覆盖着森林。茂密的扭叶松郁郁葱葱，生长得十分紧密，不蔓不枝，就像甘蔗林一样。龙胆松则千姿百态，造型各异。美洲云杉和高山银杉则树冠繁茂，状如银塔……

这里还是美国最大的野生动物庇护所和著名的野生动物园，其中包括 300 多种野生动物。灰熊、美洲狮、灰狼、金鹰、麋鹿、

黄石公园仍然是野牛最后的大本营之一

白尾鹿、美洲大角鹿、野牛、羚羊等 2000 多种动物在这里繁衍生息。熊是黄石公园的象征，园内约有 200 多头黑熊，100 多头灰熊，在路边常常可以看到一只大熊带着一两只小熊，阻挡游人的汽车伸爪乞食，那种滑稽的样子，煞是惹人爱怜。

不可不游

黄石湖

黄石湖是黄石公园内最大的内陆湖，湖面海拔约 2300 米，湖区覆盖面积 300 多平方千米，最深处达 118 米。它实际上是黄石活火山口的中心，其唯一出口是黄石河，覆盖着黄石公园陆地的就是从这里喷出的火山岩石和岩浆。此湖为喇叭鹄和加拿大鹅等稀有水鸟的栖息所，在此游人不仅可以欣赏秀美的湖光山色，观赏美丽的水鸟，还可以静静地坐在湖边钓鳟鱼。

猛犸温泉

猛犸温泉是世界上已探明的最大的碳酸盐沉积温泉。那几千年来温泉水冷却沉淀形成的一连串台阶是猛犸温泉以及整个黄石公园的代表景色。流下的热泉沿着山坡形成一级级非常漂亮的五彩大台阶。2002 年的一次地壳变动，使得猛犸的大部分热泉不再流动，死掉的细菌变成灰白色的粉末，残留在干枯了的大台阶上，反射着耀眼的阳光，将这里变成一片肃杀的不毛之地。

西拇指盆地

西拇指盆地位于黄石湖的西边，它是黄石湖的湖湾，许多间歇泉聚集此处，喷水口的颜色多种多样，有的呈透明绿色，有的呈水泥般暗暗的黑色。当阳光照射到此处时，无数道喷泉同时喷出，幻化出彩虹千万，给人一种童话世界般的感觉。

山岩嶙峋，瀑布自山谷奔流而出

Tips

1. 黄石公园内的温泉，温度、泉水构成、泉中生物各不相同，不可贸然接触泉水，以免被烫伤、划伤以及感染。
2. 按照园区要求，需与园中野生动物保持安全距离，规定不可拍照的地点，应遵守要求。
3. 公园中有很多枯树，行走在林间小路上时应注意安全，尤其是在有风的时候，防止被断裂的枯枝砸伤。

关键词：呼风唤雨、祈雨圣地
国别：中国
位置：怒江州泸水县片马乡东北部
最佳旅游时间：全年

听命湖

与神密语的地方

听命湖，是上苍的眼泪，还是娴静美丽的女神，抑或是跌落在土地上的天空。

在高黎贡山的原始森林之中隐藏着一个神秘的湖泊，即使狂风呼啸，水面依然波澜不惊。但当人在此高声喧哗，湖面上空就会乌云密布，顷刻间下起雨来。说话声音越大，雨下得越大；说话时间越长，落雨时间就持续得越长。这片湖如同一位神灵，潜心隐居，不愿被打扰。

静，是这里唯一的声音。四季轮转、景色更迭、鸟兽出没，它就在这寂静中沉睡，在这寂静中美丽。

听命湖海拔较高，是由冰川雪水融化而成的冰蚀湖，水温极低，湖内生物稀少，水质优良，是一个神话般的存在。每当大旱之年，人们准备好祭品和雨具，来此祈求甘霖，在湖边载歌载舞，瞬息之间，风雨随之而来，因此被视为神圣之地。

听命湖躲藏在山林深处，想要一睹它的容颜需要跋山涉水。穿过密林茂竹，蹚过溪水山崖，一路披荆斩棘，终于到达了它的面前。当你还在为跋涉的艰辛而疲惫不堪时，不经意的一个抬头，它已攫取了你的魂魄。它是如此美丽安详，就像是一颗绿宝石镶嵌在大地上，纯净至极。它又如一块碧玉翡翠般夺目，这种纯净的绿使得你清爽无比，所有的疲劳在看到它的那一刻一扫而光。

云海茫茫，独木安详

听命湖极致的静谧让人不忍心打扰。站在湖边，生怕惊醒了沉睡的神灵。旁边高大的树木被阳光笼罩的时候，一片金黄，鸟儿自由地飞过，一切美好而又自然。湖中的水草翠绿新鲜，岸边石头上生长的红色、黄色的苔藓，色彩斑斓，好像是画家无意中打翻了油彩，鲜艳异常。

如果说高山的湖泊是上苍的眼泪，那么听命湖就是神灵最晶莹的泪滴；如果说世间有神灵的存在，那么听命湖里居住的一定是最美丽安详的一个。它躲藏得远远的，以瞑睡的姿态保持着清醒，在这远离人烟的地方，空气干净，环境优雅，没有嘈杂和叨扰。但如果惊动了它的沉思，就会引发它的怒吼，雷声雨水将打破湖面的平静，天地为之变色；而当噪声消失，它就又复归平静，仿佛一切都没有发生过。

在听命湖面前，谁都能当呼风唤雨的英雄，然而静谧也是一种美。春天，雪水融化汇入湖中，湖水幽深，在杜鹃花丛的装点下显得十分高雅迷人；夏天，四周茫茫的林海葱绿汹涌；秋天，碧绿的湖水倒映着金黄的树林，秋意浓浓；冬天，白雪覆盖大地，寂静洁白。山驴、羚羊常年生活在此，使原本神秘莫测的听命湖更加富有灵性。

在安静的听命湖面前，你会丧失开口的勇气，它单薄清澈，让人不忍伤害。在这里无须任何语言，它纯净得让人不忍心打破这里丝毫的宁静。热爱旅行的人一定要来听命湖感受一下这难得的原生态。

不可不游

片马镇

片马镇处于三江并流的风景带中，十分整洁安静。山上的原始森林使人神往，山下的田园风光如诗如画。景颇族世代生活在此，民族风情浓郁。此外，这里还发生过抗击英帝国主义的“片马事件”，人文色彩浓厚。

高黎贡山

这里地貌形态多样，既有激情似火的火山地热，又有清凉宜人的飞瀑溪流，还有历史悠久的城堡古道，更有香火鼎盛的名刹古寺。一山分四季，景象立体感强烈，野生动植物繁多，气候宜人，是旅游休闲的绝佳之地。

Tips

❶ 听命湖属于高原湖泊，如有必要可携带氧气瓶，或者提前服用红景天胶囊或口服液，预防出现高原反应。
❷ 白天要注意防晒，夜晚如果露宿的话，要注意保暖；另外要点燃篝火，谨防野兽出没，注意安全。
❸ 适宜徒步旅行，徒步消耗大量的体力与水分，要携带足够的水与食物。

听命湖因人们能呼风唤雨的传说而一直笼罩着神秘色彩

关键词：盐沙漠、天空之境
国别：玻利维亚
位置：玻利维亚的西南部
最佳旅游时间：12 月至次年 1 月

乌尤尼盐原沙漠

天空之镜

雨后的乌尤泥盐沼，湖面像镜子一样，与晴朗的天空交会，浑然一体，美得让人窒息。

乌尤尼盐原沙漠中的湖泊被冰雪一样的盐覆盖

在有“古文明坟场”之称的乌尤尼盐原沙漠里行走，能够让你同时体验荒芜和繁荣两重魅力。它酷热、孤寂、无边无际、危机四伏，对人类来说充满未知。但正是这份荒芜让它散发出迷人的光芒，让人渴望走近它，在惊心动魄的探险中磨砺自己的勇气。一旦置身其间，就会被人类的创造力所折服：无数伟大的文明古城曾经在这里繁荣昌盛，虽然如今已被茫茫沙海湮没，但历史却将那些奢侈记录下来，引得无数探险者前来探秘。他们或是自然文化研究者，或是诗人和艺术家，就连近几年兴起的户外爱好者，都纷至沓来，只为一探乌尤尼盐原沙漠的秘密。在漫无边际的沙漠里，这些身份和职业各不相同的人们，都如沙砾一般微不足道。

乌尤尼盐原位于玻利维亚西南部的乌尤尼小镇附近，呈月牙状，是玻利维亚最大的盐沼。它海拔 3660 米，长 150 千米，宽 130 千米，面积 9065 平方千米。盐原作为玻利维亚的标志性景观以其独特的魅力吸引了世界各地的游人纷纷前来。沙漠沿岸建有盐场，主要盐场间有公路相通。位处高原之中，沙漠广阔且近乎平坦，与天空浑然一体。

沙漠中，有几个湖，由于各种矿物质的作用，湖水呈现出奇怪的颜色。4 万年以前，这片地区曾是明清湖的一部分。之后，湖水干涸，剩下普波湖与乌鲁乌鲁湖两大咸水湖，以及两大盐沙漠，即乌尤尼盐原与科伊帕萨盐原，其中乌尤尼盐原的面积大于科伊帕萨盐原的面积。从面积上来看，乌尤尼盐原是美国博纳维尔盐滩的 25 倍。雨量稀少，气候干燥，仅在 12 月至次年 1 月雨期积水时，经由利佩斯河泄水。

乌尤尼盐沼又称为天空之镜，是乌尤尼盐原沙漠的美景之一，站在盐沼之中，眼前亮晶晶闪动的不是冰，而是盐。每年 7 月至 10 月为乌尤尼盐沼的旱季，盐沼地表十分干燥。即使到了雨季，乌尤尼盐沼仍有部分区域干涸。每年冬季，乌尤尼盐沼被雨水注满，形成一个浅湖；而每年夏季，湖水则干涸，留下一层以盐为主的矿物硬壳，中部达 6 米厚，人们可以驾车驶越湖面。在一望无际的白色世界里，你可以感受到世外桃源般的纯净与美丽。当你漫步于盐沼的天地，浸没在纯白的世界里，会彻底被这令人窒息的美景所折服。

乌尤尼盐沼虽然海拔高，位于约 3700 米的山区，但是一望无际的白色世界仍然吸引了全球各地许多游客前来造访。

不可不游

天空之镜

“天空之镜”又名乌尤尼盐沼，在玻利维亚波托西省西部高原内，为世界最大的盐层覆盖的荒原，雨量稀少，气候干燥，经由利佩斯河泄水。每当夏季湖水干涸的时候，留下一层以盐为主的中部达 6 米厚的矿物硬壳。人们可以驾车驶越湖面。尤其是在雨后，湖面像镜子一样，反射着好似不是地球上的、美丽得令人窒息的天空景色。

鱼岛

鱼岛是在盐沼中央附近的一个小岛，上面长满了仙人掌，是横越乌尤尼盐沼途中重要的休息处所，鱼岛上有一些当地人开设的土产店。没有旅宿设施，一般游客从乌尤尼带午饭过去，在此处午餐。

盐湖边的植物也显得与众不同

Tips

1. 入住盐砖建造的酒店，是一次神奇的体验。
2. 玻利维亚海拔很高，注意高原反应。
3. 最好在雨季（12 月至次年 1 月）去盐沼，因为形成传说中的天空之镜需要大片平静的水面。

关键词：V 字形大湾、小江南
国别：中国
位置：丽江石鼓镇
最佳旅游时间：夏、秋两季

长江第一湾

惊心动魄的美

毅然转身，划下一道优雅而深邃的弧线，这条弧线承载的，不仅是如山般的性格，还有浓墨重彩的历史，共同诉说着岁月的安详与沧桑。

水势宽衍，江水清幽，景色奇美

万里长江从世界屋脊青藏高原奔流而下，金沙江、澜沧江、怒江在横断山脉的高山峡谷形成“三江并流”的奇观。金沙江本要向南流出国界，可是江水有情，为了寻找光明与爱情，它毅然掉头向东，汹涌澎湃地穿山绕林，形成了罕见的 V 字形大湾。“江流到此成逆转，奔入中原壮大观”，那个转身的地方，成就了天下奇观——长江第一湾。

金沙江向来多情。相传，澜沧江、金沙

江流到此成逆转，奔入中原壮大观

江、怒江三姐妹结伴游玩，半途发生争执，澜沧江、怒江固执地向南前行，金沙江姑娘立志要到太阳升起的地方寻找光明与爱情，于是告别两个姐姐，毅然向东而去。在这一转之间，显露出无尽的温柔。

这一带，江水清幽、水势平缓，岸边杨柳依依，微风吹过，它们随风起舞，舒适且懒散地摇摆着身姿。春天，岸边、山间、谷旁，金黄色的油菜花铺满大地，映入眼中，连江水都变得耀眼，闻着花香，人仿佛置身于流光溢彩的宫殿之中；夏天，捧一杯冷饮，仰卧在铺满阳光的摇床之上，或闭目静思或聆听渔歌悠扬，岂不美哉；秋天，把双脚浸入水中，仔细感受江水带来的清凉，沉醉于秋风吹拂面孔的清爽，又别有一番滋味；冬天，不老的青山为雪白了头，无忧无虑的江水因风荡起了涟漪，碧绿的江水伴着苍茫的冬景，多愁善感袭上心头，真愿人生从此过，不羡红尘世俗人。

有谁能想到，如此静谧优雅的景色，也曾遭受战火的洗礼。转弯处的沙松碧对岸，有一座历史名镇——石鼓镇，因镇上有一个用汉白玉雕刻的鼓状石碑而得名。据民间传说，“世事动乱，鼓自裂开；天下太平，鼓又自己闭合”。又相传诸葛亮平定南中，在此“五月渡泸”；木天王在此埋有宝藏，引得众人追寻，这些无从考证的传说为石鼓镇蒙上了一层神秘的面纱。

石鼓镇背依青山、面朝江水，进可攻、退可守，向来是兵家必争之地，长江第一湾也因此见证了历来的朝代变迁以及民族融合。这里还是红军北上抗日过滇西、渡金沙江的渡口，石鼓碑后面的“红军长征渡口纪念碑”就是红军和各族人民深厚友谊的见证。它俯瞰长江第一湾，庄严雄伟，和第一湾相得益彰，也尽显红军的英勇风采。

石鼓镇依山而建，路边墨绿色的护堤林和碧绿的稻田为它镶上了两道边。镇中石阶蜿蜒而上，道路均由青石板铺就，古朴庄严，置身其中犹如走进了江南小镇，安静而祥和，家家户户喜植兰花，更是增添了它的文艺气息。走进石鼓镇仿佛踏入了历史文化的长廊，岁月堆积的厚重和沧桑、自然风景的静谧和安详，使得它民风淳朴而又肃穆威严。

长江第一湾也因此变得更加美丽和深刻，它正不断地展开怀抱，把美丽传递给每一个人。

江水在横断山脉的高山深谷中穿行

不可不游

禹将石

长江第一湾的桥边耸立着一尊高 10 余米的石柱，这就是禹将石。大禹治水经过此处，决定疏导江水，派将军凿山，岩石坚硬难通，为拯救百姓，将军以头撞石，江水始通，百姓转危为安，大禹为了纪念他，立石加以怀念。

铁虹桥

作为茶马古道的重要驿站，铁虹桥至关重要。桥头建有门楼，写有“上下天门”“退还庆幸”的字样，行走桥上的艰险可想而知，红军长征也经过此桥，历史气息浓厚。站在桥上，两岸的杨柳青翠、水天仿佛一色，景致动人。

长江第一湾，美景尽收眼底

Tips

❶ 石鼓镇后面的高山是欣赏长江第一湾美景的最佳地点，爱好摄影的朋友不能错过。

❷ 建议穿运动鞋，石阶较多，多靠步行。

关键词：最小的沙漠、迷蒙
国别：印度和巴基斯坦
位置：印度西北部和巴基斯坦东南部
最佳旅游时间：10 月至次年 3 月

塔尔沙漠

另一种印度风情

当驼铃响起，当地居民归心似箭，他们牵着心爱的骆驼，经过沙丘，只留下两行脚印。

塔尔沙漠中的当地导游

塔尔沙漠又称为大印度沙漠，是世界上最小的沙漠，位于印度西北部和巴基斯坦东南部。西以印度河、萨特卢杰河为界，东以印度马尔瓦高原东侧为缘。印度西部和巴基斯坦的沙漠面积约 59 万平方千米，虽然夏季季风的湿润气流从它的东边不远处经过，但是却没有一滴雨水降落到这个沙漠。

塔尔沙漠为印度大沙漠的延伸部分，海拔 100 ~ 200 米。其主要为沙质荒漠，由沙丘、沙质平原以及陡立的荒芜丘陵构成，地势起伏不平。沙丘在不断移动，形状和大小也不断变化。较老的沙丘则已固定或半固定，有些高达 150 米。沙漠中有季节性盐湖及干河道，地下水位很低且多为咸水，经济以农业为主。大部分地区无植物生长，少数耐干、热的植物可以生存，因此居民多过着游牧生活。有季节性盐湖及干涸的河床，只有深层水可供利用，饮水与生活用水多是靠水池贮存的雨水。沙漠里的居民多从事农牧业，有水源灌溉的地方出产小麦、棉花、甘蔗、粟、芝麻、豆类和辣椒。

沙漠的起源存在颇多争议。一说是印度河的过度开发致使植被破坏，水土流失造成沙漠化。还有一说是由于山脉的阻挡，夏季西南季风所带的水汽无法到达塔尔沙漠，土地逐渐沙化。从气候的角度考虑，夏季高压的控制使之无法降雨形成沙漠也不无道理。

和印象中的沙漠相比这处沙漠显得极其

特殊。塔尔沙漠上空的空气浑浊不堪，尘埃常常遮住了阳光，整个大气灰蒙蒙一片，夜间也很难见到星空。然而，就是这样一处沙漠景观，却也拥有着十足的魅力。

塔尔沙漠的土质沙化不明显，看上去是极为普通的土质。因为缺乏水源，土地常年处于干旱状态，所以极为干硬，几乎没有植被，因此自然风光并不旖旎。沿着公路往前行驶，路两边偶有稀稀疏疏的植被，给人一种苍凉的感觉。由于塔尔沙漠地势平缓，顺着延伸的公路往远处望去，少了山脉的遮挡，视野极为开阔。很轻易便能看到雄伟的宫殿屹立在高地上，其间穿梭着身穿民族服饰的本地妇女们，她们身上那色彩斑斓的纱丽与周围的山野湖泊相映成趣，给沙漠增添了浓郁的异族情调。当车子驶近荒漠的末端，一座城堡很突兀地出现在眼前，远远望去，城堡泛着沉甸甸的历史的韵味，在苍茫的沙漠中，仿佛是灯神创造的奇迹。这座矗立在沙砾上的城堡便是奇沙默尔古城。

塔尔沙漠位于印度的西部，在这广袤的大漠中，不只有奇沙默尔古城，还有许多城堡和庙宇，宫殿和王陵。这些建筑都是当初各小公国留下来的遗迹。历史的车轮碾压过大漠，小公国都被湮没在历史的缝隙里，留下这些建筑像珠宝一样在大漠里璀璨生辉。建筑上的镂空和弧形建筑技巧，处处洋溢着浓郁绵长的中世纪情调和伊斯兰文化韵味，给印度西部蒙上一层缤纷而又神秘的色彩。

两只高大的骆驼站在夕阳下，显示出一种静谧的美；少年在大漠中追逐着，在把自家的羊群赶入家中；落日余晖，夕阳的陪伴显示出影子的修长，谁能说这不是一番耐人寻味的美景呢？

不可不游

萨姆沙丘

在贾沙梅尔塔尔沙漠附近，还有一个像撒哈拉那样完全沙质化的沙漠。这个沙漠名叫萨姆沙丘，距离贾沙梅尔大约42 千米。在这里能看到沙漠里最美丽的日出和日落，因此成为最受游客们喜爱的景点之一。凡是来塔尔沙漠旅游的人，都不会错过萨姆沙丘。游人把萨姆沙丘变得热热闹闹，所以想要在萨姆沙丘安安静静地看沙漠日出，是一个很难实现的梦想。

贾沙梅尔堡

贾沙梅尔堡是这座小城最具魅力的代表。它像一位坚韧的使者，守候着这座荒漠之中的“金色之城”。这座城堡由黄色砂岩建造而成，拥有悠久的历史，是拉贾斯坦邦最古老的城堡之一。1156 年，拉其普特统治者下令修建贾沙梅尔堡，后继的统治者们也陆续为它增筑防御工事，而它也见证了巴蒂人与德里的莫卧儿王朝和焦特普尔的拉索雷王朝相互之间的数次战争。

阳光透过云层照射到塔尔沙漠上，虽为最小的沙漠，但仍然显得壮阔

Tips

❶ 线路组合可以德里、亚格拉、斋普尔构成的“金三角之旅”为基础，延伸到西部若干个城市，准备 10 天左右的假期即可。

❷ 斋普尔向西，可以尝试印度火车，体验“西行漫记”的味道。

❸ 在斋普尔，即使不想购物也要去参观一下那里的市集，因其位于印度丝绸之路的中枢，至今仍是印度重要的贸易中心和商品集散地。

关键词：徒步、众山之祖
国别：中国
位置：丽江市玉龙自治县
最佳旅游时间：5、6月

老君山风景区

神仙府地

“炼丹的老君早已不在，只余下空空的回想，它的高度不在外表，而在内涵。”

杜鹃花遍布林间，绚丽灿烂，犹如云霞

老君山位于丽江西部的黎明乡，坐落在丽江、剑川、兰坪、维西四县的交界处，主峰海拔约4200米。传说太上老君曾在此炼丹，因而得名；又或许太上老君是道教里面的祖师，它又被称为“众山之祖”。这里人迹罕至，保留了最原始的风貌，金沙江在它的左面滔滔奔流，澜沧江在其右滚滚而下，两条大江阻断了人们探幽的脚步。老君山挺拔巍峨，显示出独特的磅礴大气。

“丹霞夹明月，华星出云间”，丹霞地貌的美是摄人心魄的。这里分布着由红色砂岩形成的200多平方千米的丹霞地貌，岩石、山峰、峭壁均呈现出鲜艳的红色，这是一种惊心动魄的红色。阳光照耀下，红得愈加耀眼、光彩夺目；乌云密布时，红色的山体又显得凝重庄严。红色的山石映红了大片的天空，似乎誓与天空争辉。更绝无仅有的是千龟山，整个山头由许多形似乌龟的山石组成，鲜红、暗红的龟壳密密麻麻、整齐排列，都朝着同一个方向爬行，令人震撼。

绿色是这里不可缺少的颜色，这里是动植物的乐园。山上植被茂密、原始森林保持完好，自然生态环境优良，滇金丝猴在山林间攀援跳跃，每一位探险者来到这里都会被它的原始淳朴所震撼。漫步在神秘清幽的原始森林里，步步惬意。高山草甸像绿色的毡子平铺开来，马匹、羊儿悠闲地吃着草，悠然自得。密林繁花相交织，奇峰险峻相纵横，碧湖清泉互相映衬，奇绝动人。

太上老君在这里炼丹遗留下来的九十九个炼丹炉，幻化成了清澈如镜、风景秀美的九十九龙潭。近百个大大小小的水塘相连通，颇具规模。潭水碧绿幽深，如同镶嵌在群山

丹霞地貌美得摄人心魄，红得耀眼夺目

之间的宝石，倒映着苍翠的高山。阳光明媚、鲜花烂漫之时，花木倒映其中，湖水呈现出多变的色彩，如七彩云霞般绚烂，美不胜收。有如此美景，我们只能赞叹大自然的造化之功，行走其间，尽情享受自然的馈赠。

这片具有灵性的土地吸引来了一种特殊的生灵，滇金丝猴，被称为雪域精灵。它生活在雪山峻岭的高寒森林之中，拥有一张极像人类的面孔，面庞白里透红，唇色鲜红，十分美丽。同时它还颇具灵性，以嫩叶、花苞为食，即使再饿，也绝不破坏农作物。

昔人已乘黄鹤去，太上老君的身影已无处可寻，但老君山还在、炼丹炉依旧，连同那些烧红的石头，也共同见证着它的沧桑与历史。原始森林一如既往地与老君山携手前行，体会着它原始的荒芜与寂静，聆听着遥远的鸟鸣，带着古老的思绪，平静地迎着朝阳、辞别皓月，淡泊而安宁。

老君山既是神仙府地也是花花世界，原始深邃的人文意蕴与动人心魄的美丽景象，和谐共生，和顺静美。

三才湖，三潭湖水紧密相连，岸边植被茂密，秀丽可爱

不可不游

三才湖

群山环抱之中，三潭湖水紧密相连，犹如撒落的珍珠，这就是“三才湖”，也是老君山的标志之一。道家信奉“三生万物”，以天、地、人为尊。三才即是天才、地才、人才。三潭湖水清澈透明、深邃神秘，湖畔遍布鲜花，艳丽夺目的杜鹃、傲雪挺拔的龙胆、迎风独立的报春以及青翠可人的绿绒苗，把湖装点得分外美丽，犹如世外桃源。

九十九龙潭

相传潭中有神龙隐匿，人在此若高声喧哗，潭水就会翻滚奔腾，天空也会变色。近百个水潭连成一片，故称九十九龙潭。水潭四周密布原始冷杉林，与杜鹃等花木混杂，春天姹紫嫣红，风景秀丽。冬天，湖畔遍布冰凌，银装素裹，形成一个天然的冰雕世界，使人如入童话仙境。

Tips

❶ 在游览老君山的时候，要做好预防高原反应的工作，建议带上携氧片。

❷ 建议穿运动鞋，徒步是最好的旅游方式。

沿着林间步道，感受密林幽静

关键词：斑斓、珊瑚
国别：澳大利亚
位置：昆士兰州东岸
最佳旅游季节：5—10月

大堡礁

珊瑚虫的杰作

这是地球上最美丽的珊瑚海，是一道壮丽的珊瑚长城，是蔚蓝深处的珊瑚传奇。

潜水观赏五颜六色的珊瑚群是游客最大的乐趣

一片蔚蓝的海域，承载着即将消逝的奇迹。这里是热情洋溢的南半球，这里有海水温润如春，这里有珊瑚娇美如玉，这里有风景引人入胜……这里就是大堡礁。

这个全世界最长最大的珊瑚礁群，纵贯蜿蜒于澳大利亚的东海岸，全长约2000千米，最宽处240千米，乘坐直升机可以清晰地观赏这道壮丽的珊瑚长城。纯净的海水仿佛在地球母体内荡漾了千年，如同一块巨大的蓝宝石，安静地蛰伏于五彩斑斓的珊瑚礁周围。湛蓝的天空万里无云，海风在大堡礁体内穿越。这里的色彩纯度如此之高，摄人眼球，让人生怕错失任何美好的点滴。

蔚蓝的天空，清澈的海水，来往的船只，组成了一幅美丽的风景画

整个大堡礁，其实是由无数绚丽多彩的珊瑚礁岛组成的，经过时光雕琢，才形成今日的奇观。这些礁岛有的露出海面几米甚至几百米，再辅以绿意盎然的丛林、缤纷明媚的纯白沙滩，一切都洋溢着明艳妖媚的热带风情；有的则半隐半现在海中，各色形态奇异的鱼在珊瑚丛中翩翩起舞，“浪漫”成了此时此刻、此情此景唯一的关键词。

珊瑚虫是这里真正的创造者，这些几亿年前的古生物对生存环境挑剔至极，它们能够分泌出碳酸钙骨骼，一旦选择好了安家地就会世代繁衍，不离不弃。老珊瑚虫的遗骸造就了新珊瑚虫的诞生，而新一代则在其基础上，向高处和两旁继续发育，日积月累，如此循环，便逐渐堆积成如今形态繁复、体积庞大的珊瑚礁体。远远望去，礁顶在海水中若隐若现，如无数艳丽的花朵在碧蓝的海中央绽放，姹紫嫣红，光芒四射，令人瞠目结舌。

来到大堡礁，一定不要错过乘坐透明玻璃游船进行海中观景。在这里，珊瑚取代了森林，鱼类和软体动物取代了鸟兽，珊瑚礁如同一棵棵倒长的大树，从深不可测的幽暗之处盘旋而出，各色珊瑚如同用玉雕琢的枝叶，在“大树”的两旁妖娆地伸展着。各种各样的热带鱼从你身边优雅游过，斑斓的色彩如飘忽闪烁的焰火，令人目不暇接。在这绚烂丰富的海底世界漫游，大概除了惊艳，就只能惊叹了。

这是完全不同于陆地上的另一个世界，这是海底的天堂，上帝的宠儿。那么，还等什么？快来水下的美丽世界遨游吧。

在近乎透明的海水里游泳是一种非凡享受

大堡礁，宛如一颗翡翠，遗留在大洋上熠熠生辉

不可不游

心形岛

心形岛是大堡礁一道奇特的景观，从空中俯瞰，此岛呈现一个心形。传说，第一眼看到心形岛时，许下的愿望一定会实现。当有一天，心形岛就浮在你的脚下，一定要轻轻闭上双眼，许下心愿。还有一个更美丽的传说，如果在这时，有人吻你，你们的爱情就会得到上天的祝福……

绿岛

绿岛位于澳大利亚凯恩斯，是大堡礁中的一座珊瑚礁小岛。整个岛像一块精致可口的糕点，最中心是一片深绿色的林海，外面围着一圈细腻的白沙滩，最外面则是珊瑚礁堡垒，浪漫极了。在这里可以透过船底欣赏五彩斑斓的海底风光，也可以在沙滩上懒洋洋地晒个日光浴，尽情享受美妙时光吧。

Tips

❶ 澳洲蜜饯原汁火腿由厨师长精心选用上等火腿肉，配上特制蜜饯酱料制成，不容错过。

❷ 如果每年的 10 月至次年 3 月来大堡礁，大量的水母会出现在大堡礁水域之中，游玩时一定注意安全。

❸ 现场烹饪的生蚝味道鲜美，值得品尝。

坐在岸边的凉亭里，吹着海风，看着来往船只，相当惬意

关键词：静谧、神奇

国别：中国

位置：丽江市宁蒗彝族自治县

最佳旅游时间：3—10月

泸沽湖

东方女儿国

“清透湛蓝，湖与天拥抱私语，云、雾、波、船，织成画卷，交融缠绵，掬一捧圣洁的湖水滋润心田，品一滴清甜的水珠，吟一篇感恩的诗篇。”

湖水清透，天空湛蓝，当云雾和山水拥抱交融，泸沽湖和天空也私语缠绵。划上独木舟去往湖中，荡漾的水波让人迷醉其间，掬一捧湖水饮下，清甜的滋味润在心田。

泸沽湖一直以来被称为“女儿国”。但这绝不是《西游记》里那个处处都充斥着女性气息的女儿国，那个就连河水都阴柔到极致的国度是与泸沽湖不沾边的。泸沽湖名为女儿国，是因为它是迄今为止世界上唯一一个人类母系氏族部落。这里没有阴柔的国王和臣民，却有古朴的民风和妩媚的摩梭女儿。

泸沽湖又被称为母亲湖，关于这个称呼，源于一个动人的传说：很久很久之前，泸沽湖边的村落里，有一个可怜的孤儿，以放牧为生，总是吃不饱饭。山神见他可怜，便想要帮帮他。有一天夜里，孤儿做了一个梦。梦里，一条大鱼和他说话，大鱼告诉他：“以后你就到湖边的山洞里来吃我的肉，但要记住千万不要把我捞出水面。”第二天，孤儿想起这个梦，便找到山洞，竟然真看到在洞中水里的那条鱼。孤儿切了一块鱼肉放进嘴里，鱼肉鲜美无比。更为神奇的是鱼儿没有流血，也没有死掉。于是孤儿便每天都到山洞来割鱼肉吃。

群山和湖泊孕育着这里的村民，一切都那么安静和谐

但不久，这个秘密就被村里的贪财者知道了。他们尾随孤儿来到山洞，偷偷把大鱼捞出水面。瞬间，湖水暴涨，将村庄淹没。村里的人都被淹死了，只有一个女人情急之下把孩子放进猪槽里，这孩子才得以保命。后来，孩子长大成人，带着老婆孩子回到湖边，并在这里生活繁衍，形成如今的摩梭人。而泸沽湖便被他们命名为母亲湖，还用

整段的木头做成猪槽状的独木舟，以此纪念母亲。

泸沽湖的白天和夜晚是不一样的。白天的泸沽湖在阳光的照耀下庄重优雅；夜晚的泸沽湖在月亮的映衬下纯净通透。但无论是白天还是晚上，泸沽湖都是静谧的。安静，是泸沽湖的灵魂。它像是一个睡美人安静地躺在天地之间，任群山将它环抱。倘若湖面上荡起丝丝涟漪，那就是山风捎来群山的私房话，在它耳边低语呢。

在环绕泸沽湖的群山中，最雄伟的要数格姆女神山。它像是一个保护神屹立在泸沽湖的北岸。山上被四季常青的植被覆盖，苍翠的颜色与泸沽湖水交相辉映。走进神峰下面的女神洞，便能看到神奇的喀斯特地貌，形态各异的钟乳石在五彩缤纷却又幽暗的灯光下，让人仿佛置身于一个神奇的世界。

泸沽湖里有三颗明珠，分别是里格岛、里务比岛和谢瓦俄岛。岛上林木郁郁葱葱，小路蜿蜒曲折，路尽头是独特的摩梭建筑，身穿民族服饰的摩梭姑娘和小伙儿在岛上穿梭，置身其间，让人心旷神怡。

泸沽湖的自然风景美丽，民俗风情更是迷人。摩梭儿女的爱情由于母系氏族的走婚传统而充满神秘的色彩。她们每一家都是以母亲为首，以女性为主，男性只能抚养姐妹的孩子，而自己的孩子则由孩子的舅舅抚养。摩梭女儿对爱情从不遮遮掩掩，她们勇敢地追寻爱情，大方地表白心声，用自己的独特方式为爱情写下注解：敢爱，深爱，但若爱失去，便绝不纠缠。

人生的一大快事，便是到泸沽湖，体验猪槽船的奇特，欣赏泸沽湖的纯净；在美妙绝伦的湖光山色里，欣赏摩梭女子的风姿！

泸沽湖，如一个安静的睡美人躺在群山之中，美得不似在人间

不可不游

草海

泸沽湖有一座生物大观园，那就是草海。草海两边是望不到头的绿色植物，里面长满芦苇和各种水生植物，这些植物郁郁葱葱，不但让草海形成错综复杂的地势，更吸引了各种珍禽异兽来此落脚聚集。各种清脆婉转的鸟鸣声和摩梭人嘹亮悠扬的歌声交织在一起，成为世上最美妙的音乐，置身其中，宛如置身世外桃源一般。

走婚桥

摩梭人走婚和约会的地方，被称为走婚桥。它是泸沽湖唯一一座桥，连接草海两岸的村落，有“天下第一爱情鹊桥”的美誉。

鸟觉湖湾

鸟觉湖湾是泸沽湖最优美的湖湾，这里湖水清澈、山石嶙峋、丛林茂密，铺满石滩的石片像是雨花石，有金黄的色泽和鲜明的纹理，颇为醒目。阳光洒落在湖面上，宛如满天星斗，十分美丽。

Tips

❶ 泸沽湖位于高原，阳光照射时间长，紫外线强烈，记得带好防晒品，如太阳伞、防晒霜之类。

❷ 切记尊重民族习俗，不要过多询问摩梭人的走婚习俗。想要仔细了解的话，可以请教里格的扎西。

❸ 位于高原地区的泸沽湖早晚温差大，注意保暖防寒。

关键词：原始、高温

国别：刚果、赞比亚等

位置：非洲

最佳旅游时间：10月至次年2月

刚果河

非洲“水廊”

你见过草原入侵森林，但是你见过森林入侵草原吗？在刚果河，你可以见到。

刚果河，看似静谧，却处处蕴藏杀机

提起非洲，总会想到沙漠，想到炎热、干旱、寸草不生；还会想起大草原，想起大象、狮子、猎豹、猩猩；想到那里的土著居民，想到他们神秘的风俗习惯，还有他们种族曾经遭遇的灾难。谁又会想到那里有一处“水廊”呢？它就是刚果河。

刚果河，位于中西非，本地人称之为扎伊尔，即大河的意思。由于刚果河流经赤道两侧，获得了南北半球丰富的降水补给，具有水量大及年内变化大的特征。刚果河的流量仅次于亚马孙河，为世界第二大河，也是世界上唯一干流两次穿越赤道的河流。

当刚果河穿过茂密的刚果森林时，它的边缘都是断断续续的多草带状地

你有没有这样的一种经历？乘坐火车，沿着河流前进。一路上，看它在晨光暮霭里变换色彩，一路沐浴阳光，一路洗涤星光。不管是波涛汹涌还是和缓平静，它都一直相伴，不离不弃。

绵延逶迤的刚果河自东北向西南奔流而去。河岸两旁是郁郁葱葱的原始森林，遮天蔽日。苍茫的森林覆盖了大地，从空中俯瞰，就像一片绿色的海洋。在森林边缘是断断续续的多草带状地。稗和纸莎草等草场占据着废弃的河道、河岸边，以及岛屿中心的凹地；它们或者从砂岩中钻出，或者生长在被洪水冲肥了的河的下游末端。

对于喜欢吃肉的朋友们来说，在这里就如在天堂。当地的老百姓几乎什么都吃，烧烤是最常用的烹饪方式。在刚果河边行走，你还有可能吃到烤鳄鱼和烤蟒蛇。这里的水产丰富，为当地人提供了大量的食物。

在小城市里行走，你会觉得生活在这里的人们过得很幸福，虽然这些小城市甚至和我国的村庄一样。这里的人们对中国人很热情，他们会用半生不熟的“你好”打招呼。他们几乎过着一种半原始的生活，相当淳朴、单纯。

拿出一些巧克力和糖果，给这些孩子们吃。看他们吃得津津有味的样子，内心会感到很满足。赠人玫瑰，手有余香。也许，分享才是最幸福的。

刚果河的神秘之处，不仅仅是上游森林

刚果河流域拥有非洲最湿润的炎热气候，于是滋养出最广袤、最浓密的赤道热带雨林

果身材矮小的少数民族，下游与海妖有关的神秘传说，也有它自身的魅力。

不可不游

博约马瀑布

博约马瀑布是世界上最长的瀑布群。它位于刚果（金，下同）的乌本杜和基桑加尼两河港间长约 100 千米的河段上。刚果河越过赤道，从高原一下子跌落到平原，形成了这条世界最长的瀑布群之一。其中，第七级瀑布最大，宽 730 余米。

象鼻鱼

象鼻鱼有长长的“鼻子”，能够像大象的鼻子一样用来寻找、捕捉食物。然而这条“鼻子”却不是真正的鼻子，它是由下颌延长而形成的长吻。这种鱼外观奇特，背鳍和臀鳍上下对称，好像两把剪刀。从远处看，它整体像一把阿拉伯弯刀。

虎鱼

虎鱼是食人鲳的一种。在刚果河中会有大型虎鱼出现。它长着长而锋利的牙齿，能够一口咬下猎物的肉。它们性情凶暴，对血腥味很敏感。一旦猎物受伤流血，它们就会一拥而上，把猎物啃噬成一副白骨。

Tips

1. 刚果有很多禁忌，即使是夫妻也不能在公共场合亲吻。
2. 刚果的手势语和国际上的不太一样，在那里最好不要随意使用手势。
3. 当地蚊虫众多，注意防蚊虫和疟疾。

关键词：圣水、净化
国别：印度
位置：印度北部
最佳旅游时间：10月至次年3月

恒河

天堂的入口

传说国王为了洗刷自己祖先的罪孽，请求仙女下凡，于是就有了恒河。

错落有致的西式风格建筑群，成为当地最有代表性的人文景观

“今天早晨，我坐在窗前，世界如同一个路人，停留了一会，向我点点头走了。”也许，我们无法做到像印度大文豪泰戈尔那样，把世界当作一个路人。因为大多数时候我们都是一个路人，奔波在旅途中，在陌生的地方做客，点点头，然后离开。

恒河并不算长，然而它却孕育了四大文明古国之一的古印度，是古印度文明的摇篮，也是古今中外闻名的世界名川。它用丰沛的河水养育了印度人民，成为印度人眼中的“圣河”，被誉为“印度的母亲”。

对于恒河来说，前来朝圣的人是它的子

姹紫嫣红的楼阁，成为恒河流域的独特风景线

女还是路人呢？没有答案。在河畔，有各色各样的人，他们做着不同的事情。从早晨的沐浴，到夜晚的降临，甚至在黎明来临之前，他们也会划着船，在恒河中等待日出。

对于恒河来说，我们只是一个过客，来了，看了，听了，走了。而恒河对于旅行者来说，不一样只是一个过客吗？世界很大，人生很短，我们都是别人生命中的过客，别人也都是我们生命中的旅人。

宽阔整洁的街道，两旁绿树成荫。在街道上行走的美女，一袭纱丽，遮掩了雪白的肌肤，缠绕出曼妙的身材。一些松鼠毫不畏惧，在树枝间跳来跳去，似乎这里它们是主人，我们是过客，因而找不到害怕的理由。

静静地坐着，不要扬起尘土，让世界向你走来。这和我们信奉的“千里之行，始于足下”似乎矛盾。但是，如果能像泰戈尔一样把世界作为过客，那么世界自然而然地会向你走来。

乘一只船，在恒河里游走，一动不动地坐在甲板上看河岸的人群，他们不正如世界一样向我们走来吗？早晨已经过去，人们却没有完全散尽，依然有人在洗浴，这大约算不得晨浴了。夜晚降临，恒河岸边依然热闹不止……

恒河是印度的灵魂，是神圣的象征，是天堂的入口。身为印度教徒，一生至少必须到恒河净身一次，他们认为圣水可以净化心灵，洗脱罪孽。

众多的神话故事和宗教传说构成了恒河两岸独特的风土人情。在印度神话中，恒河原是一位女神，是雪王的公主，为滋润大地，解救民众而下凡到人间。就让这些传说与故事永远流传在恒河两岸吧！

鸟瞰恒河三角洲地区，狭长的河畔上拥挤的建筑一直延伸到远方

不可不游

大壶节

每隔 12 年，印度教信徒就会举办一次恒河圣水沐浴节。恒河圣水沐浴节源自一个神话传说：众神和恶魔争夺储存有长生不老仙露的大壶，打了 12 天 12 夜，相当于人间 12 年。大壶中的仙露洒落到人间 4 滴，落到 4 个地方，人们就在这 4 处地方祭祀，因此，也称为大壶节。

恒河晨浴

每天早晨，哪怕是寒冬，成千上万的印度教信徒都会来到恒河边，怀着虔诚之心，进入恒河沐浴。在瓦拉纳西城的新月形河湾两岸，历代王朝先后修筑了大小 64 个台阶码头，供人们做沐浴礼拜之用。

瓦拉纳西城

瓦拉纳西城是神光照耀的地方。公元前 5 世纪，佛祖释迦牟尼曾在位于市西北 10 千米处的鹿野苑第一次讲道，因此该城有“印度之光”的美誉。全城仅庙宇、寺院就有 1500 座，最著名的有湿婆庙、金庙、难近母庙，还有十几万尊栩栩如生的神像。

恒河沿岸城市众多，一片繁荣景象

Tips

❶ 印度人有很多不可思议的风俗习惯，在与人交往的时候，应多加注意。

❷ 印度人非常友善，问路时大可放心。

❸ 在印度，有收小费的习惯。

关键词：古老、和谐

国别：澳大利亚

位置：南澳大利亚州文森特海湾

最佳旅游时间：9 月至次年 4 月

袋鼠岛

与世隔绝的神秘土地

轻松悠闲地漫步在这神秘古老的大地上，不时会有夹杂着麦穗清香和温暖阳光的海风迎面吹来，轻抚脸颊，那一刻，应该是嗅到了大自然的味道。

袋鼠岛，位于南澳大利亚州圣文森特湾出海口，是一座与世隔绝的神秘孤岛，袋鼠堪称这里的岛主。这个有着悠久历史的岛屿经历过探险家的发掘，经历过殖民地的悲惨命运，满载厚重的历史。岛屿的田园牧场里饲养着许多动物，有憨傻的羊驼、浑身带刺的刺猬，还有可爱的袋鼠幼仔。

壮丽的海岸风光是袋鼠岛的另一大魅力所在。站在高高的海岸上，俯视一望无际的大海，感觉是那么的辽阔，海浪不时拍击着海岸涌向游人，充满了原始生命力。刺槐、山龙眼和茶树密布，一直延伸至隐蔽的海滩。

海豹湾是袋鼠岛令人惊叹的又一大奇观。它虽然名为“海豹”，却是以其庞大的稀有动物群——澳大利亚海狮群而著称。海浪有节奏地拍打着岸边的嶙峋怪石，明媚阳光下，巨石黑亮，令人目眩。肥硕的身躯，懒洋洋地趴在岩石上，灰黑的保护色让它们很容易躲过人们的视线。随后，横七竖八蒙头大睡的，三五成群谈情交欢、追逐嬉戏的……白色的沙滩上到处都是它们可爱的身影。它们极其通人性，对于游客漫步在它们之中，表现得相当大度。当面对游客的镜头时，会摆好姿势，非常合作地为游客呈现一幅生动的画面。

非凡石，长年在海水强风侵蚀下形成的艺术品

而作为“原住居民”的袋鼠更是不甘示弱，它们非常善于跳跃，在辽阔的草原上一次次腾空跳跃，而等它落地时已是在 10 米开外的地方，留在空中的是它们划过的美丽抛物线。除了可爱的袋鼠，当然少不了嗜睡的考拉，它们每天要睡 20 个小时左右，是典型的“睡觉大王”。它们用尽一生的时间和

游客在喂食袋鼠

树为伴，走在袋鼠岛上连绵起伏的桉树林间，经常会看到用四肢紧抱树干、正在呼呼大睡的考拉。待秋季树叶凋落，树干光滑，大睡的考拉一不留神就会跌落下来，摔个“底朝天”。不过，可爱的考拉落地之后，会慢慢爬起来，然后睡眼惺忪、晃晃悠悠地再爬到树上，换一根树枝接着做梦。

袋鼠岛上还有一种独一无二的脊椎动物，一种小型有袋类食肉动物袋鼩。别看它们身子小巧轻盈，对于领土问题却是丝毫不让。倘若发现有新的领地未被占领，它便会去竞争这块领地，扩大自己的地盘。因此，在袋鼠岛上随时都可以看到激烈争斗的袋鼩。可惜的是，袋鼩的生命短暂，大概只有一年的光景。

此外，袋鼠岛还是在南澳大利亚濒临灭绝的辉凤头鹦鹉最后的栖息地，也生存着世界上仅有的三种生蛋的哺乳动物之一——鸭嘴兽。

温顺可爱的考拉每天有大约 20 个小时在睡觉，剩余的时间则吃桉树叶

不可不游

非凡石

袋鼠岛海岸线上最漂亮的就是非凡石，这些巨石的内部大都被海水掏空，呈现出奇形怪状的样子，有的如巨象，有的像张望的大猩猩，有的则像胡须冉冉的老人。最高的非凡石有 10 多米，当游客站在石头底部，定会为这庞然大物所震撼。

壮丽的海岸风光是袋鼠岛另一大魅力所在

灯塔

在袋鼠岛的最东端，威洛比角的灯塔是澳大利亚最古老的灯塔，饱经风霜。塔高 27 米，蓝色的大海和天空映衬着白色的灯塔，极其显眼。灯塔的建立最初是为船只提供导航，如今还在使用，游客可以站在灯塔上眺望壮观的海面。

Tips

❶ 袋鼠、考拉和沙袋鼠的活动时间为日落后，在这些时间出游的话，请你格外小心保护这些野生动物。

❷ 风味馅饼和蛋糕、新鲜的各式海鲜、威洛比角的葡萄酒、金斯科特的蜜糖和乳酪都别具风味，一定不要错过。

鸭嘴兽在水中游泳时是闭着眼的

关键词：喀纳斯湖、水怪
国别：中国
位置：新疆阿勒泰地区布尔津县北部
最佳旅游时间：6月和9月

喀纳斯湖

彩色的梦

喀纳斯湖气候多变，晴雨不定，湖水的颜色也随着环境不断变化，一会儿像碧绿的翡翠，一会儿又如湛蓝的宝石，不知是谁将如此多彩的梦留在人间。

风静波平时湖水似一池翡翠，雪峰、春山若隐若现，恍若隔世

阿尔泰山下的密林中隐藏着世界上最绚丽的景色，这就是喀纳斯景观。“喀纳斯”是蒙古语，意为“富饶美丽，神秘莫测”。喀纳斯河挟着高山之水，奔流到平缓地带，冲蚀着两岸的泥土、岩石，经过千万年形成了一连串的河湾，最美的就是喀纳斯湖。它如一枚豌豆荚般镶嵌在幽森的绿林之中，湖水时时变换着不同的色彩，在阳光下折射出不同的光芒。

杨柳刚绿时，走在喀纳斯湖边精致的木

堤上，看着连天春水映着嫩绿的林木，仿佛春天刚到江南。阵阵清风吹来，还夹着淡淡的花香，不知名的野鸟在林间啼鸣，湖畔野花开得正盛，翩翩舞蝶俏立花头，让人羡慕不已。真想坐在花间长凳上睡去，像庄生一样化为翩翩蝴蝶，永远停留在这幅美丽的画卷中。

忽然一阵风吹过，天边卷来几朵浓云，阳光还是明媚的，豆大的雨点就忽然落了下来，打得游人四处逃散。此时的喀纳斯湖泛起千万朵雨花，在阳光下闪着奇妙的光芒，仿佛平静的湖水中，忽然绽放无数金银花朵。人们还未来得及欣赏这壮丽的景观，雨忽然就停了，湛蓝的天空像刚刚被洗过一样，看不到半点云朵，远处的阿尔金山群峰也褪去了面纱，清晰可见。若不是天边绚丽的彩虹，人们真不敢相信，这里刚刚下了一场暴雨。更奇特的是，雨后的喀纳斯湖忽然从碧绿的翡翠变成了一颗晶莹剔透的蓝宝石。几只小艇在水面上飞驰，留下一道道长长的水纹。

在喀纳斯湖豌豆荚形的东岸，沿岸有六道向湖心凸出的平台，它们使湖面形成井然有序的六道湾。第一道湾的基岩平台上有一个巨大的羊背石，远远望去，恰似一只卧羊昂首观湖。三道湾观景平台高临湖面，是喀纳斯湖上观赏日落的最佳地点。每至夕阳西下时，在此可见粼粼湖水泛满金光，连苍翠的树林仿佛都披上了一层绚烂的金色纱衣。湖中的湖心岛更如一颗秀美的翡翠，镶嵌在色彩不断变化的湖面之上；湖泊北端的入湖三角洲地带，大片沼泽湿地与河湾小滩共存，各种草类与林木共生，平坦开阔的湖畔呈现出一派生机勃勃的景象。

据说喀纳斯湖中居住着很多神秘的水怪，更有人说这是神龙潜伏的宫殿。但科学家们认为那些水纹是生活在湖水中的大红鱼造成的。大红鱼即哲罗鲑，这种巨大的鱼类成年可达 2 ~ 3 米，浑身呈现淡红色，所以又被称为“大红鱼”。

生活在喀纳斯的图瓦人还保持着他们古老的部落氏族观念和独特的生活习惯、宗教信仰。他们以游牧、狩猎为生，无论男女都勇敢强悍，善骑术、善滑雪、善歌舞。喀纳斯村中原木垒起的木屋散布村中，小桥流水、炊烟袅袅、奶酒飘香。古朴的小村仿佛世外桃源，和喀纳斯湖一样充满神秘色彩。

湖泊、幽林、雾海、彩滩、怪石、古老的民族……美丽的喀纳斯景区到处都透着说不出的神秘，仿佛此景本不该出现在人间，而是上天遗忘在此处的一个梦。

不可不游

月亮湾

月亮湾是喀纳斯湖最著名的景点。喀纳斯湖在这里划了一道优美的弧线，犹如弯弯的月亮落入这林木葱茏的峡谷，令无数游人为之陶醉。这里是摄影爱好者的胜地，从春季到秋季，从清晨到傍晚，在不同的气候作用和光线照耀下，一汪水月不停地改变着充满神秘魅力的颜容，为摄影爱好者提供了取之不尽的精彩画面。

阳光照在波光粼粼的湖面上，格外美丽

群山环绕的喀纳斯湖显得波澜不惊

骆驼峰

骆驼峰位于喀纳斯湖南侧，峰如驼背，故得名。此处夏天雨后，远望山湖，一片氤氲，阳光照射宛如佛光出现。骆驼峰山顶上建有观鱼亭，它与湖面的垂直落差达 600 米，因处于观察“湖怪”的最佳位置，故得名。观鱼亭是喀纳斯景点中的极品，是唯一一个能驻足饱览喀纳斯美景的平台。

千湖

千湖西距喀纳斯村 13 千米，处于喀拉苏阿河和格牙阿能尔库河分水岭地带，也是喀纳斯冰川作用的结果。千湖由喀拉苏阿仁河和格牙阿能尔库河分水岭中山带的湖泊群组成，其上大大小小的湖泊星罗棋布，数以千计。

喀纳斯村

喀纳斯村因居住着图瓦人又被称为“图瓦村”，小村夹在喀纳斯湖边的两山之间。由于山不高，山谷便显得开阔，村庄也显得特别安详。村庄的背后是山坡，山坡的顶端是巍峨的雪峰。村中的小木屋十分独特，仿佛阿尔卑斯山下的那些瑞士度假小屋，方方正正，有棱有角。独特的建筑风格和民俗风情让它成了喀纳斯湖泊一道美丽的风景线。

波光潋滟的湖水，透着一股神秘色彩

Tips

❶ 前往喀纳斯旅游，有些地点需要边防证，可直接在喀纳斯景区凭身份证办理。

❷ 景区内的食品价格非常昂贵，尽量在布尔津采购充足。

❸ 新疆地区紫外线强烈，气候干燥，一定要准备足量的防晒霜，还要注意保湿。

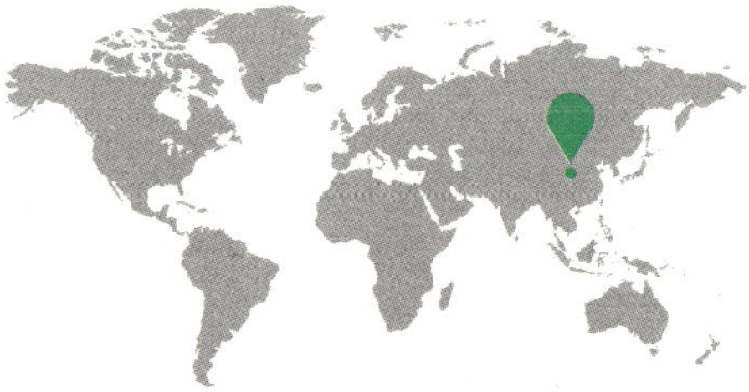

关键词：奇山怪石、清溪飞瀑
国别：中国
位置：湖南省
最佳旅游时间：4月和10月

武陵源

此景只应天上有

山谷中生出的云雾缭绕在层峦叠嶂之间，云海时浓时淡，石峰若隐若现，景象变幻万千。

奇峰异石，突兀耸立

从来没有一个地方像武陵源那样汇聚了如此多的美景奇观。当它第一次呈现在世人面前时，就将所有的人震惊了、迷住了。陶渊明曾经在他的文章中让一个武陵人找到了一处没有战乱、没有世俗纷争的世外桃源。这让千百年来无数人苦苦地寻找着它，最后以为它真的只存在于文学作品之中，直到他们看到了武陵源。

武陵源风景名胜区位于湖南省西北部，由张家界、索溪峪、天子山、杨家界四大部分组成。这里属于世界上罕见的砂岩峰林地貌，这里的风景没有经过任何人工雕琢，到处都是石柱石峰、断崖绝壁；到处都是古树名木、流泉飞瀑；珍禽异兽在深林中潜伏，奇花异草在云雾中怒放。置身其间，犹如到了一个神奇的世界和趣味天成的艺术山水长廊。

武陵源以奇峰、怪石、幽谷、秀水、溶洞闻名于世，3000多座石峰千姿百态，耸立在深幽沟壑之中。这些突兀的岩壁峰石，连绵万顷，峰林造型若人、若神、若仙、若禽、若兽、若物，变化万千。每当雨过天晴或阴

这些突兀的岩壁峰石造型若人、若神、若仙、若禽、若兽、若物，变化万千

雨连绵天气，山谷中生出的云雾缭绕在层峦叠嶂之间，云海时浓时淡，石峰若隐若现，景象变幻万千。五指峰，五根并列的石柱，长短不一，间隔有致，极像伸开的五个手指。摘星台，顶部向南空悬，像游泳池中的高台跳板，明月当空，站在台上，满天星斗似伸手可摘。玉瓶峰，高 100 多米，肚圆颈细，像一只玉做的花瓶，置于绿树花丛之间。天桥，两端与地面相接，似一弯弦月，桥两边是绝壁深谷，惊险无比。后花园，一条豁朗的山谷，有数十座小巧石峰分布其中，谷间花木茂盛，流水淙淙，百鸟鸣啼，清寂幽雅，两个斜圆门为巨大石壁崩塌而成，浑圆双拱，极像月亮门。金鞭岩，上细下粗，顶端尖削，宛如一根长长的金鞭插在地面。

溪流蜿蜒曲折，穿行于石林峡谷之间，它们聚成水潭，形成飞瀑，或缓流潺潺，或急流激荡。流水边开满各种鲜花，每逢春季落英漂浮在流水中，将整条溪、整个池塘都熏染得香香的。众多的瀑、泉、溪、潭、湖各呈其妙。金鞭溪是一条十几千米长的溪流，从张家界沿溪一直可以走到索溪峪，两岸峰林对峙，倒映溪间，别具风味。那些幽深的峡谷，处处透着秀气、仙气，走在石质的山路之上，足音在空谷中回荡，让人心灵也放空了，一切世俗之事都没有了。

富有特色的武陵源溶洞有大大小小40余个，数量和规模都居世界溶洞群前列。在众多的溶洞中，长7.5米的黄龙洞最为著名，这个有“东南亚岩溶景观缩影”称号的溶洞共有四层，景观都很奇特。

武陵源景致美如仙境，无论是春、秋、冬、夏四季，还是阴、晴、风、雨，武陵源都很美丽，都能展示给游客各不相同的一面：云海来时，让人飘飘欲仙；云海一旦涨过峰顶，便化身瀑布，飞流直下，那气势十分磅礴。

不可不游

南天一柱

位于张家界国家公园里面的南天一柱，在南天门后面，黄石寨游览线上，有300米高，如擎天柱一样稳稳屹立在天地之间，十分坚实挺拔。武陵源以怪石著称，其中南天一柱是典型代表，它是由于岩石风化分解，加上水蚀导致岩裂，形成孤立的石柱，从沟谷里面拔地而起。

琵琶溪

在琵琶溪繁茂的树林中，隐藏有朝天观、夫妻岩、望郎峰、九重仙阁等多个景点。每个景点都与众不同，其中望郎峰最为奇特，从不同的角度望过去，可以看到少女、中年妇女和佝偻老妪3个形态，而且每个形态都惟妙惟肖，十分有趣。

定海神针

在黄石寨游览线上，流传着一个传说。相传真假美猴王中的猕猴王变成孙悟空的模样，到东海龙王那里借来5枚神针插入张家界，变成五座山峰。

空中田园

在天子山左侧2千米处有一深渊，深渊之上有一斜坡，面积约为0.03平方千米，掩映在参天的林木中，被当地人规划为良田，常有土家寨的农人们在此劳作，被称为空中田园。田园四周峰峦起伏，上空云雾缭绕，如人间仙境一般。

南天一柱，有顶天立地之势，仿若刀劈斧削般巍巍屹立于张家界

Tips

❶ 武陵源海拔较高，水汽多，雾大，容易导致路面湿漉打滑，因此建议游客穿防滑鞋。

❷ 武陵源景区猴子多，且大胆调皮，爱恶作剧，游客注意保管好随身物品，以防被抢。

❸ 景区多雨，且随时变天，要随时准备雨衣。

关键词：自然、纯净
国别：加拿大
位置：安大略省南端
最佳旅游时间：5—9 月

霹雳角国家公园

天涯海角

这里远离尘世喧嚣，宛如安静唯美的世外仙境。

在加拿大版图的最南端，霹雳角就像一把利剑，刺入伊利湖的中心。那里就是霹雳角国家公园，被称为加拿大的“天涯海角”。这一片沙滩裸露在蓝天和湖水的怀抱中，透着纯粹的自然气息。站在霹雳角上，一眼望不见伊利湖的边际，只见湖面波光粼粼，深蓝涌动。霹雳角的尖角处有清、浊两股水浪交融，形成“泾渭分明”之势，那是伊利湖内的暗流循环所造成的结果。

公园虽然面积不大，但“麻雀虽小，五脏俱全”，森林、沼泽、沙滩应有尽有。除了鸟类，还是许多野生兽类的安身立命之所。松鼠、浣熊、黄鼬、貂、蛇等动物在园内尽情驰骋，过着安逸富足的生活。

如果你是观鸟爱好者，那一定不要错过 5 月的霹雳角。当北徙的候鸟从墨西哥湾迁徙到五大湖地区时，霹雳角是它们能停驻的第一块陆地。这个半岛拥有优越的自然条件，候鸟们会在停留、休憩后继续北飞。加拿大一年一度的鸟节每年 5 月在霹雳角举行，极具吸引力。

公园是北美候鸟迁徙的必经之地

绝佳的地理环境、湿润温和的气候、肥沃的土壤以及湖畔的沙丘，为鸟儿们提供了一片极乐之地。灌木郁郁葱葱，是白头翁藏匿的好地方。这些活泼可爱的鸟儿可是典型的杂食性动物，捕食时，它们会在矮树篱或灌木丛的最高处静静地守望，当有昆虫飞过

清澈如镜的湖水和天空融为一体，蔚为壮观

时，就会一跃而起，在空中将昆虫擒获，然后再回到它栖息的树上，大声鸣叫，似乎是为得到的美味而沾沾自喜。公园内，还有一种总是聒噪不止的长尾巴鸟儿——红眼雀。它们流窜在丛林中四处觅食。红眼雀的身体两侧泛着铁锈色，它们有着饱满的羽翼，看起来敦实可爱。“林中歌唱家”——黄莺就是来拯救聒噪的，它们的鸣声圆润嘹亮，低昂有致，富有韵律，十分悦耳动听。

缓缓向公园东侧走去，突然间，成片的芦苇铺天盖地地蔓延开来，吐出新芽的柳树摇曳生姿，坠入水中，倒映着盎然的绿意。茂密的芦苇被微风拂过，突现出汊港之内那三三两两泛游的独木舟。塘水开阔的水域，荷叶浮萍斑斑点点，蝴蝶翩然，飞鸟盘旋，时不时地在水面泛起涟漪。这里，就是位于东岸腹地著名的大沼泽了。远远地，木板搭就的林中步道顺着一带河水向远方延伸而去，仿佛是绵长的海岸线，定格了岁月的弧度……

撑一叶扁舟，游荡水中，置身芦苇，轻嗅白荷，你已成诗画。

一只乌龟，不知在张望什么

绵软的沙滩上布满了游人的脚印，呈现另一种美感

走在沼泽地里的木板路上，美景一览无遗

不可不游

沙滩

公园拥有一片美丽的沙滩，是埃塞克斯郡最长的连续自然海滩。在这里，游客可以在指定的区域游泳，孩子可以玩堆砌城堡的游戏。西北海滩和西海滩服务设施非常齐全，还有专门的野餐设施方便游客使用。

莎士比亚小镇

莎士比亚小镇与莎士比亚之间原本并没有什么直接的联系。只因为 100 多年前，小镇的一位居民特别迷恋莎士比亚的戏剧，于是由他发起了一些纪念莎士比亚的活动，慢慢地形成规模。后来一位记者倡议在此举行莎士比亚戏剧节。于是，自 1953 年开始，斯特拉特福的莎士比亚戏剧节揭开了序幕，从此每年成千上万的戏剧迷及旅游者被吸引到这个城市。

Tips

1. 当地住宿区较多，不需提前预订。
2. 用烧木头的炉火烤制的比萨饼，口味独特，值得品尝。
3. 想要品尝地道、可口的意大利面，Spago Ristorante Italiano 是不错的选择。

关键词：圣洁、宗教、日光城
国别：中国
位置：西藏自治区中部稍偏东南
最佳旅游时间：3—10月

拉萨

洗涤心灵的圣地

雪域高原的蓝天白云，圣洁纯净，天然美好，这里是离天最近的圣地，仿佛呼吸间就将心灵净化了。

布达拉宫重重叠叠，迂回曲折，同山体融合在一起，高高耸立，巍峨壮观

直到自己的双脚真的踏上了青藏高原，真的站在了这个离天最近的地方，我才在恍惚中清醒过来，兴奋地在心中大声叫喊。这里的一切都别有韵味，让自己慢慢融入这浓郁的宗教世界，去体味其中的不同。

对于西藏，《青藏高原》这首歌就是很好的诠释；而对于拉萨，这个雪域高原上的精灵，它就像雪山上的天籁之音。其实，它并不需要华贵的乐器来伴奏，也不需要刻意

哲蚌寺展佛

地营造气氛，只需天和地进行一段简单的对话，和谐纯净的天籁之声就会自然而然地倾泻而出。

拉萨是个洁白无瑕、一尘不染的地方，它就像一处人间仙境，涤荡着人的心灵，让世界变得更美好。拉萨就在美丽的拉萨河北岸，从一望无际的草原上远远望过去，拉萨就像是河畔的一颗宝石，在薄雾消散后闪闪发光。而这湛蓝的天空就如同还未来得及调和的颜料，纯净浓郁。那一团团低低的云朵，像是雪白的棉花，松弛绵软。人们对于这条河的热爱，完全不亚于对自己母亲的热爱。在河的两岸，人们尽情地放松自己，在河里舒畅地游来游去。偶尔看到青翠的水鸟轻轻点一下平静的水面，荡起一圈圈涟漪。

在拉萨水汽氤氲的温泉附近，人们常常会被淋湿。再看看那挺拔巍峨的山脉，连绵起伏，苍翠青葱。终于到了心中久久向往的布达拉宫，那壮丽纯洁的宫殿让人赞叹不已。它将汉藏风格结合在一起，美观大气，没有丝毫违和感。夕阳下那一排排有着千年历史的小屋，附近兜售工艺品的小摊，也许它们才是这座城市真正的主人。在不知不觉间拉萨又下起了雨，痛快地淋一次拉萨的雨吧，独自在雨中享受着这来自青藏高原的清静与圣洁。生命中所有的欢乐和兴奋都在这时候化为雨滴在空气中跳跃着，穿过那个千年一梦的时光隧道，化为数不尽的轮回。

时光如过眼烟云，转瞬即逝，唯一不变的就是那深深刻在脑海中的一切。

蓝天白云下愈显纯净的拉萨

不可不游

药王山

布达拉宫所在的红山对面是药王山，两山曾经紧邻在一起。20 世纪 60 年代修建一条宽几十米的柏油路时，拆掉了佛塔，药王山也因此和红山分离开来，从此咫尺相对。两山之间经幡飘飘，以示两山依然在一起。

哲蚌寺

哲蚌寺是一个沿山势逐层而建的寺庙，占地面积 20 万平方米。这个寺庙中最出名的是甘丹颇章和措钦大殿。甘丹颇章是一世至五世达赖喇嘛居住的地方，它的西北侧就是措钦大殿，供奉着右旋法螺。

罗布林卡

罗布林卡是西藏人造园林中规模最大、风景最佳、古迹最多的园林，它位于拉萨新城区的西边，建造于 18 世纪 40 年代。整个园林占地面积达 36 万平方米，园林中的壁画栩栩如生，丰富多彩，尤以释迦牟尼与八大弟子图最为出色。南殿的壁画，从西沿北到东，是用连环画的形式表现的一部西藏简史。

Tips

❶ 到拉萨前最好先预订旅馆，由于高原反应的关系，不要把体力消耗在找旅馆上。

❷ 藏民族有自己独特的食品结构和饮食习惯。酥油、茶叶、糌粑、牛羊肉，被称为西藏饮食的“四宝”，还有青稞酒和各式奶制品，入乡随俗，你可以当一回“藏民”。

酥油茶，醇香可口，喝上一口，精神顿爽

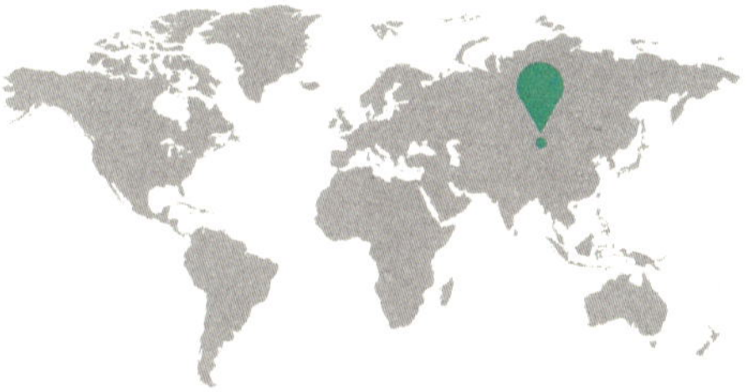

关键词：色彩缤纷、壮观

国别：中国

位置：新疆昌吉州吉木萨尔县城北

最佳旅游时间：全年

五彩湾

千彩古堡

它是雪山脚下的乐土，在这块缤纷的土地上，到处呈现着一派生机盎然的景象。

游人正在记录这蓝天白云映衬下的五彩湾景色

五彩湾，又称五彩城，在茫茫戈壁荒漠中呈现出一片罕见的五彩缤纷的世界。五彩湾状如城郭，是由深红色、橙色、黄色、绿色、青灰色、灰绿色、灰黑色、灰白色等多种色彩的泥、页岩构筑而成的低丘群。五彩湾向来以神秘、怪异、壮观而远近闻名，这片土地上充满着奇丽的色彩，从高处俯瞰，妖艳至极。

五彩湾，在远古时代是一个烟波浩渺的湖泊，后来随着气候的周期变化和地壳的运动，各种色彩鲜艳的岩石在此聚集，逐渐形成了这个天下奇观。也许它是织女遗落在人间的染坊，因为只有天人的着色，才可以让这里如此瑰丽。

千年的风雨将这片土地切割成一座座孤立的小丘，一般为 10 ~ 30 米高，最高者可达 40 米。多彩的崖壁，因为含有不同的矿物质，呈现出不同的色彩，其中以暗红色为主调。这一带地势起伏，变化多端：有的像威武雄狮，有的像宝塔，有的像麦垛，有的像金字塔，有的像堡垒，有的像殿堂，有的连成峰丛状，有的坡面上布满道道沟纹……真是绚烂多姿，让人目不暇接。也许它们是上帝精心创造的，在烈日的逼射中，泛着洪荒时代的苍凉。

随着太阳角度的不同，五彩湾的景色也会随之变化。清晨的时候，太阳刚露出娇羞的脸颊，山谷中早已被雾气萦绕，阳光透过雾气照射到山丘上，那彩色的山丘变得更加玲珑剔透，优雅多姿。中午，太阳开始变得炽热起来，此时的五彩湾就仿佛是一团剧烈燃烧着的火焰，山丘的颜色在阳光的威逼利诱下开始变淡，就连空气都变得十分燥热，像是一场熄灭许久的大火突然重新燃烧起来似的。这时，你会感觉自己心跳加速，血液沸腾，一种原始的冲动顺着你的血管上涌，原本积压在身上的种种不快都被这种澎湃的激情冲淡；突然你又感觉，原来生活是那么有趣。黄昏，柔和的阳光让五彩湾的色彩一下子强烈起来，变得绚烂多姿。那浓烈的红色，如火；那耀眼的黄色，如金；那可人的绿色，如草；那诱人的蓝色，如海。晚霞在天空中织成一件温馨的披风，和五彩湾融合在一起，搭配得天衣无缝。置身于五彩湾，你会以为自己走进了一幅画，以为自己走进了一个美丽的梦境。

不可不游

古海温泉

古海温泉是全国唯一地处沙漠、由古海下沉积水自喷形成的温泉。该温泉最初发现于 20 世纪 80 年代，是钻井队在此打油井时发现的。这里的泉水可以治病，所以当地牧民常结伴来此处泡温泉。

沙漠

五彩湾位于古尔班通古特沙漠旁，在此可以随时看见富有生命活力的沙漠。因为该处气候较为湿润，许多耐寒植物都可以在这里生长。走进沙漠深处，你可以看见梭梭树所带来的摄人心魄的景致。

上帝的画笔在这里描绘了一个五彩缤纷的世界

五彩湾的岩壁犹如海浪，席卷着火红的波涛

Tips

❶ 五彩湾是电影《卧虎藏龙》《车师古道》、新版《西游记》的外景拍摄地，可以重温一下经典。

❷ 从吉木萨尔县城或昌吉包车前往，车资 500~800 元，受停留时间、旅游淡旺季影响，因此费用不定，3 ~ 4 人合租比较合适。

关键词：晶莹、灿若繁星
国别：新西兰
位置：怀卡托的怀托摩溶洞地区
最佳旅游时间：全年

怀托摩洞

萤火之光

小时候，萤火虫被我们当作“星星”，长大后，这些“星星”等你来数。

曾经的怀托摩洞还位于深海，3 千万年间经过无数次地壳或火山等地质变动，石灰岩上升到海面。雨水和空气中的二氧化碳结合在一起，不断侵蚀形成岩缝，最终形成了形色各异的石笋和钟乳石，也造就了奇特的萤火虫岩洞景观。

在怀托摩萤火虫洞里，借着昏暗的光线，能看到两侧岩石上绿白色的微光，无数条长短不一的丝线从洞顶垂下，丝线呈半透明状，上面还附着许多“水珠”，散发出晶莹的光，远看像是水晶珠帘一般。但你千万不要以为这是真正的珠帘，其实这些“水珠”是萤火虫幼虫，丝线是它们分泌出来的黏液，是专门为捕捉其他昆虫而准备的猎网。倘若有昆虫循着光线而来，撞到丝上，就成了这些萤火虫幼虫们的大餐。

这个奇特的岩洞一直不为人知，直到 1887 年。当时一位英国测量师请一位当地的毛利族族长做向导，进萤火虫洞考察。他们乘竹筏顺小溪进入洞内，在蜡烛微弱的光亮下，他们惊奇地发现洞壁上那些散发着奇

因为是河，靠近洞穴时必须乘船进去

▫ 洞外林木密布，给人一种诡异之感

异光芒的萤火虫。从此，萤火虫洞便被世人所知。

毛利族族长对萤火虫洞充满好奇，于是多次带领族人进去探险。他们发现洞内不但有萤火虫，还有 3 层钟乳石，而且顶端有出口通向外面，毛利族人欣喜地把这一重大发现报告给当地政府。1888 年，政府将萤火虫洞开发旅游，游客们可从顶端进入，从底端的小溪中出来。

这个洞穴的所有权一直归政府所有。直到百年后的 1989 年，新西兰当局在毛利族人再三要求下才把这个洞的所有权归还。

不可不游

万珠映镜

顺着洞内石阶下到小船上，导游顺着绳索拉动小船向洞深处划去，伴随着轻轻的水流声，光线越来越暗，最终进入一片黑暗中。不过很快前面就会有隐隐的光亮在水面浮动，只见头顶上空布满光点，仿佛置身在星空下。而且这些“星星”都散发着淡绿色的光辉，仿佛是一条绿光之河，美不胜收。

Tips

❶ 新西兰无论是空气，还是水，都非常优质，自来水可以直接饮用。

❷ 建议订好每晚住宿的酒店旅馆，免得因为旺季等原因出现涨价或订不到的问题。

▫ 除萤火虫外，洞内还由各式钟乳石和石笋来装饰

关键词：石窟、田园风光

国别：中国

位置：安徽省黄山市境内屯溪区与歙县

最佳旅游时间：全年

花山谜窟

绝世奇窟

北纬 30° 这条神秘线上唯一一处石窟群奇观，神秘和疑团就汇聚在这里。

景区内田园风光更是引人入胜，美不胜收，令人心旷神怡

埃及金字塔、百慕大三角、挪亚方舟等世界上诸多鬼斧神工的神景奇观，都恰好处在北纬 30° 这条神秘线上，而花山谜窟足以让这条线更加神秘。它千百年来一直默默地隐藏于新安江屯溪段下游南岸连绵不断的山体中，在沿江两岸 5 千米长的山群中共有 36 座石窟。花山谜窟可谓当代发现的又一大奇迹，景区以新安江为纽带，连接了花山和雄山两大景区。景区旅游资源非常丰富，集青山、绿水、田园景致、摩崖石

登临索桥，晃动的桥体让人颤颤悠悠，别有一番情趣

刻、奇松怪石等人文景观与自然景观之大成。

与国内许多著名的天然溶洞相比，花山谜窟并非天然生成的溶洞，而是古人利用巧夺天工的技艺建造而成。经专家考证，石窟至今已有 1700 年的历史。石窟分布之密集，规模之宏大，气势之壮观，特色之鲜明，堪称“中华一绝”。

这些洞窟各有特点，或洞里有洞，层层跌宕，神秘奇特；或石柱擎天，鬼斧神工，气势恢宏；或迂回通幽，水波荡漾。但它们都很大，最大的 35 号洞窟有 1.2 万多平方米。而且每一个洞窟都有雕琢的痕迹，这些痕迹在四壁、在顶端，甚至在石柱和石墩上都能看到，而且非常整齐，十分醒目。

这么大的工程，在洞窟外面却看不到一点搬运的痕迹，让人不得不佩服开凿花山洞窟的设计者。他们重视生态保护，在洞窟里开凿出河道通往新安江的码头，这样就能把洞内的石块直接通过河道运输到码头，而不用出洞窟。采用这样的方法，洞窟外的生态环境才不会遭到破坏。遥看花山，只见它静静地卧在新安江边，身边是一望无边的草原，成群的牛羊在草原上漫步，十分惬意。

据说这些洞窟年代久远，在 2 号洞窟中还发现了恐龙的脚印。

石窟的魅力体现在一连串的“谜”上：它们是如何建成的？为什么要建造这些石窟？挖出的大量石料去了何处？当年是如何开采和运输的？石窟内有少量开采好的石块，为什么没有被运出去？洞内有多处厚 10 厘米的石壁为什么不凿开而任其挡在石厅中间？洞内石柱上的方形和圆形盲孔有什么用途？如此规模庞大的石窟群，为什么至今没有见到史籍上的记载……专家们为此做出种种推测和分析，但仍未能找到确切的答案。

古人留下的谜，等你来解开。

花山谜窟，它不是天然溶洞，而是古代巧夺天工人为开凿的怪异洞窟

不可不游

2 号洞窟

位于半山腰的 2 号洞窟长 80 米，宽 1.5 米，高 4 米，里面昂然挺立着几十根石柱，被称为“地下长廊”。在走廊右侧，还有一个廊中廊，这个廊足有百米之长，下方的水碧绿如翡翠。站在洞外，可见洞口如虎口张开，走进去，一幅天然秋景图迎面而来。画作上秋意盎然：铺满的褐黄色秋叶，中间点缀着山峰、徽派建筑特色的古民居，黑色的则如丛林，让人遐想连连。再往前走是下坡，越往下走便越觉得凉气渐重。待走到洞下方回望，一片雾气，早已不见来路。

韩国亭

景区的主要路段，建有两座秀美的亭子，其造型酷似韩国的亭子，深受韩国友人的喜爱。亭子四周悬挂着宫灯，细看是名片盒，游人们可以随意交换名片，这种方法在很大程度上加深了中韩两国人民之间的友谊。

35 号洞窟

35 号洞窟是我国现存最大的古代人工石窟，有“地下宫殿”之称。石窟里洞内套洞，洞下有洞，结构怪异。奇怪的是，洞内还时常能看见清澈见底的潭水，常年不枯。继续前行，一个 45° 左右的坡面，宽 15 米，长 30 米的大斜面让人叹为观止。更巧的是，这个大斜面的坡度正好是石窟外面山坡的坡度，让人啧啧称奇。

Tips

1. 洞窟内较凉爽，可随身携带衣物。
2. 2 号石窟（环溪石窟）水汽较大，洞内外又有温差，会使照相机镜头蒙上一层水雾，影响拍摄。在洞外待一段时间，镜头上的水雾就会消失了。
3. 24 号石窟（二十根柱石窟）有的地方洞顶比较低，坐游船时注意低头，小心磕伤。

关键词：宏伟、惊悚
国别：英国
位置：伦敦泰晤士河北岸
最佳旅游时间：全年

伦敦塔

雾都魅影

这是英国最古老的一座城堡，也是凝聚着英国历史的一座著名博物馆，还是英国血腥味最重的地方。

伦敦塔矗立在泰晤士河畔，是一组占地约 7 万平方米的庞大建筑群

在英国，这是一座最古老的城堡，它充满最浓郁的血腥气味，凝聚着英国的历史，是英国最著名的博物馆之一。

公元 11 世纪，被称为“征服者威廉”的英国国王下令建造了伦敦塔。这座城堡建筑群以白塔为核心向四周扩展，今天我们看到博物馆里收藏着无数皇家珍宝，洋溢着贵族的幽静气息，却很难想象，它曾经作为皇家宫殿、造币厂，也曾被用作监狱、刑场和军械库。城堡地下土牢里的各种刑具和堡外塔

夜色中，伦敦塔附近的塔桥景色格外夺目

山的断头台在告诉世人，曾经有无数人丧命于此，数不清的亡灵在伦敦塔内外游荡和徘徊。据说，很多游客亲眼看见过这些鬼魂。

在众多的伦敦塔鬼魂里，最有名的要数亨利八世的王后安妮·博林。1536 年 5 月 19 日，她被斩首，罪名为通奸和叛国。死后不久，有人声称看到一袭白袍的她在塔内的回廊和绿地上来回徘徊。马格利特女伯爵是伦敦塔里另一个有名的鬼魂，据说每年的 5 月 28 日，女伯爵痛苦的呻吟声都会飘荡在伦敦塔的上空。原来在 1541 年 5 月 28 日，亨利八世为了政治目的而判她死刑，女伯爵已年近七旬却依然秉性刚烈，被刽子手押到刑场上后坚决不肯跪下认罪，最终死于刽子手的乱刀之下。

在这些鬼魂中，还有小孩子的身影。他们与 500 多年前的一宗离奇命案有关：1483 年，英王爱德华四世去世，王位应该在他的儿子们爱德华五世和约克公爵中选出。但送进伦敦塔的两个孩子不久后就神秘失踪了，人们将伦敦塔翻了个底朝天，都没能找到他们，继承王位的便成了他们的舅舅理查。这成了英国史上的一桩悬案，直到 1674 年，整修塔内阶梯的工人们才从砖石中发现了两位小王子的遗骸。从此以后，人们经常会在塔内看到两个手牵着手的小孩子嬉戏玩耍。

伦敦塔的神秘诡异引来无数科学家探秘研究，最后得出结论：塔内光线昏暗，环境幽闭，加上磁场异常，以及次声波和空气流动的作用，很容易激起人们的恐惧感，而且塔内发生的各种死刑和谋杀的往事更加重了这种恐怖，神思恍惚便很容易产生错觉，往往把这种错觉当成是见到鬼魂。

不过，很快就有证据推翻了科学家们的解释：2003 年圣诞节前夕，汉普敦宫的保安监视系统拍到一个身穿长袍的神秘人物，他在宫内展览区的一扇防火门前站下，一只手抓着门把手，正试图推开防火门。他的身子站在阴影里，但脸却清晰地显露在灯光下，人们从毫无血色的脸上看出，这正是当年制造无数血腥谋杀的暴君亨利八世。为此，英国《太阳报》还专门作了报道。

发生此事后，科学界对伦敦塔鬼魂的研究再次陷入迷雾中。鬼魂究竟是真是假？是真的话，谁又真正与鬼魂面对面过？是假的话，为什么调查部门却查不出结果？无论如何，这座封存英国王族历史的古老塔楼，还封存着用科学无法解释的谜题！

不可不游

珍宝塔

1994年3月，伊丽莎白二世宣布一个全新的珍宝馆向世人开放。该馆位于滑铁卢区底层，展出全套的御用珍宝。参观者在自动通道上缓缓通过，可看到陈列在明亮玻璃柜中的珠宝。玻璃柜上方设有巨大的显示屏，上面详细介绍了珠宝的历史以及在加冕典礼中所起的作用。

白塔

1078年，威廉一世开始营建这座塔，1097年建成。塔四角有塔楼，东北角是圆形塔楼，其他3座为方形塔楼，是伦敦塔建筑群里最古老的建筑之一。亨利三世下令将塔身涂成白色，将其命名为白塔。12世纪开始，白塔四周扩建了两座城墙和多座防御性建筑。位于白塔内的诺曼底式建筑圣约翰教堂，是伦敦现存最古老的教堂。

Tips

1. 建议在了解都铎王朝历史后再参观。
2. 伦敦塔内的路打滑且不平，建议不要穿高跟鞋。

伦敦塔是英国伦敦一座标志性的宫殿、要塞，选址在泰晤士河沿岸

关键词：神秘、反常
国别：美国
位置：加利福尼亚州蒙特雷湾
最佳旅游时间：全年

圣克鲁斯县

地心引力失灵的地方

这里有一片茂盛的森林，大自然赋予了它神秘的力量，地球引力在这里仿佛消失了。

圣克鲁斯县，是一座背山面海，风景秀丽的海边小城

圣克鲁斯县位于美国加州中部，旧金山湾和蒙特雷湾之间。这里虽然没有旧金山那样的繁华，但太平洋岸的风光和一个又一个的著名海滩在假日和夏季仍会迎来无数的观光客。这座不到 10 万人口的城市以宁静和幽雅著称。

从美国加利福尼亚的海滨城市旧金山驱车南行，大约两个小时就可以到达圣克鲁斯县。再驱车约 5 分钟，就会到达一个不同寻常的地方，人们称其为“魔鬼地带”。这里

透过花丛看大海，也是一种别样的体验

的面积约1.7万平方米，几乎全是茂密的树林。在这片森林中，有两块神奇的魔板石和两座神秘的小木屋。

大自然赋予了位于北纬30°的圣克鲁斯县一种神秘的力量：牛顿的万有引力定律在这里完全失去意义。众多科学家对地球重力磁场在这里失效而困惑不解。

神秘地带的入口处有两块处在同一水平面的石块，它们均长约50厘米，宽约20厘米，相距约40厘米。乍一看它们就是两块普通石板，可事实并非如此。它们一个能将人变得高大，另一个能将人变得矮胖。但测量身高却发现，高大和矮胖的数据是相同的。也就是说，这只是视觉上的误差，但人们却无法解释这种误差现象产生的原因。

除了视觉误差，还有磁场失效。1946年，一位美国飞行员飞过圣克鲁斯县上空时，忽然惊恐地嚷道："飞机出现故障了！"原来飞机上的仪表在一瞬间全部失灵了。飞行员沉着冷静地检查飞机，却根本找不到故障。他感到很奇怪，任飞机滑翔出去。很快他又惊奇地发现，飞机的仪表在飞离圣克鲁斯县上空后全部恢复了正常。

后来，又连续有飞行员报告，在这里都遇到同样的情况。

科学家们听到这个消息，就对此地进行了研究，他们很快发现，在圣克鲁斯县附近有很多同样神奇的东西。令人难以置信的是小道周围的树木都是朝同一个方向倾斜，就像刚刚被台风侵袭了一样。不仅如此，基本上悬挂在那里的所有物体都是处于倾斜的状态，甚至连掉下来的物体也会倾斜着飘落下来。有人走在小岛上，身体几乎与斜坡平行，低头也看不见自己的脚，这一罕见的斜坡，就是最具神秘色彩的中心地段，那里有一间同样倾斜的小木屋。

这些神秘的自然现象——神奇的巨石、奇异的斜坡、倾斜的小木屋——至今为止仍是无法解释的秘密。所以，圣克鲁斯县吸引了太多来自于全世界各地的游客，同时也让科学家对它产生了极大的兴趣并不断去探索。

不可不游

怪异的小木屋

人们一旦进入小木屋，很快也会自动向左倾斜，有的人倾斜了 45° 竟然不会倒下。地球引力在这里变得跟以前完全不同了，你会看见里面有许多人都侧悬着身子边走边说边笑边叫边跳，甚至能笔直地倒立行走，这样的情景会让人觉得难以置信。在这座小木屋里，还有一种奇怪的感觉，那就是头昏脑涨，身体非常不舒服。可是，只要一离开小木屋，身体又立刻恢复了正常，真是让人难以琢磨。

渔人码头

渔人码头是旧金山的热门观光景点，曾经是一个渔港，聚集着众多意大利渔民。从 20 世纪 60 年代开始，当地政府用商业将渔港包装成一个休闲和文化场所。1978 年，当地启动位于海滩街与安巴卡德罗交会处的 39 号码头，从此旅游业也发展起来，这里成为游客们的购物中心，卖旧金山蟹的店铺一家挨着一家，街上随处可见乐师和艺术家们的表演，非常繁华。

Tips

❶ 去沙滩玩耍记得携带帽子、墨镜、防晒油等防晒用品。
❷ “洛夫”旋转木马与惊险的“巨勺”滑行铁道是这个海滨娱乐中心最受欢迎的两个项目，值得一试。

圣克鲁斯县干净整洁的街道和别样的绿化

第三章

鬼斧神工的天地杰作

不得不说，

造物主是伟大的，

人类在它面前是多么微不足道，

敬畏与诧异已经不足以描述我们看到造物主杰作后的心情，

无论是刻意的还是无心的，

结果足以让我们瞠目结舌。

左图：布赖斯峡谷，岩石受风霜雨雪侵蚀而呈不同的颜色，加上光彩变幻，使岩石的色泽溢金流彩，娱人眼目

关键词：火山、《指环王》
国别：新西兰
位置：北岛中西部地区
最佳旅游时间：3—5月，9—11月

东加里罗国家公园

火山展览馆

在这里找寻《指环王》中“魔多山”的熊熊烈火，重温电影中的经典。

瓦塔瀑布，《指环王》里的古鲁姆在这里抓鱼

东加里罗国家公园，是新西兰最早的国家公园。整个国家公园内，森林密布，高山林立，溪水流淌，风光俊秀，有壮观的火山群及变化莫测的生态环境。如今，这里已经成为世界著名的旅游胜地，每年前来参观的游客成千上万。

这里是土著毛利人的家园，公园内的高山对于毛利人来说具有宗教上的象征意义，标志着整个部落及其环境在精神上的联系，给予了新西兰毛利人极大的精神力量。因此，毛利酋长蒂休休图基诺四世于1887年出于一种极大的信任，将鲁阿佩胡、东加里罗和瑙鲁霍伊三座壮观的火山作为礼品赠送给国家。后来新西兰政府将这三座火山以及周边的土地，组建成了东加里罗国家公园。1990年和1993年联合国教科文组织将东加里罗国家公园作为文化和自然遗产，列入《世界遗产名录》，从而确立了这个地区自然和文化的重要性。

东加里罗国家公园的一大奇观是沸泥塘，那冒着热气的黄色泥浆像一锅刚刚熬好的玉米粥，浓稠香甜。公园里随处可见几维鸟，

美丽的绿宝石火山湖是火山大喷发与白雪融汇而成，其绚丽的色彩来自于从围岩浸出的已被溶解的矿物质

它是新西兰的国鸟，在新西兰的国徽和硬币上面都能看到它的身影。几维鸟与其他鸟类不同，它的喙很长，但没有翅膀和尾巴。因此它的一切活动都要靠喙：觅食，或休息时支撑身体。当它用长喙协助双腿支撑着身子休息时，就像一个老人拄着一根拐杖一样，有点滑稽，但更多的是可爱。

东加里罗火山的山坡被一层厚厚的火山灰覆盖，寸草不生，山顶肆意裸露的岩石、以荒芜示人的火山口以及刺鼻的硫黄味道，使徒步旅行者毫不怀疑这片土地是多么真实。这里有各种步道可以用来做短途游览，比如到低地森林步行，也可选择很受欢迎的“八小时徒步翻越东加里罗火山之旅”。过夜徒步旅行有环山步道，因此可以在鲁阿佩胡火山的半山腰地带进行 4 ~ 6 天的游览。冬季，这座高山上有两处大型的滑雪场可供游玩。这里被誉为东加里罗国家公园里最受欢迎的步道之一。

这里贫瘠而壮观的火山为我们留下了生动的彩色湖泊、冒气的喷气孔地层熔岩。电影《指环王》中可以摧毁魔戒的末日山脉“魔多山”里的熊熊烈火，事实上就是以鲁阿佩胡火山为背景的。在东加里罗国家公园中还有两个主要的场景拍摄地，一个是“沙漠公路”，另一个则为“怀卡帕帕”，电影中弗罗多和山姆在最后登上的那座连绵不绝山峰的一幕，其取景地便是国家公园中的滑雪胜

瑙鲁霍伊火山口常年不息地升起一股巨大的白烟柱，景象最为壮观

地——怀卡帕帕。电影中的末日山脉，就是国家公园中的瑙鲁霍伊山。

到这里来吧，看看这里绝美空灵的景色，看看这个精灵的国度。在那低缓起伏的千里牧场，魔戒迷们还可以发现更多《指环王》的脚步。

不可不游

玛塔玛塔小镇

玛塔玛塔小镇是新西兰北岛的一个盛产奶牛的著名小镇。而位于玛塔玛塔小镇的哈比村是唯一一处没有被拆掉的《指环王》中的外景拍摄地。电影中的哈比洞一直保留了下来，成了魔戒迷必到之地。

鲁阿佩胡火山

鲁阿佩胡火山是一座只有 75 万年的“年轻”活火山，海拔近 2800 米，也是新西兰北岛的最高点，山顶上终年白雪皑皑，深受滑雪爱好者的垂青。

瑙鲁霍伊火山

坡势陡峭的瑙鲁霍伊火山是典型的圆锥形火山，这是由于火山常年喷发的结果。从 19 世纪 30 年代开始，瑙鲁霍伊火山就开始活动，并喷发大量熔岩，这些熔岩顺着火山口四面往下流淌，到山脚下聚集，天长日久，便成了圆锥形的模样。山顶端的火山口直径长达 400 米，终年烟雾缭绕，随时都会喷发出绚丽多彩的火山熔岩来，随着爆发次数增多，又在火山口内部生成次生火山锥。

Tips

1. 公园内有露营地和小屋供游客居住。
2. 冬季，鲁阿佩胡火山上有两处大型滑雪场对外营业，可以体验一下。

关键词：山脊、深沟、平顶山
国别：美国
位置：南达科他州及内布拉斯加州
最佳旅游时间：全年

巴德兰兹劣地

荒凉的艺术

它有一个恶名，但绝对是个好地方！

突兀的岩石缝里，冒出旺盛的植被，令人目不暇接

“巴德兰兹”来自音译，意思是劣地。在世界上许多地方都发现过劣土地貌，这种地质构造通常在半干旱气候中形成，以无数峡谷、山脊以及稀疏的植被为特征。美国南达科他州的这片劣土地貌最具代表性，也是最先使用这一称呼的地区。

曾经这里被人们视为恶劣的土地，它既没有广袤的平地可供耕种，又没有一望无际的草场用于放牧，甚至连可供栽种果树的山地都没有。然而，正如老子所言“无用之用是为大用”，它获得“恶名”的多年以后，人们发现了此处的价值。这里有奇形怪状的土丘、巨石，这里有四通八达的沟壑、峡谷，这里有众多珍贵动植物……这里是全美最著名的国家公园之一，全世界旅游者心中必须一见的奇观之一。

巴德兰兹劣地是由于地质作用形成的洼地

整个巴德兰兹国家公园约有274千米长，80千米宽，横穿南达科他州西南部的美国大平原。这里是由刀锋般的山脊、深沟，狭窄的平顶山以及一望无垠的沙漠组成的。在通往公园的路上，四周都是一望无际的草场，几乎没人能意识到那里为何忽然出现片完全不同的广阔土地。车子走着走着，你会忽然发现数十米高的岩石宫殿在大草原的天空下若隐若现，仿佛海市蜃楼一般。而一转眼，自己已经置身于千奇百怪的石塔和壮丽的拱壁之间了。

从日出到日落，从春天到冬季，劣地之上时时处处都闪着迷人的光辉。随着太阳的东升西落，无数的岩丘从淡红色变成光彩夺目的金黄色，令人叹为观止。这里并非寸草不生，在岩坡上有一些刺柏攀附着，小溪旁与盆地中也有顽强的小草、白杨和野花。春天绿草初生，和荒凉的土丘形成鲜明对比；夏天酷热难当，偶有倾盆大雨；冬季则冰冷彻骨，萧瑟寒风，穿越沟谷、土塔群发出阵阵低吼，仿佛一首荒凉冷寂的美国西部歌谣。

公园最重要的地理造型就是石墙。在巴德兰兹国家公园，水是雕刻土地的工具，而风正是塑造这一切奇观的艺术大师：风吹起粗砂和灰尘不断地“打磨”岩石，被风带到岩石缝隙中的水分年复一年地霜冻与解冻，将岩石塑造成各种形状。

除了瑰奇的地貌，那些美丽的动物也为这片劣地增添了种种迷人景色。在无边的草地上，可爱、优雅的叉角羚羊悠闲地游荡；落基山大角山羊站在高高的土丘上，俯视着自己的领地；草原狼在城镇、村庄般的怪石墙间游荡，寻找着自己的猎物；苍鹰在天空中盘旋，一旦发现目标便俯冲而下……这一切让整个巴德兰兹充满了动感与野性。

巴德兰兹国家公园在历史和地理方面都

是独一无二的。有人曾经这样评价巴德兰兹国家公园:“它有一个恶名，但绝对是个好地方。”相信任何来过巴德兰兹国家公园的人对这句话都会点头称是。

不可不游

考斯德州立公园

考斯德州立公园位于南达科他州西部，该公园内拥有非常壮观的地质结构和全美最大的野牛群，将近 1500 头野牛在园内游荡。这里山峦起伏，森林茂密，湖泊澄明透彻。森林之间是广阔的草场，草地上开满五颜六色的花朵，那些悠闲的野牛踱来踱去。此外还有美洲赤鹿和大角羊等珍稀动物，景色丝毫不比国家公园逊色。

风洞国家公园

风洞国家公园位于南达科他州西南部，是其境内另外一座国家级的公园，园中有著名的风洞，洞穴全长达 167 千米，是世界最长的洞穴之一。风洞比较干燥，因此没有太多的钟乳石，但是洞内有许多美丽的矿石晶体景观。风洞地面表层处于草原和森林交界处，野生动物资源丰富，有野牛、叉角羚、麋鹿等大型哺乳动物。

拉什莫尔山国家纪念公园

拉什莫尔山国家纪念公园，俗称美国总统公园，坐落于南达科他州基斯通。公园内有四座高达 18 米的美国前总统头像，从左到右依次分别为乔治 · 华盛顿、托马斯 · 杰斐逊、西奥多 · 罗斯福和亚伯拉罕 · 林肯，这四位总统被认为代表了美国建国 150 年来的历史。

广袤的草地上，风化作用下凸起的岩石堆纵横交错

夕阳余晖下的劣地景观

Tips

❶ 美国国内航班对行李的限制很严格，所以托运的行李用一个大箱子为好，第二个箱子需要加收 25~100 美元的手续费。

❷ 在劣地公园中游览最好采用自驾游的方式，可以在附近租车，若没有熟悉路线的导游，地图一定要带好。

关键词：断裂带、草原
国别：索马里、肯尼亚等
位置：非洲东部
最佳旅游时间：全年

东非大裂谷

野性的“疤痕”

群峰上覆盖着茂密的原始森林，野花布满山坡；近处是广袤的草原，其间散落着翠绿的灌木丛，青草依依，花香弥漫，闪闪的波光耀人眼目。

动物大迁徙

东非大裂谷是世界上最大的断裂带，这一点毋庸置疑。从卫星图像上看它就好比地球上一道巨大的疤痕，当乘飞机穿越浩渺的印度洋进入东非大陆的赤道上空时，从窗口向下望去，你会看到一个巨大的裂谷地带横亘在眼前，顿时会感觉到造物主的伟大和神奇。这就是著名的“东非大裂谷”，亦称“东非大峡谷”或“东非大地沟”。这条峡谷长度相当于地球周长的1/6，气势异常宏伟，景色蔚为壮观，从过去到现

裂谷地带风景秀丽、雨量充沛、土地肥沃、森林茂密，具有非常显著的地貌特征

在不知使多少人为此着迷。

东非大裂谷是一个水资源非常丰沛的地方，非洲大陆上最多的水源汇聚在这里，大大小小共有 30 多个湖泊，例如马加迪湖、坦噶尼喀湖、马拉维湖、图尔卡纳湖和阿贝湖等。这些裂谷带的湖泊，水的颜色是湛蓝的，边际十分辽阔壮美，形式千变万化，不仅是人类旅游观光的胜地，而且因为湖区水量丰盛，滋养了湖泊旁边的土地，因此植被茂盛，也吸引来众多的野生动物，如大象、河马、非洲狮、犀牛、羚羊、狐狼、红鹤、秃鹫等都在这里栖息。这里已经被坦桑尼亚和肯尼亚政府辟为野生动物自然保护区，位于肯尼亚峡谷纳库鲁近郊的纳库鲁湖，是一个鸟类资源丰富的湖泊，平常这里会有 5 万多只火烈鸟聚集，最多时可达 15 万只。每当成千上万只鸟儿组成大片的队伍整齐划一掠过那湛蓝的湖面时，翅膀有节奏地拍打出“哗啦啦”的奏鸣曲，远远观望一片霞红。

在东非大裂谷露出真面目之前，人们凭着超强的想象力，幻想那里是一条狭长的、阴暗的、狰狞的断裂带。但当你来到裂谷之后，你看到的远比想象的震撼：群峰上覆盖着茂密的原始森林，紫色的、淡黄色的小花儿遍布在山坡上；近处是广袤的草原，其间散落着翠绿的灌木丛，青草依依，花香弥漫，闪闪的波光耀人眼，仔细一看，原来是掩藏在青草深处的湖水；高处白云萦绕在山与水

游客正在记录鸟类的生活瞬间

之间，“疤痕”底部平整坦荡，山涧幽芳，绿色葱茏，宛如人间仙境。那些美丽的湖泊，无疑是大裂谷中最耀眼的明珠。形容它们最好的词大概只有“完美”才恰当，这里湖、光、山、色无一不自在随意，恰到好处的人为痕迹犹如锦上添花，轻描淡写不露痕迹，将随手拈来的田园诗风格糅合在一起，渗透般释放出柔和而深刻的华丽感。

千百年来，东非大裂谷这道美丽的“疤痕”从没有让到过这里的人失望，总是给人惊喜和感动。这也是一片未开垦的处女地，提醒着人们伤疤也有它独特的美丽。

不可不游

坦噶尼喀湖

“坦噶尼喀”在班图语中意为“汇合”或“聚集”，是指无数溪流在此汇合以及许多部落群居在沿湖。坦噶尼喀湖位于东非大裂谷的西部裂谷带，属于标准的 V 形裂谷湖。断裂作用形成了湖岸四周的高崖峭壁，蜿蜒曲折的湖岸线南北长 720 千米，湖泊最深为 1470 米，是仅次于俄罗斯贝加尔湖的世界第二深湖。

维多利亚湖

维多利亚湖位于两大裂谷之间。该湖大部分在坦桑尼亚和乌干达境内，为两国与肯尼亚的分界湖。面积 6.7 万平方千米，是非洲最大的淡水湖，仅次于北美的苏必利尔湖。它还是尼罗河主要水源。1860 年，英国探险家斯皮克到此考察尼罗河的源头时，遂以英国女王维多利亚的名字命名该湖泊。

Tips

❶ 沿海地区是举世闻名的斯瓦希里烹饪的发源地，喜欢美食的游客切不可错过。

❷ 去肯尼亚的旅游者不用对讨价还价有所顾虑，这是意料之中的，很少会被认为是一种冒犯。

关键词：落基山、《阿甘正传》
国别：美国
位置：亚利桑那州西北部
最佳旅游时间：3—8 月

科罗拉多大峡谷

岩石刻就的书卷

不管你走了多少路，看过多少名山大川，你都会觉得大峡谷仿佛只存在于另一个世界，另一个星球。

科罗拉多大峡谷是由科罗拉多河流经此地切割科罗拉多高原而形成的。全长 446 千米，平均谷深 1600 米，谷顶宽 6 ~ 30 千米，往下收缩成 V 字形，至谷底处宽度不足 1000 米，最窄处仅 120 米。科罗拉多河从谷底流过——这位孜孜不倦的雕刻师日复一日、年复一年地工作，打造成这“地球上最美的伤痕”。 由于长久以来，不同的岩石层在不同气候下被强风风化、被水侵蚀，最终被雕琢成千姿百态的奇峰异石和峭壁石柱，形成了色彩缤纷的奇特地貌。伴随着天气变化，水光山色变幻多端，天然奇景蔚为壮观，使科罗拉多大峡谷备受大家的喜爱。

科罗拉多大峡谷是世界上最大的峡谷之一，它是由科罗拉多河长期奔流冲刷之下最终形成的惊人杰作。到了大峡谷，唯有震撼一词可以形容当时的心情。大峡谷极不规则，大致呈东西走向，峡谷南高北低。从谷底看谷壁，如刀削斧劈，气势宏伟。峡谷两岸都是红色的岩石断层，据当地人说，这里的岩石会随阳光强度的不同而改变自身的颜色，或深蓝，或棕色，或红色。

岩性、颜色不同的岩石层，被外力作用雕琢成千姿百态的奇峰异石和峭壁石柱

从突出的岩石上向下望去，如果不害怕，那么你会感觉到一种自由。当然，如果你两腿打战，还是不要去的好，生命安全第一。有一些人尝试着从悬崖边上向下望，但是在临近悬崖两米远的地方就不敢前行了，因为风很大，一不小心就会滑落而下粉身碎骨。

亿万年来，大峡谷像一条桀骜不驯的巨蟒，匍匐于凯巴布高原之上，你会非常惊异这片土地怎么会被如此鬼斧神工地劈开，露出里面斑斓的层层断面。你会觉得似乎走到

▫ 大峡谷岩石是一幅地质画卷，在阳光的照耀下魔幻般的色彩吸引了全世界无数的目光

了世界的尽头，去往另一个世界，而孤单单地把原来的世界抛在了身后，灵魂与肉体都深感震撼。在穿越壮美无比的科罗拉多大峡谷时，人类所有的历史，还有永不停滞的时间似乎已经流逝，我们在这道鸿沟面前似乎只是一粒沙尘……

电影《阿甘正传》公路长跑镜头就是在科罗拉多大峡谷的纪念谷中拍摄的，著名摄影家安塞尔·亚当斯的很多黑白佳作也都出自这里。

不可不游

赛昂国家公园

从 15 号公路转入 9 号公路，就到了塞昂国家公园。这里巨大的怪石、陡峭的绝壁和连绵的红土山包都值得一看。

布赖斯国家公园

从塞昂国家公园转入 89 号公路，再往东进入 12 号公路就是布赖斯国家公园。这里最著名的是深壑内耸立的竹笋般的红土塔林，在早晚阳光的照耀下，蔚为壮观。

拱门国家公园

过绿河转入 70 号公路就可到达公园。园内巨大拱门型岩石比比皆是。美国的汽车、摩托车越野赛常在这里举行。旅游旺季时这里的旅馆经常爆满，因此游客要提前做准备。

Tips

1. 在夏季，最好在日出前出发徒步进入峡谷，上午 10 点至下午 4 点之间，峡谷内的温度明显高于顶部，最好不要徒步下到峡谷里面。
2. 在公园内住宿或露营需要提前预订，在预订时要说明是在大峡谷北峡住宿还是在南峡住宿。
3. 因为少雨的缘故，空气会较为干燥，最好准备一点保湿用品。

▫ 蜿蜒于谷底的科罗拉多河曲折幽深，水光山色变幻多端，天然奇景蔚为壮观

关键词：彩色岩石、怪石嶙峋
国别：美国
位置：犹他州南部
最佳旅游时间：全年

布赖斯峡谷

大自然的艺术天堂

布赖斯峡谷中那些直立的红色岩石就像站在一碗形峡谷中的人群，令人惊叹不已。

布赖斯峡谷以拥有形态怪异，颜色鲜艳的岩石峡谷而闻名

在1875年，一个名叫埃比尼泽·布赖斯的摩尼教先驱来到了科罗拉多河北岸的一片峡谷中，在这片被他称为“一个养不活一头牛的地狱”的地方建立起了一座牧场。虽然环境恶劣，生活艰难，但布赖斯还是坚持了下来，因为他发现这个峡谷本身就是个奇迹。这里虽然没有平坦的长满鲜草的牧地，也不能作为种植庄稼的良田，但这里有令人震撼的美，那种让灵魂都感到颤抖的景色，让他深深地爱上了这片荒芜的

岩石所含的金属成分给一座座岩塔添上了奇异的色彩

土地。后来，人们以他的名字来命名这个大峡谷，将其称作“布赖斯峡谷”，并一度将峡谷的美景印在邮票之上。

1924 年，这里成为美国著名的国家公园之一，并以怪石林立、色彩鲜艳而扬名。自从布赖斯发现这个美丽的峡谷，100 多年过去了，越来越多的人慕名来到这里，欣赏这令人灵魂都感到颤抖的美景。看到它的人，无不为它的瑰丽、神奇而惊叹，他们感叹大自然的神奇力量，也感叹布赖斯的幸运，竟然发现了这么一座巨大的“艺术天堂”。

整个峡谷内有 14 条深达 305 米的山谷，山谷中的岩石经受了数千年风霜雨雪的侵蚀，呈现出各种各样的怪状：有些地方土柱、石柱林立，如同茂密的森林；有些地方土丘连绵，如同规模庞大的城堡群；有些地方则布满了各种形状的奇石，或如狮虎象熊等动物，或如松柏杨柳等树木，更有的仿佛参加舞会，正在狂欢的人群……有人曾形容它的一处景观：“直立的红色岩石就像站在一碗形峡谷中的人群，令人惊叹不已。”

这里的岩石在风雪中消磨，很多矿物质元素在土石中积累了下来，呈现出深浅不同、光泽各异的色彩。在这里你可以看到红、淡红、黄、淡黄等 60 多种不同的颜色，每当阳光照射之时光彩变幻，溢金流彩，极为悦目。

若是冬天来到这里，你会受到更大的震撼。这个时候的布赖斯峡谷简直就是一处仙境，成千上万根红色和橙色的岩柱上覆盖着皑皑白雪，如同童话故事中的冰雪王国。游客可以沿着观景车道驱车前往游览这里的冬季胜景。各式各样的小路从陡峭的峡谷底部向上延伸，像塔一般直上青云。越野滑雪者可以穿梭于熊果树、矮松和美国黄松之间，沿着峡谷边缘行进，大胆的游客还可以沿着陡峭的小路向下到达谷底，从下面仰望那些高高的彩色石柱。

这些奇形怪状的岩石和色彩鲜艳的土丘只能算是小美，微观的美。如果你从远处看或从高空俯瞰，你就会发现整个大峡谷的壮丽，你会被那种迎面而来的宏伟的色彩浪潮淹没。远远望去，高原仿佛有连续的五个大台阶，人们形象地将它们依次命名为巧克力崖、朱崖、白崖、灰崖、粉崖，它们一层层上升，露出30亿年的彩色沉积层。科罗拉多河和支流嬉戏着把大地开膛破肚，把最久远的秘密也掏出来，置于丰沛的阳光下炫耀。台地的边缘被销蚀成粉色石林，群群簇簇，千形百状，伸展出去竟有数十千米，十分壮观。

美丽的布赖斯大峡谷就是这样，无论从上、从下、从远、从近、从微观还是从宏观看，都透着震撼人心的美，让人久久沉浸在幻想的世界中不能自拔。

岩柱的形貌如此奇特，就像住在幻想世界的居民

不可不游

大剧场

大剧场是布赖斯峡谷中最著名、最壮观也是最精华的景点，在这片广阔的山谷之间，一片片红色石林打造出了一个极其逼真的露天剧场。任何看到它的人，都会觉得这个名字太形象逼真了！那些奇形怪状的风化岩石，五颜六色的精巧岩柱，如同剧场中的不同人物：位于中间空地上的稀疏石柱如同正在唱歌、跳舞的表演者，而那些围在四周的则如同整齐肃立的观众。在这些石柱上，你能发现剧场中的每个角色，每种表情——贵妇人头上顶着的“礼帽”，少女身上长长的裙子，老者拄着的拐杖都是那么逼真！

峡谷森林

布赖斯峡谷中除了有宏大的石林，也确实存在着一片真正的森林。在大剧院景点不远处就有一片茂密的峡谷森林，森林中环境十分优雅，秘密的林木之间有无数通幽的小径，看累了石林景观，可以在这里小憩一下，或是沿着林间小路散散步，看看充满生命的绿色。另外，餐饮店、停车场等设施也大多位于森林之中。

宰恩国家公园

宰恩国家公园又名锡安国家公园，这个国家公园距布赖斯国家公园仅有两个小时的车程，游人一般都会将它们放在一起游览。该国家公园的首要景点是宰恩峡谷，其红色与黄褐色的纳瓦霍砂岩被维琴河北面支流所分割，形成了许多著名的景点，如白色大宝座、棋盘山壁群、科罗布拱门、三圣父与维琴河隘口等。

Tips

❶ 布赖斯国家公园中有些风化严重的景点可能存在岩石坠落等危险，游人一定要按照公园引导游览景点，不可乱跑，以防发生危险。

❷ 通往谷上谷下的小径大多铺设在沟壑边缘，游人攀上攀下时应小心谨慎，尤其是冬季下过雪后，注意防止滑倒。

关键词：盆地、多瑙河、冰川
国别：法国、瑞士等
位置：欧洲中南部
最佳旅游时间：全年

阿尔卑斯山脉

和雪的约会

一座座两层或三层的木架小楼在绿草上宁静地享受阳光雨露的爱抚，如绿色海洋中浮起的岛屿。

阿尔卑斯山脉位于欧洲中南部，蜿蜒崎岖横跨整个欧洲，是欧洲最高的山脉。阿尔卑斯山脉还是欧洲巨大的天然水库，欧洲许多大河如多瑙河、莱茵河、波河、罗讷河等均发源于此。

阿尔卑斯山景色十分迷人，是世界著名的旅游胜地，被世人称为“大自然的宫殿”和“真正的地貌陈列馆”。这里还是冰雪运动的胜地、探险者的乐园。

来到阿尔卑斯山，就不得不登勃朗峰，这是阿尔卑斯山脉的最高峰。如果要登勃朗峰，山脚下的霞慕尼小镇是最佳起点。这里拥有全欧洲最高的缆车站，游客来霞慕尼如果未搭乘缆车，那么未免有入宝山而空手回的遗憾。3000米的垂直高度乘坐缆车只需要20分钟就可以到达。

绽放的鲜花为山脉带来许多生机

勃朗峰观景台稳固地坐落在峰顶，分几层向各个方向延伸，游人可以有更宽阔的视野去从不同角度感受勃朗峰，欣赏山上的风景。皑皑白雪，层层白云，似乎连呼吸的空气都是美丽的。开阔的视野，也会使人的胸怀变得宽广。整个人精神焕发，神清气爽。在这里可以很清楚地看到勃朗峰的全貌，四周的高山如众星捧月般衬托着它。峰顶完全被白雪覆盖。站在峰顶，一切都踩在脚下，这时你突然会生出这样一种感觉：不是我征

来阿尔卑斯山滑雪，也是一项既新鲜又刺激的挑战

服了大山，而是大山征服了我，我只不过离大山更近了而已。

从山上下来，可以在霞慕尼小镇歇息。如果你喜欢滑雪的话，千万不能错过。霞慕尼有不同陡坡的雪道。不管你是新手还是高手，在霞慕尼，所有的滑雪爱好者都有无尽的选择。冬天的霞慕尼就是这样的美妙，雪景辽阔壮丽，让人跃跃欲试。

夏季，霞慕尼可以提供所有夏季的山上娱乐活动。你可以徒手攀爬勃朗峰，也可以在山腰漫步，领略引人入胜的山峰与冰川，牵引索道在整个夏天开放，还有其他各种活动以满足所有人的需要。

霞慕尼小镇有许多购物点，在这里可以买到世界顶级的登山攀岩装备。小镇上的数百家商店营业时间普遍很长，即使是淡季的周末也照常营业。对喜爱登山攀爬的游人而言，这里无疑是他们的“世外桃源”。

如果工作太忙，那就想办法挤出一些时间。登山，不仅是一项运动，也是放飞心灵、开阔胸怀、释放工作压力的好方式。

不可不游

冰海冰川

冰海冰川是阿尔卑斯山的第二大冰河，长 7000 米，深 200 米，从南针峰平地出发，穿过一条小道，就可到达冰海冰川。这里是最受欢迎的自然景点之一，但要想跨越它，需要专业的设备和富有经验的专业向导，不然很危险。

日内瓦湖

日内瓦湖位于法国和瑞士的交界处，南岸濒临法国，60% 的水面归瑞士所管。日内瓦湖呈新月状，湖水为深蓝色，平静得犹如一面镜子。在太阳的照耀下，那湖水摇荡着，宛如洋娃娃来回不停转动的眼睛。

山清水秀，环境幽雅，不愧是“大自然的宫殿”

Tips

❶ 滑雪最佳的时间在 3 月，此时当地还会举行多种滑雪盛会。

❷ 阿尔卑斯山区，出产世界上最好的奶酪、香肠和火腿，也是“美食钻石”松露的原产地，不容错过。

关键词：蜀山之王、奇丽
国别：中国
位置：四川省康定以南
最佳旅游时间：5、6月

贡嘎雪山

瑶池仙境

雪山脚下，冰川清澈透亮，展现地理奇观，又造就了蜀地宛如香格里拉的人间仙境。

陡峭挺拔的山体，直插云霄，格外壮美

“蜀道难，难于上青天……尔来四万八千岁，不与秦塞通人烟。”这是诗仙李白歌颂蜀山的诗篇。但是李白只顾感慨山的险峻、峭拔，却忘记了赞颂“蜀山之王”贡嘎山的奇丽与庄重。

贡嘎山位于川藏交界处，主峰海拔7556米，是闻名世界的横断山系第一高峰。在藏语中，“贡”是雪，“嘎”是白，其意思就是“洁白的雪峰”。贡嘎山主峰周围林立着145座冰峰，群山连绵起伏、险峰簇拥、

连绵起伏的贡嘎雪山，被誉为雪域高原上的神山

白雪皑皑，是雪域高原上的神山，被视作世界第一高峰——珠穆朗玛峰的妹妹。多年以来，贡嘎山与海螺沟隐秘在高原之上，蒙着神秘的面纱，不为世人所熟知。

贡嘎山区是现代冰川较为完整的地区，以罕见的冰川奇观闻名于世。由于冰川运动，形成了冰川弧、冰川断层和冰塔、冰桥、冰川石蘑菇、冰城门等，它们造型奇异，或优雅，或怪异，或雄壮，气势磅礴，令人不得不赞叹大自然的鬼斧神工。冰川内凌空挂起的大冰瀑布由无数巨大的冰块组成，其落差很大，巨型冰瀑布横挂天空，似乎奔腾咆哮的河水在一刹那被神力冻结，雄伟壮观，气势恢宏，令人望而生畏，堪称奇迹。当冰体崩裂的时候，冰体间的摩擦会产生放电的现象，山谷轰鸣，动人心魄。

贡嘎山的一大奇特之处在于它的生态和气候都呈现出显著的垂直变化，相对落差达到了 6000 多米，因此产生了“山顶白雪皑皑，山腰树木稀疏，山脚鲜花烂漫”的独特景观。在山脚下，气候温和，植被繁茂，山腰中红叶纷飞，比起香山还要略胜一筹，而到了山顶却是一片银装素裹的严酷景象。各个植物之间层次如此鲜明，一路攀爬可以领略一年四季的变化，是世界上罕见的生态奇观。景区内还点缀着 10 个高原湖泊，著名的有木格措、五须海、人中海、巴旺海等，它们或在冰川脚下，或为森林环抱，水色清澈透明，保持着原始、秀丽的自然风貌，仿若“瑶池仙境”。

贡嘎雪山，闪耀着白色的光芒，伟岸而神秘

冰雪崩裂时，蓝光闪烁，雪雾漫天，倾泻而下，声动如雷，堪称自然界一大奇观

贡嘎山不仅是旅游观光的地方，更是国际上享有盛名的高山探险和登山胜地。因山峰发育为锥状大角峰，周围绕以 60° ~ 70° 的峭壁，攀登困难。1932 年，美国探险队攀登成功。中国大陆登山队于 1957 年 6 月到达峰顶。

人人都在寻找自己心中的最美风景，相信来到这里，你会认为这是最美的地方，游览完，你也一定会从心底爱上这里。

不可不游

燕子沟

燕子沟是海螺沟的姊妹沟，位于从磨西到康定的“榆磨”公路上，与海螺沟处于同一方向的平行位置，相距不足 10 千米。燕子沟内有 5000 米以上的山峰 15 座，从海拔 2100 米沿沟逐次向上延伸至 7556 米的贡嘎主峰，因海拔悬殊形成 7 个植被带和 7 个气候带。沟内群峰林立，奇花异草绵绵不绝，其雪山、森林、石林、冰川、冰瀑布、药泉、红石沟等景观更是世间少有的精品。

田湾河

田湾河是贡嘎山最大的河流，山水湍流，气势宏大，几十处瀑布飞流直下，蔚为壮观。这里地热资源十分丰富，多处温泉如大热水、小热水、神药水等水温在 30 ~ 70℃，含有丰富的保健微量元素，美容养生。

Tips

❶ 到贡嘎山登山，一定要做好充分的物质准备，贡嘎登顶难度极大，一般不适合业余人员尝试。

❷ 到达上木居后一定要住一晚，一是要找好马匹，二是要适应高山缺氧环境。

❸ 磨西镇是住宿集中地，有不少宾馆和温泉疗养中心。

关键词：月牙泉、敦煌
国别：中国
位置：甘肃省敦煌市
最佳旅游时间：5—10月

敦煌鸣沙山

沙与水的守望

听沙漠的声音，沙沙作响，弹奏爱的乐章，置身于此，如临陶渊明的世外桃源，恍如仙境。

没有到过沙漠的人，不知道沙漠可以来得那样突然。敦煌市区与其他小城没有区别，绿树成荫。然而就在这条往南的公路尽头就有巨大的沙丘耸立，好像瞬间可以吞没这个小城。敦煌鸣沙山因为其历史文化的久远和景区特色是中国鸣沙山中最有代表性的一个，也是最为人所熟知的一个。

“洗心月牙泉，怡情鸣沙山。”只要来过敦煌大漠戈壁的游人，都会发出这样的感叹。鸣沙山和月牙泉这对孪生姐妹，吸引着游客们的脚步。他们在山顶俯瞰，会被鸣沙山的灵动所折服；他们在泉边漫步，又会被月牙泉的清秀所迷醉。

鸣沙山是一座由红、白、黑、黄、蓝五种颜色的细沙聚积而成的沙山，远远看去，色彩斑斓，晶莹透亮。这些细沙构成形态各异的沙峰：有的弯弯如月牙儿，有的蜿蜒盘旋似蟒蛇，有的高耸像金字塔，还有的排列整齐如鱼鳞。

在太阳光的照射下，这些沙峰此起彼伏，明暗相间，散发出灿灿的金光，仿佛一座金山，很是巍峨壮观。没有鸣沙时，它像娴静的少女，又像柔软的绸缎；一旦鸣沙声响起，便如雷鸣号角之声叱咤苍穹。若是数人一起滑下，那鸣沙声大如万马奔腾，铿锵激昂；如果抓一把沙子扬起，那鸣沙之声细柔若琴笛，余音袅袅。

月牙泉，泉水湛蓝，如翡翠般镶嵌在金子般的沙丘上

鸣沙山早在汉代就已经著名，当时名为沙角山、神沙山，到了晋代才被改为鸣沙山。站在远处眺望，鸣沙山犹如一座大海，一道道沙峰便是大海里汹涌澎湃的波浪，有着无比磅礴的气势。而随着风起形成的沙浪，便似大海里的轻波荡漾。它们时而湍湍奔流，时而潺潺细流，时而旋转涡回，细细观赏，

站在沙海中，天地豁然开朗，心胸顿时开阔

真是妙不可言。

随着鸣沙声在耳边响起，如擂响金鼓，如拉起管弦，声声不绝于耳。此时置身于沙海里，只觉得心胸开朗，天地开阔，世界如此纯净和坦然！

很多人从鸣沙山往下滑时会产生轰隆的声音。传说在汉代时，汉军和匈奴交战，大风突起，漫天黄沙将两军的人马埋入沙中，如今的响声就是两军的喊杀声和战马的嘶鸣声。其实这种响声是沙石相互摩擦撞击发出的声音。有人将其誉为“天地间的奇响，自然中美妙的乐章”，可见鸣沙山的迷人之处。鸣沙山下不远处，有一泉，形同一枚弯月，周围黄沙浩浩，虎视狼逼，千百年来却不为其所灭，实在叫人惊叹不已。在这里你将欣赏一处举世无双的奇观，感受一段美丽如诗的传说，聆听黄沙呼啸，战马嘶鸣。

鸣沙山全由细沙堆积而成，有的高高耸起，有棱有角

不可不游

月牙泉

鸣沙山环抱着一湾清水，因水面弯弯如一牙新月，故名月牙泉。月牙泉长约 150 米，宽约 50 米，源头为党河，在茫茫黄沙的包围中，月牙泉依然清澈无比，让人称奇叫绝，但如果到了那里就会知道，月牙泉是完全依靠不断流入的党河水，才能保得千年不涸。人们为了陪衬沙漠里的奇迹，在此修建亭台楼榭，将月牙泉衬得有了几分贵气。但随着党河水日益干涸，越来越低的水位再也无法注入月牙泉，从 20 世纪 90 年代，月牙泉便只能利用人工方法来保持水位。清澈的泉水，连绵的沙峰，精雕细琢的亭台楼榭，再加上灿烂的阳光，构成独一无二的月牙泉景致。

Tips

❶ 鸣沙山的日落景观非常漂亮，游览时间最好选在夏季黄昏。

❷ 这里的阳光辐射很大，紫外线超强，任何时候去都需要注意防晒防紫外线。

关键词：呼鲁峰、休眠火山、东非高原
国别：坦桑尼亚
位置：坦桑尼亚东北部及东非大裂谷以南
最佳旅游时间：全年

乞力马扎罗山

闪闪发光的圣山

从远处望去，蓝色的山基赏心悦目，而白雪皑皑的山顶似乎在空中盘旋，给人以极大的震撼。

白雪皑皑，云雾缭绕，乞力马扎罗山充满神奇莫测的气氛

乞力马扎罗山是一个自然保护区，它的气候变化很大，从赤道气候一直到极地气候：山脚是热带雨林，山腰是沼泽地带，再上面是高原沙漠，而顶部，雪线以上的地方则是高山雪峰。远观乞力马扎罗山，就像一位扎着腰带裙摆飘舞的少女，而且这位少女拥有一顶举世无双的白色帽子。这个戴着帽子的雪峰高耸在坦桑尼亚北部平缓连绵的山丘和高地上，它的斜坡和冰河在高高的云层间闪闪发光。山脉大多数地

区是农田，种有咖啡、香蕉、木薯以及用来维持生活和经济收入的玉米。

站在山脚仰望，山麓四周的莽原上，鸵鸟、长颈鹿、非洲象、犀牛、斑马等热带野生动物以及稀有的大角斑羚、阿拉伯羚等在那里悠闲地生活着，蒙蒙的云雾和大片的森林变成了乞力马扎罗山的神秘面纱。虽然气温一直徘徊在 30℃上下，但依然能够体会到一种酣畅淋漓和壮阔豪情。在海拔 1000 米以上，温度慢慢地降下来，变得更加潮湿，但是植被也变得更加丰富。这里种植着大片咖啡、花生、茶叶和香蕉等农作物，肥沃的火山灰土壤赋予了这些植被更加旺盛的生命力，因此也被称为“草原之帆”。在斯瓦希里语中，乞力马扎罗山被译为“闪闪发光的山”。在酷热的日子里，从远处望去，蓝色的山脊赏心悦目，而白雪皑皑的山顶似乎在空中盘旋，让人感到无比震撼。

1936 年海明威发表的小说《乞力马扎罗的雪》，让人们把目光齐聚在这座神奇的山上。过去的几个世纪，乞力马扎罗山一直都存在人们的想象中，那时没有人真的相信在赤道附近会有一座覆盖着皑皑白雪的山。海明威以其亲身经历证实了乞力马扎罗山的存在。同时，乞力马扎罗山也成全了他小说独特的艺术风格，由此海明威式小说惊动了世界文坛。在坦桑尼亚人的心目中，乞力马扎罗山无比神圣。直到现在，还有很多部族每年都要在山脚下举办传统的祭祀活动，祭拜山神，祈求平安。

峰顶银白晶莹，似一顶皇冠戴在雪山上

不可不游

安波塞利国家公园

安波塞利国家公园是非洲度假胜地之一，这里有很多野生动物，最为著名的是大象。聪明、热情、温柔、可笑，是它给人们留下的印象。在这里，不仅可以观赏成群的野生动物，还可以远眺乞力马扎罗山。

火山口

乞力马扎罗山基博峰顶有一个直径 2400 米、深 200 米的火山口，口内四壁是晶莹无瑕的巨大冰层，底部耸立着巨大的冰柱，冰雪覆盖，宛如巨大的玉盆。远在 200 千米以外就可以看到它高悬于蓝色天幕上的雪冠，在赤道的骄阳下闪闪发光。

黄昏时分，登山者正在欣赏山下的景色

Tips

① 攀登乞力马扎罗山需从坦桑尼亚国家公园出发，建议乘坐越野车去国家公园。

② 爬山时，太阳镜、防晒霜和润唇膏是必不可少的。

关键词：雪山之神、第一高峰
国别：中国
位置：迪庆藏族自治州德钦县
最佳旅游时间：10月至次年5月

梅里雪山

雪山之神

所有赞美的词汇，在它的面前都显得肤浅；来此之前，也许不曾有过信仰，来之后，信仰便会到来。

梅里雪山山尖宛如鹰嘴，两侧巨大的岩石如同鹰的两翼，整个山峰宛如欲飞的雄鹰

大多数雪山都是与神灵相伴的，梅里雪山也是如此，自古以来，它就是藏民心目中的一座神山。绵延数百里的雪峰，孕育了传奇，它以巍峨的姿态与神秘的传说在天地间高高耸立。

主峰卡瓦格博海拔6740米，是云南的第一高峰，俗称“雪山之神”。相传它是九头十八臂的煞神，后被莲花生大士点化，皈依佛门，做了格萨尔王麾下的神将，统领边疆，守卫雪域高原。卡瓦格博神像常常被供奉在神坛之上，是藏民心中伟大的保护神。

梅里雪山耸立蓝天之下、白云之上，形状如同一座白色的金字塔，圣洁、孤傲、巍峨、壮观。这是一座需要人们虔诚崇拜的雪

雪山下汉白玉雕成的三座白塔直指苍穹

山。即使你对佛教没有太多的了解，即使你不相信命运轮回，但当你站在它的面前，看到这高贵优雅的雪山，想想自己的渺小时，便不由自主地生出敬畏之心。

最美莫过于天空晴朗的时候，清远高洁的天空，映衬着雄伟巍峨的雪峰，山体自上而下色彩分明。山顶上白雪皑皑，银装素裹；山腰上绿树成荫，秋意浓浓；山脚下则山花烂漫，花开如锦。底层颜色杂乱、中层颜色黯淡、高层则耀眼，卡瓦格博白色的锋芒从云间穿梭而过，在广阔的空间划出一道明亮的线条。

有时，梅里雪山还会出现“破天”的奇观：湛蓝的天空下，卡瓦格博巍峨耸立，四周洁净，仿佛天地间只有它的存在，山尖云雾缭绕，卡瓦格博就像是一把宝剑直指苍穹。这时天空就会出现一个白色的旋涡，不知是天空在吸收雪山的灵气还是把灵气灌输给雪山，十分奇特。在晴朗的天空下，一览无余地欣赏卡瓦格博身姿的机会是不常有的。更多的时候，它隐于云雾之中，整个雪峰朦朦胧胧，虚无缥缈，眼前的世界，一片苍茫。

霞光普照，梅里雪山在金光的映照下犹如巨龙般金光闪闪，蜿蜒而去，煞是壮观。

梅里雪山是佛教徒朝觐的圣地，沿途所有的景物都具有灵性，它会指引人们到达圣山、保佑人们心想事成。因此在转经路上，随处可见虔诚的朝拜者，他们“双手合并置于头顶，手印置于喉际，再置于心际，俯身双手着地，向前平伸推出”。他们口念箴言，一步一叩首地绕山前行，山上风大，他们甚至要紧紧地贴在地上，躲避风雪，但却从来没有停下过前行的脚步。他们对雪山的感情已经到了不能控制的地步。每年秋末冬初，成千上万的藏民进山朝拜，场面之壮观、感情之真挚，足以让人热泪盈眶。满山的人群、五彩

梅里雪山顶周身被雪覆盖，凸显一种自然美

的经幡、遍地的印迹，都在精神的世界里凝为永恒。

虽然梅里雪山还没有被开发得很完善，但每年到那里探秘的人数以万计，这其中的艰辛可想而知。梅里雪山是自然造化赐予人们的福地，它默默无言却庄重威严，这里的一花一草都折射着雪神的暗示。如果有一天，生活的苦难、尘世的喧嚣压得你不得喘息，不妨走进梅里雪山，它会带给你慰藉，让你重拾勇气和信心。

不可不游

飞来寺烧香台

飞来寺正对主峰卡瓦格博，是观赏梅里雪山美景的绝佳位置。烧香台地势高耸，是观赏梅里雪山日出日落的最佳位置。日出之时，阳光照耀着雪山峰顶，金灿灿的，形成日照金山的奇景；日落之时，柔和的光芒洒下，雪山在光线笼罩之下，静谧安详。

笑农大本营

笑农大本营是攀登卡瓦格博的大本营，由中日登山队联合修建。登山队在此休整队伍，补充能量，这里是所有探险者和“驴友”们必到的一个地方。卡瓦格博上的雪融化后流到这里，使之绿草茵茵、繁花似锦。在大本营，面对着雪山，欣赏着美景，怀念登山英雄，思索人生得失，别有一番滋味。

雨崩村

雨崩村位于梅里雪山东麓，四面群山环绕，交通极为不便。自古只有一条驿道连通外界，二十几户人家在此居住，民风淳朴，与世无争。步行其中，有一种“世外桃源”之感。雨崩村植被茂密，在一些老树的树干上有时还生长着其他植物，形成“五树同根”的奇观。

Tips

1. 租马游览雪山是很不错的，人多时能够组成一个马帮，很有意思。
2. 海拔较高，可以提前吃预防高原反应的药物，以及携带氧片。
3. 藏民热情好客，住宿在藏民家里，晚上可以很近地看到月亮和星星，欣赏宁静悠远的星空。

关键词：阳春白雪、神灵所在
国别：中国
位置：丽江玉龙纳西族自治县
最佳旅游时间：冬季

玉龙雪山

心灵的守望

“郡北无双岳，南滇第一峰。四时光皎洁，万古势龙从。绝顶星河转，危巅日月通。寒威千里望，玉立雪山崇。”

雪山上白茫茫一片，晶莹剔透，如水晶镶嵌在山上一般

千年的积雪，见证着新生的爱情；神秘的洁白，刻下心灵深处的记忆。你会惊异于见到它的第一眼，并足以倾尽一生对之魂牵梦绕。它是顽固的，最接近太阳，却终年身披白雪；它是神秘的，即使望穿秋水也望不到它内心的洁白。

玉龙雪山披着厚厚的白雪走过了千古岁月，阳光对其也望而却步。难道真如传说一样，它是纳西族“三朵神”的化身，是一位骑白马、穿白甲、执白矛的战神，终年守

在雪山观景台上，可近距离感受雪山的威严之姿

卫、保护着纳西族人的安危?

玉龙雪山险而奇，主峰扇子陡，海拔5596米，是北半球纬度最低、海拔最高的山峰。从远处看，它既像是高高耸立的银铧，又像是一把展开的折扇，气势磅礴，秀丽挺拔。13座雪峰如同13把利刃，直插云霄，又如正在飞舞的巨龙，奔腾回旋，让人望而却步。山顶永不消逝的积雪让它看起来气势磅礴、危不可攀。攀登玉龙雪山需要足够的勇气和坚韧的精神，它自带着极致的诱惑，让人难以抗拒。雪山由玄武岩与石灰岩组成，山体呈青黑色，与山巅的白雪对照鲜明，一黑一白，庄重威严。

玉龙雪山秀美异常，那永恒的白色，苍茫而又神秘。这座山不仅白得透彻，造型也玲珑有致，在阳光的照耀下，如同晶莹皎洁的玉石，动人心魄。晴空万里之时，群峰晶莹灿烂；云雾弥漫之际，雪山隐于其间、若隐若现。即使在一天之内，它也不断地变幻身姿。清晨，第一缕曙光才刚刚唤醒沉睡的人们，峰顶早已铺满了霞光；太阳升起，在阳光的照耀下，雪山闪着银光；夕阳西下，柔和的光线给山体披上轻柔的红纱；月光皎洁，雪山似躲进帐中，渐渐进入梦乡。这诗一般的华美让人浮想联翩，想琢磨，却又无从下手。

雪山的秀美还在于其山麓上生长着最美最悦目的花儿，遍地的白雪上开满的鲜花足以让人震惊到无以复加的地步。山茶、兰花、百合应有尽有，但最引人注目的还是杜鹃。这些耐寒的小花，毫不吝啬地把自己的美展示出来。

冰舌部分的冰塔林，像一把把刀戟直刺苍穹

一层层水台犹如雕刻一般，美妙非凡

红得夺目、紫得神秘、白得隐忍，争奇斗艳、漫山遍野。观赏之余，体会怒放的快乐。

美景向来和爱情有关，玉龙雪山的美景同样承载着爱情。玉龙雪山是神灵居住的地方，云杉坪则是殉情人的归属。那些相亲相爱却无法结合的男女总会选择云杉坪最美的地方，双双殉情在玉龙雪山的怀抱。他们相信灵魂会飞升到天堂，继而相爱永不分开。

玉龙雪山的美是多种多样的，集险、奇、秀美于一身，逢阳光返照，云雾升腾，便会有彩虹出现，美若天上仙境。它还是动植物的宝库，雪豹、大小灵猫、穿山甲都可在这里寻到踪迹，报春、兰花、杜鹃种类繁多，冰川秀丽，美不胜收。不管什么时间来，它都以最美好的一面迎接远途而来的人们，同时它那神秘与美丽，也足以让人回想眷恋。

不可不游

白水河

玉龙雪山融化的冰川雪水沿山谷层层坠落而下汇集成河，以白石为底，因而得名。白水河水质纯净、清澈见底。晴天的时候，水呈现出干净的蓝色，加之山谷形似月牙，白水河又被形象地称为蓝月谷。于湖心四顾，白云飘浮，高山耸拔，倒映在湖面之上，如梦似幻，疑为仙境。

冰塔林

纵横相隔的裂缝将冰川切割成一块块冰块，在风力的作用下，渐渐形成耸立的冰塔，众多的冰塔组成冰塔林奇观。这些冰塔像一把把剑戟直指青天，在阳光的照耀下闪着耀眼的光芒，非常壮观。

甘海子

这是一处水草丰美的草甸，花木种类繁多，鲜花盛开的时节，芳香袭人。这里还是一处天然牧场，春天百草萌发，各地的牧民常常赶着牲畜来此放牧，悠闲自得。如此开阔空旷的草甸，是游人观赏玉龙雪山的好去处。

Tips

❶ 玉龙雪山的旅游索道比较紧张，可在丽江古城提前买好第二天的索道票，以防手忙脚乱。

❷ 雪山温度低，应尽量保暖，没有带厚衣服也不要紧，山上可以租羽绒服。

❸ 高原反应强烈的人，可以租氧气瓶，也可提前服用“红景天”，做好预防措施。

关键词：怪石、飞瀑
国别：中国
位置：云南省
最佳时间：四季皆宜

昆明石林

有生命的岩石

这里的石头会发芽，长成千万株树木，汇成广阔的森林；这里的石头会开花，开出的花色彩鲜艳，组成世上最美的花园。

最早看到昆明石林，是在烟盒上，白色的盒纸上，寥寥几笔淡墨，一处充满诗情画意的石林就展示在了面前。总觉得这仅仅存在于艺术当中，可一旦真的见到了昆明石林，你就会从心里惊叹大自然的伟大，感慨造化竟然是如此神奇！那山、那石、那水、那雾都是那么秀丽、那么幽奇，仿佛它们真的从水墨画中出来，还带着书画般的淡淡墨香。

古人有诗："此景只应天上有，岂知身在妙高峰。"昆明石林便是这样一处本应天上才有的奇观。亿万年前的地壳运动在这里留下了瑰丽的足迹，也就是这连绵无际的怪石景观。这是一座名副其实的由岩石组成的"森林"。穿行其间，但见怪石林立，突兀峥嵘，姿态各异。无数的石峰、石柱、石笋、石芽或是孤立，或是丛生，如参天巨杉，如簇簇灌木，如婀娜杨柳，如古怪松柏。加之流水潺潺，地势起伏多变，石林中形成了集奇石、瀑布、湖泊、溶洞、峰丛和丘陵于一身而显得千姿百态的自然奇观。也正是因为这样它

从高处眺望，高耸的石林以挺拔之势矗立在森林中央，像是正在放哨的士兵

灰黑色的石柱直插云天，震撼天际

和吉林雾凇、长江三峡、桂林山水并列为中国四大自然奇观。

石头，总是给人一种冷峻、生硬、呆板的感觉，然而在昆明石林中完全不是这样，这里的石头仿佛有了灵性，有了生命，它们不仅“活了过来”，而且生机勃勃。有人说这里的石头会发芽，长成千万株树木，汇成广阔的森林；这里的石头会开花，开出的花色彩鲜艳，组成世上最美的花园。的确，当你看到石林时，你会觉得它是有生命的，那些怪石在夜深人静的时候一定也会像旁边的树木一样努力地生长。

走在石林之间，目光所到之处，全是鲜活的生命。手持长矛的卫兵、断了胳臂的维纳斯、枝头婉转鸣叫的杜鹃、水中自由游弋的鲨鱼、抚摸自己胡子的老人、怀抱爱子的母亲、昂首迈步的大象、迎风翱翔的雄鹰……

那些神奇的石头错落地站在那里，炫耀着大自然赋予的灵气，你会怀疑它们是否原本就是一个个鲜活的生命，不知道是谁将它们施了魔法，永远停留在这一刻。那一头头野象、一群群雄狮、一只只秃鹫仿佛随时都能醒来。那阳光下盛开的昙花、草地上突兀的白莲、树上结着的一串串牡丹，红英映日，绿萼蔽天，让人宛如梦中游荡。

可以说整个石林就是一座巨大的自然石景艺术宝库，只要你有想象力，在这里你什么都能找到。林内峰回路转，曲径通幽，移步易景，使人如入迷宫仙境，游者莫不流连忘返，赞不绝口。景区内还建有狮子亭、望峰亭、石台、石凳等供人小憩。少数民族的民族小吃、民族歌舞、民俗艺术品也都具有较高的欣赏价值和文化内涵，让人乐而忘返。

石林静静地俯瞰着它热爱着的土地，日夜守护着这片土地上的人们

不可不游

大石林

大石林景区仿佛一个石盆地，盆地里是密集的石峰。这些呈淡淡青灰色的石峰，个个都有顺畅的线条，挺拔直立，又突兀高耸，其中最高的石柱足足有 40 米。这些石峰因造型各异而被冠以不同的名称：莲花峰、剑峰池、凤凰梳翅……在众多的石峰中，石林胜境因龙云题词“石林”而最为著名，但要想欣赏最美丽的林海，还是建议到望峰亭。石峰迂回层叠，行走其中，处处都是独特的景致。

阿诗玛景区

阿诗玛景区又称为小石林，与大石林相邻。比起大石林的密集，小石林显得舒朗了许多。像屏风一样的石壁宽厚敦实，将小石林分割成若干部分，其中最著名的部分就是“阿诗玛”，小石林也因它而得名。白天看阿诗玛，如同一个带着少数民族包头的妙龄少女俏立在湖畔，翘首张望前方，满心期盼着心上人的出现，有些忧伤。夜里的阿诗玛又是另一番景象；在五彩斑斓的灯光映照下，阿诗玛少了几分忧伤，多了几分妩媚，极为动人。

李子园箐

在环林路以外的一座荒山野丘上，坐落着李子园箐。奇柱异石星罗棋布，因为没有树林的遮掩，所以石柱园林可以一目了然，只见这些石柱或聚或散，或立或伏，它们保持着自然的风貌，与大、小石林给人的感受是截然不同的。在环林路东南大约 300 米处，有一块画有古崖画的丛林石壁，上面的星月人兽等图像与广西左江崖画的图像极为相似，都有粗犷奔放的特点。据相关专家考证，二者均属于原始宗教内容，或许这是远古的彝族先人们留下的密码！

Tips

❶ 昆明昼夜温差很大。在春、冬两季，甚至可以达到 20℃，所以来石林旅游一定要记得“饱带干粮，热带衣裳”。
❷ 昆明白天的日照较强，最好带上防晒霜和太阳镜。还应该多喝水，多吃水果，防止脱水。
❸ 可以从距石林 6 千米的“石航”乘直升机鸟瞰石林景观，别有一番情趣。

关键词：古城、雅丹地貌

国别：中国

位置：新疆哈密市五堡乡以南

最佳旅游时间：7—10 月

五堡魔鬼城

西域第一魔鬼城

晚风吹来，幽森的魔鬼城中传来无数哭号，那些奇形怪状的土丘，在月色之中显得更加诡异，更加神秘了。它们仿佛是来自地狱的怪物，忽然间凝固于此处，给人们留下无尽的谜团。

斑驳破碎的土柱，在阳光下拉扯着长长的影子

亿万年的风蚀在新疆形成了众多雅丹地貌，也创造了多处魔鬼城特有的景观，最著名的有乌尔禾、柯尔克孜、奇台和哈密五堡等处。其中哈密五堡魔鬼城尤为奇特瑰丽，被誉为“西域第一魔鬼城”。

魔鬼城就位于哈密五堡乡以南 20 多千米处，汽车沿着公路飞驰，村庄和戈壁飞速远去。忽然车速变慢，驶入了一条早已

五堡魔鬼城，像个被施了魔法的城市，充满神秘感

干涸的古河道，不久就望到一片高丘矗立在沙漠峡谷之间。在夕阳中这些高高的土柱呈现出迷人的橘红色，如同金色宫殿损毁后留下的断壁残垣，又仿佛海市蜃楼，若隐若现，远远地就让人感到那里充满神奇。

站在魔鬼城前，禁不住向其中窥去，其间各种形状的土丘、土柱森森林立，在夕阳下抛出长长的影子，越向内越显得幽暗神秘。晚风吹过，其中传来“鬼声”阵阵——或如弃妇轻轻啜泣，哀伤中饱含幽怨；或如死士悲鸣，苍凉里透出绝望；或如羁客哀叹，无奈中夹杂着深深的乡愁；有时似万马奔腾，军旗猎猎；有时似山泉汩汩，让人想到古战场流淌的鲜血，不觉毛发竖起，胸中生寒……

魔鬼城里再也见不到一丝绿色，偶尔几从干黄的骆驼刺或红柳都带着说不出的冷寂和苍凉。橘红色的土包起伏，当地人曾传说这是地狱中泛着波浪的血海，观者皆不寒而栗。干涸的泥地面卷起千万朵泥鳞，似乎在告诉人们，这儿曾经也满是清澈的湖水，也曾有过生机勃勃的时刻。

被风蚀得斑驳破碎的土柱，星罗棋布地分布在浩瀚的黄沙之上。置身其中，仿佛到了一个巨大的迷宫，看着阴森森的土丘影子，真怕忽然从哪里冒出个牛头人身的怪物。这里的泥像鬼斧神工，十分逼真，仿佛大自然正在创造着一个新的世界。最引人注目的是那形如巨龟的土丘，它昂着头，仿佛在向上天倾诉、乞求。传说，千万年前此地曾有一片碧波荡漾的大海，忽然一只神龟来到海中，它吸光了海水，将这片碧波变为茫茫黄沙，无数动物饥渴而死，人们背井离乡，场面惨不忍睹。王母娘娘在天宫中听到了人间的呼号，勃然大怒，将这只危害人间的巨龟变为一座巨大的土丘。如今，在沙漠中羁押

从远处看，魔鬼城如同一座被石化的城堡

了千万年的神龟，仿佛每日都在向空中祈祷，希望得到救赎。在一片延绵如城墙的土丘豁口处，两根土柱默默静立。传说此处曾有一座繁华的城市，由于城中居民骄奢淫逸触犯上苍，遂化为现在的魔鬼城，而这两根土柱就是曾经守卫在城市门口的将士。其他如“狮身人面像”“蘑菇林”“塔林”“神女峰”等各处景色都十分瑰奇，都有着不同的神奇传说。

夜幕降临，一川月色，魔鬼城更透出森森“鬼气”，让人觉得那些传说中被石化的神兽和鬼怪随时都会醒来。也许大漠深处真的存在一个在月光中才会苏醒的古代城市……

不可不游

五堡墓群

墓区于 1978 年被发现，经 3 次发掘共清理墓葬 113 座。五堡古墓群不仅在青铜时代的文化研究方面有着重要意义，同时在研究新疆民族起源和发展上，也起着不可替代的作用。

艾斯克霞尔古堡

坐南朝北的古城堡，坐落在距离地面 5 米高处，下面基石为雅丹地貌，远远望去，城堡和雅丹融为一体，无法区分，而城堡背后则是陡壁土岩丘。城堡里的砾石地面上撒满大量陶片，城堡外的周围有古墓葬及干尸，由此可以推测出，自青铜时代至汉、唐、明、清几个朝代，一直有人类在此居住。而置有瞭望台的两个城堡具有防御功能，在清朝时期，这里曾经被维修加固过。

拉甫乔克古城

拉甫乔克由南北两座城组成，地势极为壮阔。北城有角楼和马面，墙体由泥土夯筑的下部和土坯垒砌的上部共同筑成，与普通民居建筑方法一致。南城的构建比较奇特，为双层墙体，夯筑的外墙和土砌的内墙让南城成为一座牢不可破的坚固之城。后人一直在猜测南城为什么会采用如此修建之法，最后一致认为是不同时期的居住者用各自的方法多次营建，从而形成如此奇特的现象。在拉甫乔克古城内外，出土大量的刻纹罐、瓮、红灰色陶土器等古物。

Tips

❶ 若想尽情观赏城中景色，最好带足食物、饮水、帐篷等在其中露营，魔鬼城最瑰丽的时候就是傍晚、深夜、黎明。

❷ 魔鬼城中早晚温差较大，露营注意预防感冒，即使在盛夏也最好带齐毛衣等保暖衣物。

关键词：风城、鬼怪
国别：中国
位置：新疆准噶尔盆地佳木河下游
最佳旅游时间：8—10月

乌尔禾魔鬼城

地狱之音

每当夜幕降临，魔鬼城中那些诡怪的土丘就仿佛伴着月光醒来，森森鬼影，阵阵鬼号，如临刑前的哀吼，如含冤的悲泣，夹杂着说不出的怨恨和不甘，让人心惊胆战。

夕阳下，魔鬼城千姿百态，绚丽多彩，形成了一个梦幻般的迷宫世界

来到乌尔禾魔鬼城的人无不为它的壮观、雄伟而震撼，无不对大自然的鬼斧神工而钦佩不已。到处都是奇形怪状的土丘，高的有十几米，穿空而立；低的只有一两米，远望如连绵坟包，让人心底生寒。若是到了夜晚，大风吹过，魔鬼城深处呜呜作响，如鬼哭狼嚎，听者无不战战兢兢，冷汗浃背。

传说，此处曾有一座城市，城市里物产丰富，山清水秀。这里的男人英俊健壮，女

举目眺望乌尔禾魔鬼城，俨然一座城堡巍然屹立于戈壁苍茫大漠之中

人美丽善良，过着衣食无忧的生活。然而随着财富的集聚，安逸的生活摧毁了他们的信仰。这里的人不再信奉神灵，神殿被荒弃，寺庙被拆毁，到处都是红楼绿馆，到处都是管奏箫鸣。邪恶在人心中滋生，富人越来越贪婪，变得为富不仁；穷人越来越贫穷，变得凶残无耻。人们心中只剩下钱财和权力，尔虞我诈，钩心斗角。天神为了拯救他们，变成一个旅人到城中传播教义，可是城里的人对他只有嘲笑和讥讽，更有人想谋财害命。天神大怒之下，现出原形，将这座城市变成了黄土废墟，城中的所有人都被埋在废墟之下。每到夜晚，他们的亡魂就在城堡内哀号，希望上天能听到他们的忏悔，再给他们一次机会。

走进魔鬼城中，脚下干涸的土地裂开深深的缝隙，路旁的土丘之上，被风吹蚀得斑驳破碎，寸草不生，看不到一丝绿色。除了隐隐传来的“哭号”，几乎听不到任何生命的声音。那些山丘被巨风吹成各种形状，有的像高耸入云的佛塔，有的像巍峨的天坛，有的像伸鼻嘶鸣的大象，有的像一弯立在地上的月牙，有的如神龟启首，有的如苍鹰扑兔……这些诡异的景观吸引了无数摄影家和画家前来取景，著名电影《卧虎藏龙》就曾在此进行拍摄。

因为地处风口，乌尔禾魔鬼城中一年四季狂风不断，最大风力可达 12 级。正是这样的强风造就了魔鬼城多姿多彩的外貌，让这里的土丘变得千奇百怪，让这里经常涌起群鬼的啼号。从远处看，整个魔鬼城如同巨大的城堡群，大大小小的城堡星罗棋布，参差错落。那些古堡上危台高耸，垛堞分明，亭台楼榭点缀其中，风雨斑蚀的痕迹，如同精工巧匠细心雕刻的图画，演绎着各种离奇古怪的故事，令人浮想联翩。在起伏的山坡上，血红、湛蓝、洁白、橙黄的各色石子，宛如魔女遗珠，更增添了魔鬼城的神秘色彩。

砂岩形体，在大自然的鬼斧神工下密集而又错落有致，雄伟壮观

若遇月色萧索的夜晚，整个魔鬼城鬼影森森，鬼吼阵阵，仿佛无数冤鬼在地狱中咆哮不休。空中云朵飘过，城中时暗时明，再大胆的人也忍不住两腿发颤，无不想掉头逃走。

魔鬼城西侧数条山岭黝黑油亮，人们说是地狱中的黑水河变化而成，其实，这是我国少有的天然沥青矿，已经被勘探开发。不远处还有高高的油井刺向天空，这些和萧瑟的乌尔禾魔鬼城形成鲜明的对比，变成了魔鬼城旁一条新的风景线。

不可不游

白杨河大峡谷

白杨河大峡谷位于克拉玛依市乌尔禾区，这里河流迂曲，沿谷地蜿蜒，仿佛轻带飘扬，给大峡谷增添了几分灵气和秀气。河谷两岸岩壁多为浅红色泥岩、砂岩，远远望去，颇为绚丽。河岸上多生胡杨，胡杨林中草类繁茂。

大峡谷内景色优美，夏季气温明显低于周围地区，是休闲、避暑的好去处。

独山子泥火山

独山子泥火山位于独山子北部的一座山峰上，山上主要喷出口有两个，相距百米左右，较大的一个直径约 0.6 米，喷口内尽是黏稠的泥浆，泥浆为灰绿色，带油性气味。泥浆一面不断地向外翻泥泡，一面在西南口外溢，在地表形成锥形泥丘。

新疆第一浮雕墙

新疆第一浮雕墙位于克拉玛依文化街上，此处浮雕墙长 200 余米，雕刻了上百个人物，最大的一尊头像高 3 米多，十分壮观。这些浮雕反映了克拉玛依的人文历史和石油工业的发展，具有极高的艺术价值。

Tips

❶ 景区大门外有一个餐厅，也出售纪念品，不过无论用餐或购物都很贵，可以前往乌尔禾区或者克拉玛依市区用餐。

❷ 克拉玛依附近日照强烈，且风沙较大，最好准备墨镜、头巾、遮阳帽等防晒防尘装备。

❸ 在魔鬼城景区外也能看到里面的雅丹地貌，如果赶时间或者想远拍，也可以不进景区而只在外部拍摄。

关键词：深邃、独特
国别：无
位置：马里亚纳群岛附近的太平洋底
最佳旅游时间：全年

马里亚纳海沟

地球最深的地方

如果把世界最高的珠穆朗玛峰放在沟底，顶峰将不会看见天日。

潜水者探秘沟底世界

我们知道在世界最高点的珠穆朗玛峰上有关于雪人的传说，那么在地球的最低点又会有怎样的故事呢？是不是会有美人鱼的存在？目前还没有任何迹象表明海底有生命存在，甚至很长时间以来人们都认为大洋深处是一个平坦、无生命、多泥泞的土地。随着探险队的深入探险，大洋底的很多情况也越来越清楚了。其实海洋底部是不平的，而且有各种生物活动。

深海的环境非常特殊，在沉静、黑暗、寒冷与高压的环境下，是没有植物生存的，而只生活着一些特殊的动物。它们的身体有着奇特的结构，海水可以渗透到细胞中去，使体内的压力与周围水的压力平衡。为了能得到少得可怜的食物，深海里的动物都长有特殊器官，比如有的鱼类长着望远镜一样的眼睛，能够利用深海中微弱的光线搜捕食物。

人们熟知的乌贼、鱼类、虾、章鱼，以及大型海兽类如抹香鲸等，生活在千米深的海水中；大嘴琵琶鱼成群地生活在 2000 ~ 3000 米的深水里；后来，人们又在 8000 米以下的水层里发现了新物种。但在马里亚纳

神秘的海底世界原来是五彩斑斓的

海沟最深处，则几乎不会看到动物的存在。

这片海底终年不见天日，看似风平浪静，却处处充斥着血腥与杀戮，因为 10 米长以上的霸王章就生活在这里。科学家一直都在寻找它，但迄今为止，还没有人见过它们的真实模样。科学家凭着抹香鲸肚子里面的一颗巨型章鱼牙齿断定霸王章是存在的。因为霸王章的大敌是抹香鲸，而那颗牙齿直径有 20 厘米，这就意味着这条章鱼是传说中的霸王章，它们生活在这片深海里，并与抹香鲸彼此厮杀。

鱼类在海底自在地遨游

遨游的鱼群如旋转的花朵，鲜艳美丽

马里亚纳海沟的奥秘还有很多，等着我们去探索、去发现。

不可不游

塞班岛

塞班岛是马里亚纳群岛的主要岛屿，北马里亚纳群岛气候舒适宜人，全年阳光充沛，空气清新。年平均温度在27℃左右，是旅游度假的天堂。塞班岛的海滩从西一直延伸到南，东部海岸多石且凹凸不平，北部海岸则是陡峭的悬崖。你可以从容地在岛上进行全天的丛林探险。整个岛上处处都有第二次世界大战时期留下的残迹和记忆，可以参观军舰岛、万岁崖等。除了潜水，喜欢浪漫的游客可以尝试塞班岛著名的夕阳晚宴。

Tips

1. 最好带上墨镜、防晒油、帽子等防晒物品。
2. 酒店内不提供牙刷、牙膏、毛巾、拖鞋等用品。
3. 建议准备旅游鞋、运动鞋以及拖鞋，以便观光和玩水时使用。

关键词：盲鱼、钟乳
国别：美国
位置：肯塔基州中部
最佳旅游时间：全年

猛犸洞穴

万洞之地

置身山中，呼吸着新鲜的空气，鸟儿在欢快地歌唱，鲜花五彩缤纷，人们精神焕发乘坐游艇观赏两岸美景，实在是美哉。

精致的洞穴构造，让人难以忘怀的美景将永远萦绕在脑海中

猛犸洞穴又称猛犸洞穴国家公园。位于美国肯塔基州中部，是世界上最大的由石灰石构成的天然洞穴群和地下长廊，被誉为西半球奇观。它为多种植物和动物，尤其是濒临灭绝的物种提供了良好的生活环境。

猛犸是一种长毛的大象，如今已绝种。但是猛犸洞穴与猛犸没有什么关系，只是

璀璨的灯光，让形态各异的石柱石笋更加光彩夺目

借用此名来形容洞穴很大，早已脱离了猛犸的原意。猛犸洞穴国家公园是世界自然遗产之一。

1亿年前，地下和地表的水源与石灰岩发生反应，创造出了一个巨大的地下洞穴——猛犸洞穴。猛犸洞穴由众多通道和洞穴构成，是目前世界上最庞大的洞穴群，它如一个巨大的迷宫，因此又被称作“万洞之地”。目前已经探明的通道长度近600千米，还有许多通道尚未勘探。这些通道当初是水流，而今水位下降，便形成了通道。这些通道或狭窄，或垂直，或水平，它们串联各大洞穴，构成一个奇特的洞穴群。最底下的通道仍然起着排水的作用，而且在水流的侵蚀下逐渐扩大。

洞穴全长300多千米，分布在高度不同的5个地层。因地理位置不同，洞穴又分为山洞、岩洞、廊道、水道等几个部分，但无论在哪一个部分，都随处可见石膏、石笋和石钟乳，它们形状各异，变幻莫测，让人仿佛置身在一个虚幻的世界里。而水源则为8条瀑布、3条河流和多个湖泊，还有一条又深又宽的回音河与一条地下暗河，正是如此丰富的水源，才造就了如此庞大的洞穴体系。

猛犸洞穴里的动物资源也很丰富，目前已知的有以肯塔基洞鱼和印第安纳蝙蝠为首的动物200多种。其中有1/3的动物仅靠河水生存，过着与世隔绝的生活。肯塔基洞鱼是一种盲眼淡水鱼，属于奇特的珍稀物种，它们的存在，证明了动物在绝对黑暗和封闭环境中是可以适应和生存的。洞穴里还有许多其他珍稀动物，亿万年来，它们一直安然地生活在这个洞穴环境里，但自从地球水源被污染后，随着污染水流进洞穴，这些生物

旋转的阶梯会带你一步步走近奇妙的地下世界

的生存受到了威胁，有的甚至遭遇灭顶之灾。

自从猛犸洞穴被发现，人类对自然界的传统认知便再次受到挑战。在这个洞穴奇迹中，还有许多未解之谜等待人类去探索和发现。不过，人们对洞穴并非一无所知，早在1917年，洞穴探险家柯林斯发现了不少于15个洞穴的洞穴群——弗洛伊德·柯林斯水晶洞，这些洞穴与水晶洞的情形差不多。

除了圣诞节之外，洞穴旅游全年对外开放。洞穴内的温度在10.5℃左右，因此人们更多选择夏天去洞穴探险，假日也是洞穴旅游高峰期，所以夏天、假日旅游一定要记得提前订票。无论冬夏，都要记得多带一件衣服。

不可不游

克尔维特国家博物馆

克尔维特国家博物馆位于肯塔基州的西南部，距离猛犸洞国家公园约半个小时的车程。该博物馆开放于1994年9月，展示的是雪佛兰科尔维特这一系列超级跑车从1953年诞生到现在的所有车型。如果你也是这一车系的车迷，一定要到这来参观，这里会定期举办活动，你会看到让你瞠目结舌的车型，也会了解这款车的发展历史。这附近还有克尔维特汽车生产总厂，也可以去参观。

Tips

1. 游客进入比较复杂而又容易受到伤害的洞穴，必须采取安全保护措施，如戴安全帽等。
2. 猛犸洞穴只对游客开放其中的16千米，远处情况未知，禁止游客进入。

关键词：岩溶、《西游记》
国别：中国
位置：湖南省冷水江市郊同兴乡白杨村
最佳旅游时间：夏季

波月洞

经典重现

这神秘之境，有着白骨精的卧榻，美猴王的水帘洞，可谓经典重现。

走近来看，石柱高耸，形态各异，令人惊叹

波月洞是湖南著名景区之一，也是一座世界岩溶博物馆。洞内岩溶密布，钟乳丛生，石笋兀立，石柱如林，石幔之幕，悬吊垂挂，组成了姿态万千的奇妙景观。再加上洞中有洞、厅中有厅，可谓步步皆景。

波月洞的主要景点有迎客厅、观音堂、银河飞瀑、翠屏金塔、水帘洞、葡萄园、榕树厅、迷宫等。其中迎客厅中夏天有清爽凉气袭来，立时透彻肌肤，沁人肺腑；冬季暖流融融，恰似春风扑面，满身寒气荡然无存。观音堂内浅浅水池中灯影摇曳，如条条彩带撒落水面，晃晃荡荡似在天界银河，犹如观音合掌的石柱坐落其中。银河飞瀑是一大片由石灰岩流蚀形成的大型石幔，其形状像一条凝固了千万年的飞瀑，那磅礴壮观，一泻千里的气势恰如唐代著名诗人李白笔下的“飞流直下三千尺，疑是银河落九天”。翠屏金塔是一根圆锥形的石笋，细看犹如一座金色宝塔。水帘洞中高高的石柱、石幔、石帘构成了雄伟的水帘洞洞口，右边壁上挂着一块刻有“花果山福地，水帘洞洞天”的石

洞内钟乳丛生，姿态万千，满目珠玑，美不胜收

碑，这是当时拍摄电视剧《西游记》时留下来的道具。葡萄园位于水帘洞前面，因石壁上满是紫色的“葡萄”而得名。榕树厅内有两根粗壮的石柱直顶天棚，天棚上挂满了密密麻麻的石钟乳。迷宫是波月洞中一个集天下岩溶景观之大成的洞厅，里面的道路蜿蜒曲折，四通八达，人进入其中后，往往分不清东南西北，甚至迷失方向，其大厅中央设有拍摄电视剧《西游记》时留下的猴王宝座和标有“齐天大圣”字样的大旗。鹅管群是波月洞的第二绝景，鹅管是钟乳石的一个品种，它是由洁白的岩溶经水渗透凝结形成的管状体，就像鹅毛管一样。

走近波月洞口，一连串或壮观或精致或奇妙或有趣的景点，如珠成串，一气呵成，令人叹为观止，流连忘返。走进波月洞内，你会发现这里雾漫风摇，石笋如林，营造出一种洞天福地般的景致，让人倍感舒适。

你是否也沉迷于这部 20 世纪 80 年代的经典——《西游记》？大圣的水帘洞就在人间，何不一睹为快！

不可不游

翠屏金塔

由 4 根石笋组成的翠屏金塔是波月洞里的钟乳石精品。石柱 2 ~ 4 米高，一根独立的圆锥形石笋呈金黄色，由上至下层层叠叠，仿佛金光灿灿的宝塔；绿色灯光打在另外 3 个石柱上，将它们映衬成绿色的孔雀羽翼，而它们又是并列成行，酷似孔雀开屏。因此给这 4 根石柱取名为“翠屏金塔”。在“翠屏金塔”下方，还有一个传奇的景观，那就是电视剧《西游记》里白骨精的卧榻。从远处看，它是一张精致的雕花牙床，走近细看，就会发现其实只是一块面积为 8 平方米、高 1.2 米的巨石。

水帘洞

翠屏金塔后方有一个高 8 米，宽 3 米的洞穴，这就是“水帘洞”，电视剧《西游记》里的美猴王跃入水帘洞的镜头便是在这里拍摄的。时至今日，这里仍然保留着那块刻有“花果山福地，水帘洞洞天”字样的巨大石碑。洞穴的入口上方刻有“水帘洞”3 个大字，大字上方有一个瀑布，千百年来，这里一直水帘飞泻，气势颇为恢宏。

Tips

1. 游览时注意安全，请勿私自下水，避免造成危险。
2. 在锑都中路青云大厦乘坐“市政府—波月洞”旅游专线可直达景区，票价 1 元 / 人。
3. 在波月洞前有别具情调的露天烧烤场，可以尝到新鲜水嫩的本地鸡鸭等。

关键词：溶洞、钟乳石
国别：斯洛文尼亚
位置：波斯托伊那市
最佳旅游时间：全年

波斯托伊那溶洞

灵动的钟乳石

洞内胜景甚多，蔚为奇观，洞内套洞，有隧道相连，山洞长廊异常雄伟，音乐厅景色极为优美。

根根石笋倒挂洞中，蔚为壮观

曾经一位老人说过这样的一句话：如果现在的你只知道上班、睡觉、吃饭、玩小游戏，过着老年人的生活，那么你还需要年轻干什么？年轻需要多出去走走，让我们的眼睛见识一下这神秘的世界。

开阔人视野的最好方法就是旅游，旅游能够洗涤人的心灵，经常出去走走，看一看风景，开阔一下胸怀，清除蒙蔽心灵的尘埃，让自己置身于大自然之中，获得身心愉快的享受。去欣赏距斯洛文尼亚首都西南 54 千

洞内那不可思议的美景，犹如迪士尼童话中埋藏在地下的世界

米的波斯托伊那市的波斯托伊那溶洞就是一个不错的选择。这是一座拥有欧洲“第二大溶洞”称号的溶洞，全长27千米，深115米，海拔562米，是由比弗卡河的潜流对石灰岩地层长期溶蚀而成。

金色的阳光洒落在斯洛文尼亚的亚德里亚海岸，地中海卡斯特地区风景如画，成片的橄榄园、葡萄园、樱桃园、桃树林，让人目不暇接，神魂颠倒。你会深深地爱上这个有阳光的地方，然而在阳光之下，那大自然鬼斧神工的洞穴更叫人如痴如醉。

在中欧国家众多的钟乳石岩洞里，最大而又最具有特色的是波斯托伊那溶洞。溶洞内的石钟乳、石笋和石柱都已有几百万年的历史。洞里的地形极为复杂，有小桥流水，也有高堂大厅，其中最大的厅堂45米高，每年夏季，当地政府都会在这里举办音乐会。

听音乐会的不只是人类，还有一种娃娃鱼，学名为蝾螈，与人类一样有着百年的寿命，而且体形纤巧优美，有四肢，无鳞，因此斯洛文尼亚人称它为“人鱼”。

别看溶洞处处都是奇特的胜景，却也暗藏无数陷阱，比如洞中洞，洞中暗河。因此进到洞里，一定要遵守规则，按照划定的隧道走，切记不要贪图惊险而跌入大自然的陷阱中去。隧道宛如一条长廊，沿途风景十分瑰丽。沿着长廊前行，可以到达音乐厅、水晶厅、辉煌厅和帷幔厅4个岩洞大厅，其中，

这些钟乳石和石笋千姿百态，颜色各异，各自展示着自己的魅力

面积约有 3000 平方米的音乐厅的风景最为奇妙。这里不但面积大，而且石笋和石钟乳更加千变万化，它们或如圣诞老人，或如下山的雄狮，或如展翅的大鸟，或如晶莹的宝石花，在灯光的照耀下五光十色，十分梦幻。

美丽的岩石，在灯光的照射下，产生一个个优美的富有想象力的影子。似乎每一个影子都有一段美丽的故事。

当从洞中出来的时候，我们仿佛依旧沉浸在美景当中。眼望着洞口，仿佛经历了一个不想醒来的美梦……

不可不游

音乐厅

音乐厅是波斯托伊那溶洞的一个岩洞，因为其隔音效果好，常常举行音乐会。洞内色调以白色为主，是波斯托伊那溶洞 4 个岩洞中最出名的一个。

比弗卡地下河

比弗卡地下河忽隐忽现，流经波斯托伊那溶洞，时而清澈宁静，时而急流奔泻。一座桥横跨河上，因其是 1919 年第一次世界大战期间奥匈帝国俘虏的俄国兵修筑的，故名“俄国桥”。桥下是几十米深的山洞，看上去黑洞洞的有些阴森可怕。该桥还将波斯托伊那溶洞分为老洞区和新洞区两部分。

Tips

❶ 携带的医疗药品不是越多越好，尽量不要超过自身需求。

❷ 斯洛文尼亚的电压为 220V，双孔圆形插座，请提前购买转换插头。

关键词：溶洞之最、洞中石林
国别：中国
地理位置：云南省宜良县境内
最佳旅游时间：全年

九乡溶洞

地下天堂

“九乡溶洞九十九，数完溶洞白了头。”

滇云地区喀斯特地貌分布广泛，地下溶洞比比皆是。宜良九乡被誉为“溶洞之乡”，这里现已探明的溶洞有大小上百座，为国内规模最大、数量最多的洞穴群落体系之一。瑰奇诡怪的地下溶洞奇景与闻名遐迩的地上石林景区构成了“地上看石林，地下游九乡”的九乡喀斯特地貌奇观。

1984 年，一个关于九乡的新闻震惊了全世界：地质学家和园林专家在九乡考察时发现，这里的地下隐藏着巨大的溶洞群，溶洞群之大堪称世界溶洞群之最。消息传出后，九乡和宜良很快便成为旅游胜地，从此名扬天下。九乡溶洞不只是世界地质界的荣贵宠儿，也是全世界探险家心目中的圣地。从洞口进去，穿过一段狭窄的地下通道，便到达一个溶洞，而连接其他溶洞的是一段又一段的通道。这些通道在地表处供人行走，在地下水处供地下河流穿行。正是这些水流开凿出一个又一个漂亮的溶洞。

和每一个地下溶洞一样，九乡溶洞群里也有许多石钟乳，它们千奇百怪，色彩各异，十分梦幻。而大大小小的石笋和如画屏一般美丽的岩壁又构成一个个迷宫，行走其间，各种奇异景观总是让人瞠目。

洞内灯光绚烂，为钟乳石披上彩色的外衣，给人无尽想象

九乡溶洞在世界上都属少见，这是因为九乡地表河流纵横，峰峦叠嶂，与地下的溶洞形成类型齐全却又风格各异的地质奇观，而一般的溶洞群里，景致大同小异，唯有九乡溶洞各有特色。在这些溶洞群里，洞内峡谷惊魂峡最为惊险，站在远处观看，可见它由河床不断下切而成。上下落差有近百米，上面是惊险的悬崖，下面是湍急的深渊，不

倒挂的钟乳，挺拔的石笋，一个个体态丰满，玲珑剔透，让人浮想联翩

湍急的河流夹杂着钟乳石的颜色，从洞内穿越而出

小心要跌入其中，便会丧命，因此得名惊魂峡，但也是这份惊险让探险家们沉醉其中。除了惊魂峡，还有清幽的荫翠峡，荫翠峡头顶一线天，两岸古树青藤悬挂在峭壁上，古朴美妙。当地人把如此美妙的地方选为青年男女约会传情的场所，经常会有嘹亮清脆的歌声从一线天里传出来，在九乡的上空飘荡。

除此之外，卧龙洞和蝙蝠洞也很有特色。卧龙洞里有两条飞流直下的瀑布，高约 30 米，干旱季节为两条瀑布，水质清澈明亮，洪水季节两条瀑布便合二为一，夹裹着泥沙轰然而下，那磅礴的气势犹如一条黄龙，十分震撼。蝙蝠洞里曾经有成千上万只蝙蝠在石笋中生活。只是现在蝙蝠都不知踪影，只留下瑰丽的石笋，默默地屹立在洞里。

多层洞穴相套，层级递升，加上地下水流的冲击，常年积累形成石坝群。这些石坝群错落有致、规模宏大、线条流畅，状似梯田，被称为“神田”。神田造型齐全，有大有小，大的气势磅礴、小的优雅可爱，远远望去恰似农夫耕种的田地，鳞次栉比。神田中水面碧波荡漾、波光闪闪。

溶洞的暗河里还生长着一种极为珍稀的鱼类——盲鱼金线鲃，它们存活年代久远，十分罕见。在岸边还可以见到九乡奇石，这些石头上面都带有像数字一样的花纹，非常神奇。

九乡神田，国内罕见的大规模洞穴边石坝群，其造型优美，错落有致

不可不游

雄狮厅

因在大厅前方，一块巨石神似威武的雄狮，非常逼真，因而得名雄狮厅。大厅有 15000 平方米，是世界上最大的地下广场大厅。更为奇特的是它的洞顶由一块完整的板块构成，可谓天衣无缝。这里曾举行过两万人的音乐会，其空间之大可以想象。

雌雄瀑布

很远就能看到氤氲的水汽，听到隆隆的水声，这便是九乡著名的绝境——雌雄瀑布。两条白色的瀑布从 30 多米的悬崖骤然落下，一高一矮，一胖一瘦，雌雄难辨。

“冰花玉屑围瀑起，白雾银珠随流生。”仰观瀑布，只见水花飞溅，潮湿的水汽扑面而来，沁人心脾；水流飞泻而下，又交汇为一股，气势之大给人一种排山倒海的感觉，震人心魄。如此绝佳的美景在地下出现，让人不由得赞叹大自然的鬼斧神工。两条瀑布，一高一低，远观就如同一个“人”字，展示了九乡山水之壮美，是无法遗忘的风景。

雌雄瀑布从峭壁上跌落而下，排山倒海，气势雄浑

Tips

1. 溶洞内湿气较重、多青苔，要注意防滑，有的地方地势较低，谨防碰头。
2. 多带长袖衣服，注意保暖。
3. 游览九乡溶洞群最宜乘船，顺流直下，一切美景将尽收眼底。

关键词：溶洞、水杉王
国别：中国
位置：湖北省利川市郊区
最佳旅游时间：4、5月

腾龙洞

卧龙吞江孕奇景

一汪清江之水奔流进入落水洞，继而转为暗河。穿过水洞，你会发现一个巨大的洞穴，洞内怪石嶙峋，钟乳丛生。千奇百怪的形象吸引着你的到来。

洞内空间开阔，好似一座宫殿

倘若你要问世界上有没有集山、水、林、洞于一体的溶洞，我告诉你，有。那么同时有着奇幽雄险等特色的溶洞呢？我还是肯定告诉你，有。有一个溶洞将这两种特点集于一身，它就是世界的第一大溶洞：腾龙洞。腾龙洞洞里洞外两重天，洞外山清水秀，洞里水流如雷，循着声音找去，便会看到气势磅礴的卧龙吞江瀑布。这是腾龙洞的雄壮。腾龙洞的奇幽在于它特别干净，没有任何毒气，更没有蛇蝎等可怕虫类，这一点是与其他溶洞完全不同的。

腾龙洞分旱洞和水洞，旱洞也称为腾龙洞，而水洞则因为清江水从洞口汹涌而入，直流而下，所以名为落水洞。进入落水洞的路，是人工开凿出来的，因为路途险峻，所以进入落水洞一定要注意安全。那落水洞犹如一条张着大嘴的巨龙，仿佛要将清江水全部吞噬到自己的腹中才善罢甘休一样。

一汪清江水在洞内左突右进，在乱石中穿行。洞内险滩、平湖密布，还有各种各样的神奇生物化石和五彩斑斓的岩溶。清江在这里成为暗河，暗河冲击着落水洞。洞内的湖泊湖面开阔，洞顶空旷，上面还有 18 个天窗，光线透进来，给人一种奇异的感觉。

从落水洞出来，进入腾龙洞。在腾龙洞口，不得不感叹它的雄伟气势。洞口足有 20 层楼房那么高，其宽度可以让 15 辆卡车并排通过。来不及仔细观察，便迫不及待进入洞内，先睹为快。

刚入洞中，一股清风迎面吹来，令人倍感舒爽。仰望洞内巨大的空间，会感觉自己很渺小。洞内悬着的钟乳石，姿态万千，无不使人联想到神魔妖怪之类。走进洞内第一站，是土家族的节目表演，主要是展现当地民族土家族的风俗文化。其阵容之华美，艺术之精湛，都令人赏心悦目，叹为观止。

第二站是激光表演。在这里，利用光声效果，在幽暗的环境下营造出一种特别的气氛。激光表演开始，刹那间，天崩地裂，神龙出海，在天地间遨游。如此震撼的效果，让人不觉深入其中。直到表演结束，耳旁仍有余音，眼前仍有游龙。

从腾龙洞出来，恍如隔世。在洞内的所见所闻，无不令人感到身在天堂或者仙境。只有走出洞，才知身在人间。

找个时间去腾龙洞看看，看看这个世界上容积最大的洞穴，看看洞穴内的自然景观，欣赏一下洞内的人文景观。当人与自然和谐共处的时候，就是它最美丽的时候。

不可不游

鱼木寨

鱼木寨坐落在崇山峻岭之间，四面都是陡直如刀削一般的悬崖，只有一条古栈道蜿蜒盘旋于悬崖上，因为地势险峻偏僻，所以鱼木寨得以保存完整，成为迄今国内最完好的土家山寨。位于鱼木寨的鸡头沟里，有一座气势磅礴的瀑布，从近百米的高处飞流而下，飞珠溅玉，在阳光下很是梦幻。在这个美丽的地方，生活着一群土家人，他们热情地欢迎客人的到来。

大水井

又称李氏庄园。沿着青石板，拾级而上，映入眼帘的是一块匾额，题曰：“青莲美荫”。李白，号青莲居士。李氏庄园的主人则称自己是李白的后裔，以此彰显自己身份的高贵。整个庄园，充满文化内涵，气度不凡，极尽创意。

水杉王

在利川市的谋道镇，有一棵巨大的水杉。此树高大挺拔，而又龙骨虬枝，还充满了古老沧桑之感。此树树龄超过 600 年，是世界上树龄最大和胸径最粗的水杉树。面对这棵水杉树，心中空明如泉，不觉双手合十，为家人、朋友祈福。

卧龙吞江瀑布落差 20 余米，吼声如雷，气势磅礴

Tips

1. 入洞后要注意安全，不要看见洞就进入，以免迷路。
2. 可乘坐电瓶车往返，请注意保管好车票。若选择走路，需较长时间，注意防滑。
3. 此地有白杨豆干，福宝山莼菜等天然绿色食品，可以品尝。

第四章

神秘莫测的古城传说

它们的辉煌已然不在，

它们的消逝就是一个个谜团。

所幸城还在，

山水还在，

也许谜团的答案还在，

留下来的只是在诉说

昔日的故事。

左图：佩特拉古城，这座饱受了几千年沧桑的古城，把历史都写在城墙上

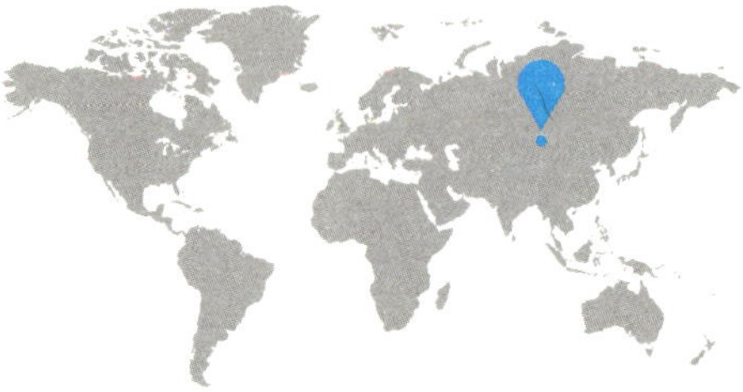

关键词：大漠、古城、断壁残垣
国别：中国
位置：新疆维吾尔自治区东部
最佳旅游时间：全年

高昌故城

大漠掩埋的辉煌

夕阳之下，古城的断壁残垣投射出长长的阴影，风吹过，阴影中传来“呜呜”的低吟，不知是谁在那里诉说着高昌古城的往事。

驴子是这里的交通工具

如果把文明遗迹比喻成一支曲子，那么建筑就是凝固的音符。浩然一座高昌故城，则恰如时光遗落在苍茫西域的一曲古调。尽管昔日的磅礴已演变成清越的缥缈，仔细聆听，那声音依然扣人心弦。

从现在残存的遗迹上还能看到曾经的高昌故城规模之宏大。这里城郭高耸，街衙纵横，护城河道的残迹犹存，城垣保存基本完好，分为内城、外城和宫城。站在高昌遗址上，迎着烈烈的热风，看着高高的土墙，想象着那些巍峨的古代建筑，似乎能感受到建城时热火朝天的场景。

矗立在荒地上的土塔，昭示着曾经的繁华

自汉唐以来，高昌就是连接中原、中亚、欧洲的枢纽，它既是经贸活动的集散地，又是世界宗教文化的荟萃地。汉文化对高昌古国产生了深远的影响。从发掘出的文物中，我们可以看到汉文化已经深深地融入高昌文明之中。此外，古代官私文书、丝、麻、棉、刺绣、毛织品、绢画、壁画，各类彩色泥塑、陶器、木器、漆器、铁器、石器、钱币等，无不显示出高昌文明的辉煌，高昌经济的繁盛……

和其他建立起来又遭受毁灭的城市一样，高昌故城也湮没在历史的尘埃中。时光流转，永不停息，千年一瞬，高昌故城再次出现在人们的视野中：在孤凉的楼台上似乎还能想象到王家游宴之盛，在模糊的壁画佛影中似乎还能听到梵音鼓鸣，在残损的高城厚壁前似乎还有千军万马奔腾，在蒙尘的里巷民宅中似乎还有百姓的喧嚷回荡……

一位考古学家曾经说，昔日的高昌故城，就是盛唐时长安城在西域的翻版。也许，了解了高昌故城，也就能了解到盛唐时长安的景象。在茫茫的大漠中，一座古城在风沙中哀鸣，似乎在鸣唱昔日的辉煌，又似乎在悲悼今日的没落。也许，它本不愿意曝晒在烈日之下；也许，黄沙之下才是它最好的归处。夕阳西下，在沙漠上留下一片灿烂的金黄。伴随着落日，大漠的风掠过沙丘，掠过古城的断壁残垣，仿佛凄婉、悠扬的埙声。苍凉的音调，在高昌故城的建筑遗迹中徘徊，和岁月一起奏响了一支永不消失的乐曲……

不可不游

城墙与城门

高昌故城整体呈长方形，分外城、内城、宫城三部分，各部分城区以高大的城墙分开。全城共有 9 座城门，其中南

被风沙侵蚀的土墙依然默默守护着这里

面有 3 个城门，东、西、北三面各有两个。这些城门虽然经过数百年风雨侵蚀，但大体形状依稀可辨。站在高大的城门前，仿佛能想到千百年前那个繁荣的城市以及巍峨的城门间人来车往的景象。

可汗堡

可汗堡位于高昌故城北部，堡内北面的高台上有一座高约 15 米的方形塔状建筑，西面有一处双层建筑，现在只保留了地下部分。南、北、西三面都有宽大的阶梯式门道。从前曾有一支德国科考队在此挖出“北凉承平三年沮渠安周造寺功德碑”一座。

唐僧讲经台

唐僧讲经台位于故城西南角，此处有全城最大的佛寺遗址，据考证这里就是当年玄奘法师讲经的地方。佛寺已经残破不堪，但几处菩萨像和壁画还依稀可见，讲经台旁有一座高约 15 米的佛塔。

Tips

1. 这里夏季紫外线照射较强，注意防晒，带好防晒保湿用品。
2. 最悠闲的旅行方式是租一辆景区驴车，享受一下在沙漠中赶驴子的乐趣。
3. 游客住宿一般回吐鲁番市内，在春夏为旅游旺季，游人最好提前预订市内酒店、旅馆。

昔日繁华退去，留下的只有这些断壁残垣

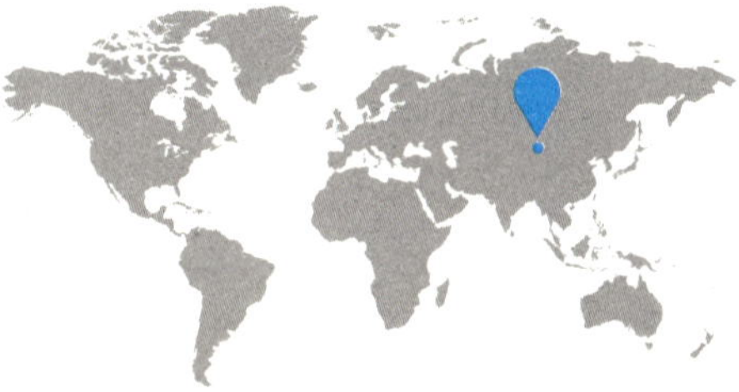

关键词：丝绸之路、古城、古尸
国别：中国
位置：新疆罗布泊西部
最佳旅游时间：3—5月，9—11月

楼兰古城

消失的文明

现在站在楼兰古城之前，看着夕阳余晖洒满斑驳的土墙、破毁的房屋，不知该为中国古代文明的辉煌创造感到自豪，还是为那段受掠夺的黑暗历史感到哀伤。

西域古城众多，但最著名的也许就要数楼兰了。它经常出现在诗词当中，成了西域的象征，成了诗人们梦想的建功立业之所在。李白在《塞下曲》中云：“五月天山雪，无花只有寒。笛中闻折柳，春色未曾看。晓战随金鼓，宵眠抱玉鞍。愿将腰下剑，直为斩楼兰。”王昌龄则在《从军行》中云：“青海长云暗雪山，孤城遥望玉门关。黄沙百战穿金甲，不破楼兰终不还。”

可是这座古城，竟在斗转星移中被深深地埋藏在了历史的尘埃之下，一直被人们遗忘了1000多年。最早提到楼兰是在司马迁的《史记》中：“楼兰，姑师邑有城郭，临盐泽。”那时这个城市只有一万多人，却因为处于丝绸之路的枢纽之上而繁荣一时。西域人、中原人、印度人、大秦人、匈奴人在这里相聚，带来不同的文化和不同的故事。城中的旅店中云集着往来的客商，中原乐奏、匈奴歌曲在这里悠悠传出，红装绿裳的胡姬伴乐而舞，豪放的旅人在此大碗饮酒，享受艰难穿越沙漠后的狂欢。

胡杨木旁的楼兰姑娘雕塑，清秀美丽

古城石碑

可惜这样一个世外桃源般的地方，却因处在中西交通的枢纽上而卷入了汉朝与匈奴之间的纷争。国小人乏的楼兰不得不在汉、匈之间寻找脆弱的平衡，将王子送到两国为质，然而战战兢兢的楼兰人还是不得安宁，匈奴人来时便杀死汉朝的使者，汉朝回来时便进行报复，于是楼兰的国王屡次被汉、匈双方绑架、谋杀。对于楼兰的记载似乎只有大国的争雄，傅介子杀楼兰王，迁其国都。没有人关心一个小国夹在大国间的那种深深的惶恐和悲哀，甚至当争霸时期过去后，这个棋子是如何消失的都没人去管了。

直到 1900 年，一个来自西方的考古学家——我们经常称他为强盗——斯文·赫定来到罗布泊，他在一次意外的风沙中，发现了一座被废弃了上千年的古城，城中一片死寂，但高大的泥塔和层叠不断的房屋遗迹还在风沙中倔强地向世人诉说着它们往日的辉煌。斯文·赫定在此进行了大量发掘，毛毡、钱币、陶片、丝织品不断出土，可惜那时的中国早已乱成了一锅粥，清政府摇摇欲坠，自顾不暇，学者忙着寻找国家的出路，阴谋家们肆意谋求着窃取更多的利益……

赫定大摇大摆地将发现文物送回了欧洲。美国、英国、日本的探险队、寻宝队接踵而至，楼兰经历了一次次地被发现、一次次地被掠夺。现在站在楼兰古城之前，看着斑驳的土墙、破毁的房屋，不知该为中国古代文明的辉煌创造感到自豪，还是为那段黑暗的历史感到哀伤。呼呼的风，吹着黄沙打在脸上，不知不觉地流下眼泪，也许世界便是如此，弱小的总会被滚滚黄沙掩埋。

不可不游

新疆天鹅湖

天鹅湖位于巴音布鲁克草原珠勒图斯山间盆地，海拔2000 ~ 2500米，是一个东西长30千米，南北宽10千米的高原湖泊。连绵的雪岭，耸入云霄的冰峰，构成了天鹅湖的天然屏障。泉水、溪流和天山雪水汇入湖中，湖畔水丰草茂，气候凉爽湿润。每当春天来到，大批天鹅从印度和非洲南部成群结队地飞越崇山峻岭，来到天鹅湖栖息繁衍，在和煦的阳光下，湖水、天光、云影、天鹅，构成一幅“片水无痕浸碧天，山容水态自成图”的画卷。

哈萨克坟遗址

哈萨克坟遗址位于新疆若羌县境南部的依协克帕提西南25千米处，有5座用土坯砌筑而成的坟墓，像古堡似的耸立在戈壁荒漠中。哈萨克坟究竟有多长的历史，说法不一，至今尚无定论。

瓦石峡古城

瓦石峡又名凹石峡，位于新疆若羌县城西部80千米的瓦石峡乡博孜也尔村西南附近的沙丘中，这里是古楼兰国的经济重镇，也是中亚粟特人居住和生活的中心。约2000年前，这里的手工业生产就已颇具规模，至今这里仍残留着冶炼金属和烧制器皿的土窑，炉碴堆积如山，遍地皆是陶片、砖块和玻璃碎渣。考古工作者曾先后在此发掘了隋、唐、宋3个时期的钱币和丝织品，以及元代的汉文文书和玻璃器皿等。

▫ 城垣孤零零地站立着，了无生机

米兰遗址

米兰遗址在若羌县东部，主要包括米兰城郭、两座佛寺及墓地。在沿城墙、佛寺的墙基处，被刨挖的大坑随处可见。米兰，属古楼兰国的地域，中国汉代曾在这里屯田，一种有争议的说法认为这里是楼兰国迁都后的新国都。这里曾发现过“印度文化特征的绝妙壁画”——带翼天使，以及公元8 ~ 9世纪的吐蕃藏文木牍；这里是揭示楼兰古国神秘兴衰的重要史迹，是佛教东传由新疆进入内地的重要地域，也是史记中少见的吐蕃与西域交流的证明。

▫ 倒下的胡杨木昭示着古国已湮没在历史之中

Tips

❶ 很多古城遗址对外并不开放，游人出发前最好打电话进行查询。

❷ 沙漠地区补给点稀缺，进入罗布泊地区应准备充足的食物和水，对外通信器材出发前应检查妥当。

❸ 沙漠地区气温变化剧烈，防暑伞、防寒衣物都必不可少。

关键词：太阳庙、拴日石、中央广场
国别：秘鲁
位置：库斯科西北 130 千米处
最佳旅游时间：4 月，8—10 月

马丘比丘

追寻三毛的足迹

遥远传说与现实古都仅一步之隔。

在茫茫的安第斯山脉中神秘的印加古城——马丘比丘

著名的马丘比丘原是印加帝国的中心，印加人相信库斯科是“世界的肚脐”，从天空俯瞰整个古城，仿若一个旋转的旋涡，那是由依山就势而建的排列整齐的层层石阶和城垣组成的。由于其圣洁、神秘、虔诚的氛围，马丘比丘被列入“全球十大怀古胜地”名单。“马丘比丘”在印加语中意为“古老的山巅”，也被称作是印加帝国的

几个世纪以来，雄伟的古城仍安然无恙，丝毫未损

“失落之城”与“空中城市”。马丘比丘已被联合国教科文组织定为世界遗产，是世界上为数不多的文化与自然双重遗产之一。

从 16 世纪中叶开始，一个有关神秘古城的传说便在秘鲁的安第斯山脉流传开来。只可惜统治秘鲁几百年的西班牙人却一直无缘得见。秘鲁独立后，许多探险家开始多方寻找，结果没有丝毫音信，只有那些展翅翱翔的雄鹰，才会在空中目睹古城的踪迹。功夫终究不负有心人，美国的耶鲁大学的海勒姆·宾加曼三世教授历经千难万险，在海拔 2400 米的崇山峻岭间仔细搜寻，终于在距离印加古都库斯科城 120 千米处，找到了这座高原古都。此时，古都已经被密林覆盖，因历史亦不可考，于是便将它命名为马丘比丘，与附近的一座山丘同名。

作家三毛的《万水千山走遍》记载了她的南美行迹，其共 18 篇文章中就有 4 篇奉献给了秘鲁，两篇着墨马丘比丘。“火车沿着乌鲁班巴河慢慢地开……这条乌日庞巴河与整个古斯各附近的山谷用了同一个名字，由高原一直进入亚马孙丛林，长长地奔流下去。火车缓慢地开着，那条河紧跟不舍，水面汹汹滔滔地竟起着巨浪，一波一波地互撞着，冒起了一阵蒙蒙的雾花来。”“我坐在一块石头上，盘上了双脚……我深深地呼吸了几回，将自己安静下来，对着不语的自然，发出了呼唤。另一度空间固执地沉默着，轻如叹息的微波不肯回我。众神默默，群山不语。”

马丘比丘就是这样一个让人安静，让人听到自己心跳，听到大自然脉动的地方。那些巍峨的古老残垣，透出森森的凉意，和茂密的森林，逶迤的山峦相得益彰，仿佛来自遥远宇宙的神秘力量生硬地在此按下了深深的印章。整个古城都被朦胧的神秘感所笼罩，静立在那高大的祭台前，只听得见呼呼的山

◘ 马丘比丘高耸在海拔约 2350 米的山脊上，俯瞰着乌鲁班巴河河谷

风声和自己“咚咚”的心跳声。仰望那高高的台顶，你会有种忽然迷失了的感觉，似乎看到数百年前那辉煌的祭祀场面，看到那些虔诚肃立的印加人，倾听着祭司口中低沉地吟出神秘的调子……

马丘比丘的故事、来历，和曾经生活在那里的人，关于这些依然有着太多的未解谜团。它的神秘和壮美，吸引着无数人带着朝圣的心情靠近它。

不可不游

神鹰庙

神鹰庙位于下城区，此地处处可见神鹰的影子：神庙里面的地面上有鹰头石刻，神庙后面有造型如羽翼一样的巨石，远远看去，巨石羽翼栩栩如生，宛如真的一般。在羽翼造型里面，还有造型别致的石龛，据说里面安放着木乃伊。

拴日石

古城里最有看点的景观自然是拴日石。它屹立在古城里的高山之巅，呈“凸”字形。在印加人看来，这个凸字形便是世界的中心点，因此他们将拴日石看成自己的灵魂。不过，拴日石是印加人对它的爱称，它还有一个学名：日晷。

Tips

❶ 马丘比丘门票每天有 2500 人的限制，建议至少要提前 2 ~ 3 天预订，如果是旺季的话可能要至少提前一周预订。

❷ 建议计划上山的前一天抵达热水镇，这样可以在第二天一大早登上马丘比丘观看日出。

关键词：玛雅文明、古老
国别：墨西哥
位置：维拉克鲁斯境内
最佳旅游时间：全年

埃尔塔津古城

时间的气息

它的魅力在于一座存世时间足够长的建筑物都有的时间的气息。

壁龛金字塔，各层神龛的总数是365个，具有祭祀和历法意义

从特奥蒂瓦坎帝国时代开始，埃尔塔津古城便存在了。它坐落在养蜂场、香蕉种植园和烟草种植园中间，香子兰在它们周围构成一个幽谧美丽的林木篱笆墙。古城的外面很美丽，而由公共广场和金字塔构成的古城里面却很奢华。时至今日，别的遗迹都已覆盖上了尘土，唯有壁龛金字塔依然名扬世界，在历史长河里散发着璀璨的光辉。

壁龛金字塔之所以闻名于世，是因为它

贴身草地，感受这座古城浓厚的历史气息

代表着伟大的前哥伦比亚文化。要知道，对现在来说，天文历法依然高深莫测，但在近千年前的壁龛金字塔身上，天文历法知识却能够被如此精准地运用，不得不让人叹为观止。

古城周围的香子兰早已被莽莽丛林所取代，而埃尔塔津古城也被密林和历史尘埃所湮没，一直到18世纪末期，人们在探秘中终于寻找到它的踪迹，古城才得以见到天日。到今天，古城已经被挖掘出土了一半，还有一半也会很快和世人见面。

从挖掘出来的遗址可以看出来，埃尔塔津也有球类游戏。只不过，这种球类游戏并不是代表欢笑，而是意味着祭祀，而且是一种很血腥的祭祀。因为在这种比赛的结束，输掉比赛的人都会被押上祭台，成为祭祀品。所以输球就是输掉性命，这是完全有历史依据的。

雕刻是古城里面另一大亮点，其中有一个“微笑的雕刻”，称得上玛雅雕刻中的佼佼者。一般玛雅雕刻只是大概的形体，而埃尔塔津的雕刻却更注重细节。人物生动活泼的面部表情给人一种栩栩如生的感觉。

随着挖掘深入，埃尔塔津古城里的宫殿、金字塔、广场、体育场等建筑陆陆续续地展现在世人面前。它们的数量之多，让世人震撼，而它们精准的技艺和高深的文化，又让世人惊奇。古城名称的由来也让人们好奇，经过一番猜测后，得出这样的结论：最初，这里居住着12位掌管风雨雷电的神仙，也就是说，最初修建这座城市的目的，就是供奉神灵。这个论断，在众多的广场和金字塔，以及雕刻和祭祀痕迹上都得到了印证。

隐秘在热带丛林中的埃尔塔津充满了神秘感

不可不游

壁龛金字塔

壁龛金字塔有历法和祭祀双重意义：金字塔共有 365 个神龛，而 365 又是太阳历法中的一年，这绝不是巧合，因此专家推断它有历法意义；而它独特的造型和摆设的神龛，又是祭祀中最重要和关键的一点，因此它又具有祭祀意义。金字塔的基塔为方形，约 27 米宽，24.5 米高，虽然塔尖已经被毁掉，但依然有一种恢宏磅礴的气势。

石壁浮雕

古城的雕刻主要为浮雕，其中要数南球场石壁上的浮雕最为独特：一个佩戴复杂头饰，腰系锦带和璎珞，以及羽毛披身的祭司，一个等待剖开胸膛的人物祭品。祭司面无表情，而祭品龇牙咧嘴，各种形状怪异的浮雕场面十分怪诞荒唐，却又非常残酷。

但也有充满温馨的浮雕，在一座金字塔前的石柱上雕刻着古城人们生活的场景。在这处浮雕上，埃尔塔津人个个笑容满面，看得出来，他们的生活十分和谐而美好，而这样注重细节的浮雕在玛雅雕刻中并不多见，因此被称为“微笑的雕刻”。

金字塔各层被布置得像楼房的走廊，飞檐突出在凹进去的神龛上，产生出不可思议的明暗对比效果

Tips

❶ 墨西哥人生性开朗，喜欢和异性搭讪，游客不予回应和避免眼神接触是明智的做法。

❷ 墨西哥城海拔较高，请注意预防高原反应。心脏病和高血压患者及老年人不宜剧烈活动。

关键词：金字塔、众神之城、神话传说
国别：墨西哥
位置：墨西哥城东北约 40 千米处
最佳旅游时间：全年

特奥蒂瓦坎城

众神之城

这美洲大陆上的“众神莅临之地”，它的建造者，甚至它的诞生时间，至今仍是一个谜。

台阶虽然被部分摧毁，但依然透着神圣威严

联合国教科文组织于 1987 年将特奥蒂瓦坎古城列入《世界遗产名录》。古城建于公元 1 世纪，兴盛时期为公元 5 世纪，到公元 7 世纪开始没落。作为印第安文明的代表，特奥蒂瓦坎古城被称为众神之城。虽然古城已经没落很久，但遗址上规模庞大的建筑和几何图形却让它闻名于世。

这些建筑群里有宫殿、金字塔，以及排列整齐有序的宽阔的街道，它们充分说明当时的特奥蒂瓦坎已经成为文化高度发展的世界中心城市。

有意思的是，古城遗址中央那条横贯南北的大道，本是古城的主干道，却被人命名为“死亡大道”。原来，最早发现古城的西班牙人看到道路尽头的金字塔群，便马上联想到埃及金字塔，西班牙人以为这些金字塔也是用来埋葬死者的坟墓，以为这条路就是专门为埋葬死者所修建的，所以命名为“死亡大道”。随着考古挖掘的深入，人们才知道，特奥蒂瓦坎的金字塔被印第安人赋予的是祭祀功能，而非埋葬功能。在众多金字塔中，最有名的要数月亮金字塔和太阳金字塔。月亮金字塔位于大道北端，太阳金字塔位于中段东侧，两座金字塔造型相似，四周梯形构造，前方是陡峭的走道。

这两座金字塔有一个美丽的传说：有一天，太阳突然熄灭，地球陷入一片黑暗，万

太阳金字塔，是古印第安人祭祀太阳神的地方

物生灵即将毁于一旦，濒临死亡的人们惊恐崩溃，失声痛哭。哭声惊动了宇宙诸神，于是他们来到地球上最有影响力的城市特奥蒂瓦坎，在这里修建了两座金字塔——一座代表太阳，一座代表月亮。他们在金字塔中间点起篝火，随着篝火熊熊燃起，地球再次被光明普照。但想要让太阳和月亮真正有光明的能力，还需要诸神献身于火中。于是，纳纳瓦特神和特克西斯特卡尔神自告奋勇地站出来，他们愿意为人类献出自己的生命。纳纳瓦特神率先跳入火中，成为光芒万丈的太阳，特克西斯特卡尔神比纳纳瓦特神晚了一步，便成为月亮，给黑暗的地球以温柔的光亮。

古城里有一座极为豪华的建筑，名为蝴蝶宫。蝴蝶宫坐落在月亮广场的西侧，专门供达官贵人和宗教上层人士居住。在宫殿的中央大厅，圆柱上有浮雕，雕刻的是一只鸟身蝶翅的动物，人们据此称其为蝴蝶宫。蝴蝶宫是古城里保存最完整的一座建筑，里面的壁画虽然历经时代变迁，但依然完整如初，就连色彩都不曾褪去，一如曾经那般鲜艳明亮。

在古城里漫步行走，不但可以欣赏到气势恢宏的庙宇和宫殿，还能看到栩栩如生的精美雕刻，让人仿佛回到那个繁华的时代，任远古的文化涤荡被现代工业社会折磨得变得浮躁的灵魂。

不可不游

太阳金字塔

坐东朝西的太阳金字塔，建筑材料为石头和土，基座南北长约 225 米，看上去十分雄伟。金字塔共有 5 层，每层的台阶落差相等，宽度或宽或窄，最宽处有 17 米，石阶直通顶端。在修建时，印第安人曾经在塔顶修建了一座太阳神庙，每天太阳东升西落，都会有光辉洒落在太阳神庙上。遗憾的是，太阳神庙在历史长河里，被风雨侵蚀毁坏，只剩下一个小土丘在金字塔顶端。

月亮金字塔

比起太阳金字塔，月亮金字塔的修建要晚一些，规模也要小一些，因为塔身修筑地海拔较高，所以看上去两座金字塔似乎同样高。两座金字塔的造型一样，只是月亮金字塔台阶的宽度较窄，因此更加陡峭，站在塔顶，可以清晰地看到塔底的风景。

太阳金字塔正面有数百级台阶直达顶端，高大宏伟，让人肃然起敬

Tips

① 建议从一号门口买票进入，从古城最南端开始逛，先看羽蛇神庙，然后往北依次游览。

② 最好自带干粮，因为遗迹很开阔，里面没有餐厅和小卖部。

③ 墨西哥城日照强烈，一定不要忘记涂抹防晒霜。

关键词：火山、化石、古城
国别：意大利
位置：意大利南部
最佳旅游时间：3—5 月，9—11 月

庞贝古城

凝固的凄美

你依然看得到他们的样子，那消失之前最后 1 秒钟的样子，居民 、水壶、面包、城墙……

遗留的屋舍，不觉让人心潮起伏，浮想联翩

庞贝，又译“庞培”，在公元 79 年 8 月 24 日，这座辉煌一时的古罗马城市被突然喷发的维苏威火山灰一瞬间深埋地下。直至 1748 年，一个农民在自己的葡萄园中翻土时无意发现了装满金银首饰和古钱币的金属柜子，由此，这座商贾云集、物欲横流、极尽奢华的古罗马帝国第二大城市庞贝古城又渐渐呈现在世人眼前。庞贝古城保留有大量古罗马帝国时期的建筑遗迹和艺术文物，被称为世界上最著名的古城遗址。

圆形大剧场，最多能容纳庞贝全城居民

庞贝古城最动人心魄之处在于它真实地保留着灾难来临时庞贝人的样子

维苏威火山周围遍布葡萄园，以盛产美酒闻名于世。而且火山还是植物的海洋，山脚长满栎树和栗树，山腰则遍布繁茂的金雀花，每年花季来临，整座维苏威火山便像是铺上一条鲜花地毯。随着高原起伏不平的地势，鲜花地毯也起起伏伏，十分美丽。火山爆发之前，人们认定这里是天堂，纷纷来此定居生活。因为他们的到来，庞贝的经济也繁荣起来。在庞贝城里，最宽阔的马路是用石板铺成的丰裕街，石板因为马车轱辘的碾轧，磨出一道道深深的车辙印，这是庞贝古城繁华的最直接见证。沿着这条马路走到广场，可以看到栩栩如生的名人雕像，四周的建筑非常雄伟，这所有的一切都在昭告世人，当初的古罗马是多么强大和繁盛。

除此之外，考古学家曾在一个富户人家中的墙壁上发现一幅价值连城的镶嵌画，这幅画由200块彩色玻璃和大理石片构成，这就是《亚历山大大帝与波斯大流士三世战斗图》，图画形象地展现了战斗中亚历山大大帝的英勇和沉着。庞贝出土的另一幅壁画中还写着“没有任何东西可以永恒”的字样，联想到瞬间掩埋地下的辉煌古城，让人不由得思绪万千。古庞贝人对艺术的审美与智慧是非常值得我们敬仰的。除了精美的壁画，庞贝的遗址上还有能容纳近两万人的竞技场，并有酒吧、面包店、大剧院、步行街、城堡、

由于被火山灰掩埋，古城内街道房屋保存比较完整

水池……被侵蚀了几千年之久的城墙到现在仍能显示其耀眼夺目的鲜红色，这让考古学家们不停地寻找答案，被陈列出来的死难者遗体，依旧保持着千年之前迎接死亡时最后的样子——有的弯身掩护着自己的婴儿，有的甚至还在睡梦中。就像童话故事中被施了魔法的城堡，一切都静止在了那一刻。灾难降临得那样突然，这让我们不得不想到壁画中的那句“没有任何东西可以永恒”，似乎一切都早有预言。

穿行于被火山灰封存近 2000 年之久的庞贝，似乎除了向人们展示着令人神往的古城雄姿，那震慑我们的神奇的力量只能由我们自己去领悟和体会了。

不可不游

公共浴室

庞贝古城中有 3 座规模很大的公共浴池，其中斯塔比亚浴池历史最悠久，大约建于公元前 2 世纪，历经 2000 多年。这些规模庞大的浴池，显示了昔日庞贝城的无比繁荣，直到现在还能为古城遗迹增添几分韵味。

圆形大剧场

圆形大剧场是庞贝城里最大的休闲场所，这里不但举行角斗比赛，也举行各种体育赛事，浪漫的庞贝人还会在这里举办音乐会和戏剧。大剧场是古罗马最早的圆形竞技场，能够容纳庞贝城一半以上的居民来参观比赛。为了防止被人骚扰，大剧场周围还修建有高达 2 米的围墙。墙上有当时的居民们生活和运动时的场景。

维苏威火山

维苏威火山位于意大利西南部那不勒斯湾东海岸，是一座活火山。游客有条件可以乘着观光飞机从高空俯瞰维苏威火山全貌，你会发现，那是一个漂亮的近乎圆形的火山口，均匀地向四周扩展开，如一朵美丽的雏菊花。维苏威火山并不太高，走在火山灰上面脚底下会发出沙沙的声音。

Tips

1. 庞贝地区有一种叫作“弗里西”的螺旋形细面条，吃这种面配维苏威山脚下特产的“基督之泪”红葡萄酒是最好的。
2. 庞贝的古希腊手工艺厂专门制作贝雕和玛瑙工艺品，其中的各种装饰品琳琅满目，参观之余也可购买。

关键词：石头城、没落的帝都、野性
国别：津巴布韦
位置：津巴布韦哈拉雷南
最佳旅游时间：全年

大津巴布韦

非洲的雅典卫城

是谁在非洲腹地建造了规模如此宏大的一座城市？也只有这样的古城，才能配得起野性的非洲。

津巴布韦共和国在1980年之前原本叫作南罗得西亚，1980年宣布独立，改名为津巴布韦。津巴布韦在班图语中意为“石头城”，境内已发现200多处“石头城”遗迹，其中“大津巴布韦遗址”最为著名。

大津巴布韦遗址地处三山一湖之间，波平如镜的凯尔湖倒映着遗址数千载时光。大津巴布韦遗址是与众不同的，它充分地显示出非洲古代的精湛建筑技术，这里曾是一个强大的非洲国家的中心，传说这就是《圣经》中的黄金和宝石城——俄斐。遗址中庞大巍峨的建筑及出土文物所体现的高度非洲文明，曾使欧洲人不相信这是非洲黑人所建，这在当时是无法想象的。然而事实上大津巴布韦是非洲历史、文化和建筑的骄傲，它堪比欧洲的帕提侬神庙、危地马拉的玛雅金字塔，它与亚洲的吴哥窟一样，静静地在雨林深处沉睡了千年，醒来的那一刻，让整个世界为之震惊。

在撒哈拉沙漠南部，有一座由高墙构建的城堡，城堡历史久远，因为墙体由矩形花

这是一座由古代巨石建立起来的古城

既没有灰泥，也不用拱门和圆顶，大津巴布韦最为神秘、最为复杂的建筑成为当代的一个谜

岗岩组成，所以十分坚固，虽经历时间侵蚀，却丝毫无损。一条同样由花岗岩铺成的小路直通石头城堡，远远望去，城堡虽然是简单的石头构造，却令人敬畏。这座城堡名为卫城，是大津巴布韦最为重要的建筑。卫城之所以让人敬畏，是因为它身上有至今也无法破解的谜团：它虽然用石块筑成，但每块石块都切割得非常精确，而且石块和石块之间没有任何黏合物，只是石块垒叠在一起，即使过去这么长时间，依然异常坚固。而且其建筑方法与埃及金字塔惊人相似，不知道两者之间是否有联系。除此之外，卫城上的实心塔和高 20 米的圆锥形塔也是一个谜团，没人知道它们建于何时，究竟有什么用途。多年来无数探险家和考古学家来此，试图破解这些谜团，但最后都无功而返。石头城堡和城堡里的谜团还要一直搁置下去，或许永远都找不到答案。

除了谜团丛生的卫城，大津巴布韦遗址还出土了无数文物，包括阿拉伯玻璃、中东陶瓷、中国明代瓷片碎片等。这些文物证明大津巴布韦曾经与波斯、阿拉伯和中国有贸易往来，由此也证明大津巴布韦是一座繁华的都市。遗址里除了文物，也有当地土著人生活的痕迹。那些绘画以及铸造钱币的泥模，还有遗址旁边的古代水渠和水井，都真实再现了那个时代的大津巴布韦人的生活。

走在大津巴布韦整齐的石头城遗址中，放眼望去，四周被浓密的雨林环绕，不时有长颈鹿、野象来此探访，一只只秃鹫在高空

维多利亚瀑布，当滔滔河水在裂岩深谷垂直落下，没有人不感叹它的壮美

中盘旋，让这些形态各异的石头也都充满了野性之美。也许，这座古城从来就没有寂寞过，也许当人类离开的时候，那些冷峻的巨石都会苏醒，和雨林中的动物一起歌唱、飞翔……

不可不游

维多利亚瀑布

维多利亚瀑布是非洲最大的瀑布，也是世界上最大的瀑布之一，位于赞比西河中游，与津巴布韦交界处。维多利亚瀑布的美丽和壮观，举世罕见。

卡里巴湖

水产业是津巴布韦的主要产业，而当地水产业的重要基地要数卡里巴湖了。湖里养殖了几十种鱼类，最受游客们青睐的有绵鱼、卡里巴鱼和虎鱼。这些鱼肉质鲜美可口，是餐桌上的美味佳肴。除了鱼儿，湖区值得一提的还有水鸟，各种水鸟在这里聚集，其中最耀眼的是大、小火烈鸟，它们在湖边栖息飞翔，那火红的颜色是卡里巴湖一道亮丽的风景线。

布拉瓦约

布拉瓦约是一座交通便利的非洲城市，铁路网连接博茨瓦纳、赞比亚和哈拉雷，市里文化氛围很浓厚，博物馆、天文台、图书馆和国际航空站都是最佳的旅游景点。在这座津巴布韦的第二大城市里，既能享受现代化城市的便利，又能感受非洲的异域风情。

Tips

❶ 整个维多利亚瀑布城都处在野生动物保护区内，晚上经常会有猴子或狒狒出没，当心它们跑入你的房间翻找食品。

❷ 野生动物身上携带各种病菌，如果被抓伤，后果很严重，所以晚上在酒店内闲逛也要格外小心。

关键词：沧桑、完整

国别：中国

位置：新疆吐鲁番市亚尔乡

最佳旅游时间：3—5 月，9—11 月

交河故城

丝绸之路的文明

车师国曾经的辉煌已不再，留下一片完整的都城待后人追忆。

从这里走进世界上最大、最古老、保存最完好的生土建筑城市

从吐鲁番向西 13 千米，河水分流又从不远处交汇，两条分汊之间，夹着一座柳叶形的高台，此处即为交河，交河故城就建在高台之上。上千年的风雨将这座曾经辉煌一时的城市剥蚀得支离破碎，城墙倾圮、房屋破败，到处都是断壁残垣。恰值春天，高台下的几树杏花开得正旺，白色的花瓣和五彩的蝴蝶仿佛和黄土的遗迹格格不入。

谁又曾想过，千年以前，此处正是红楼绿苑，芳草连天，“城上风光莺语乱，城下烟波春拍岸”。站在临河的城墙之上，远处黄土连天，近处河流泛碧，生活在城中的人该是多么快乐，多么幸福。那些密集的民居、纵横的市井街道、宽广的府衙、高耸的佛塔，

零星的绿草给这座土城增加了一丝生机

以及作坊、瓦肆都在默默地诉说着往日的荣耀。

那时，这里本是车师国的都城，是吐鲁番地区政治、经济、文化的中心。作为曾经的西域三十六国之一，车师人经营此地近千年，曾经的唐代安西都护府就设立于此。精心的选址、规划，精细的建筑让这里成了丝绸路上最热闹的枢纽之一，坚固的城墙，天然的高台，雄浑的护城河，让它成了难以攻破的壁垒。

走进交河故城，历史的沧桑感顿时将人深深淹没。城台长 1600 多米，中间宽 300 多米，四面临崖，东、西、南三面峭壁之上各辟三门，进出道路劈崖而建。整座城市模仿唐时长安城风格，中央道路贯穿南北，将城市分为东西两部分。道北有规模宏大的寺院区，建筑面积约 9 万平方米。大道之间，街巷纵横。街巷两边大部分为民居，民居为长方形，门向街而开，走在这些小巷之间，轻轻地抚摩被岁月侵蚀得斑驳的土墙，仿佛还能想到旧时“小楼连苑横空”“深巷明朝卖杏花”的美景。

大道东侧中部为官署区，南北两侧多为民居，大道西部有很多手工作坊。大道不同于小巷，道旁尽是高高的城垣，不设门窗，庄严肃穆的氛围，千年之后还能体会得到。这里的建筑风格有中原气息，却又不尽相同。无论城墙还是民居建筑墙壁都深埋地下，说明这里不仅仅是一座居民的城市，还是一座守备森严的军事古堡。也许，千年以前，丝路上并不太平，马贼、强盗乃至敌国的军队随时会将商旅抢劫一空，甚至杀人灭口，而交河故城便是商人们得到庇护的重要场所。

可惜，这座古堡还是没能逃过战火的摧残。元代蒙古人西征攻陷了此城，后来海都集团发动战乱，古城饱受兵燹。加之其后统

如今仅存城基及断壁残垣，但仍能让人联想到昔日的繁华景象

治此地的蒙古贵族要求自古信佛的当地人改信伊斯兰教，对城中佛教建筑进行破坏，古城从此衰落。到了明代，它就已经被遗弃了。当时的吏部员外郎陈诚出使西域来到交河，曾登临古城写下《崖儿城》一诗："沙河三水自交流，天设危城水上头。断壁悬崖多险要，荒台废址几春秋。"

西风残照，晚霞似火，交河古城的断壁残垣仿佛涂满鲜血。游人尽去，喧闹了一天的遗址又陷入了无边的寂静，只有城下的几树杏花，还独放着芳香……

不可不游

文物陈列馆

交河故城文物陈列馆在故城南面入口下，为一座唐式建筑。博物馆中展有从古城出土的故城沙盘、历史资料以及其他一些文物。游人在此处可以了解古代西域、丝绸之路的一些历史知识，观看陈列的文物以及影像资料。

交河故城东门

交河故城的东门，门与城一体高高矗立在十几米高的黄土岸上。城门遗址保存完好，门额方孔，角楼哨所遗址清晰可辨。东门采用典型的瓮城结构，这种结构对于城堡后防守更加有利，能够方便守军消灭闯进城里的入侵者。此外，它还有一个重要的作用，就是让进城的商队在此进行检验，以防敌人混入城中。

城中广场

城中广场是古代车师人进行商贸的地方，此处邻近官署区，官署区北有一处神秘的墓地，几百座 40 厘米高的墓地在此整齐地排列着，每个墓中都葬着一个婴儿，故称为"婴儿墓"。这里没有墓志，历史上亦无记载，每座墓前也无婴儿姓名记载。这些婴儿为何集中葬于此地，他们是什么人，因何而死都成了不解之谜，也给神秘的交河故城带来更多的疑团。

塔林遗址

塔林遗址总面积约 200 平方米，佛塔排列整齐，庄严肃穆。塔林四周筑有围墙，南开门，中心是一座大塔，残高约 10 米，巍然屹立。大塔四方分列 25 座小塔，排列成纵横各 5 座的方阵，这 101 座大小佛塔，组成了宏伟壮观的塔林。据介绍，塔林是金刚界大曼陀罗坛场，建于公元 5 ~ 7 世纪，是我国现存最早的密宗金刚宝座塔。

Tips

1. 前往交河故城游览时，请不要将摄像机带入，可放在车上或寄存在售票处。
2. 在游览时不可以四处攀登，也不要去未开放区或悬崖边游览。
3. 由于故城内几乎没有遮阴处，在夏季游览时温度很高，请注意做好防暑措施。

在历经数千年的风雨沧桑之后，这座城市的主体结构依然奇迹般地保存了下来

关键词：岩石、玫瑰之城、纳巴特人
国别：约旦
位置：约旦首都安曼南 250 千米处
最佳旅游时间：全年

佩特拉古城

千年一梦

神话般壮丽的庙宇和宫殿开凿在巨大的石头崖壁之上，创造出一片缤纷艳丽的古城奇迹。

佩特拉古城，它几乎全在岩石上雕刻而成，并以岩石的色彩而闻名于世

在充满阿拉伯神秘色彩的约旦，有一座雕刻在岩石上的梦幻古城——佩特拉。它身处约旦南部荒凉的沙漠中，是一处谜团萦绕的古代遗址。在希腊语中，佩特拉是岩石的意思。正如它的名字一样，佩特拉城就像一个巨大的巢穴开凿在灼热的岩壁上。依山崖而建的佩特拉古城，是建筑史上的一个奇迹。20 平方千米的古城，寺院、宫殿和住宅等建筑物都在岩石上开凿出来，蔚为壮观。

这里的山体岩石主要是赭色砂岩，游客正在沉醉于这美丽的山色中

“令我震惊的唯有东方大地，玫瑰红墙见证了整个历史。”这是19世纪英国诗人威廉·伯根对佩特拉古城的赞美。有着“玫瑰红古城”之称的佩特拉古是当得起这样的赞誉的，因为它实在是太美、太梦幻了。佩特拉城的梦幻来自于有着珊瑚般微红色彩的岩石，整座佩特拉城都修建在这些岩石上。纳巴特人不是用土筑墙，而是采用开凿石头挖洞穴的方式，在坚硬的岩石上修造出各种建筑：豪华的宫殿、恢宏的庙宇、独特的民居……这些建筑在阳光的照耀下发出瑰丽的红光，整座城市笼罩在这梦幻般的光芒中，仿佛琼楼仙阁一般，让人仿佛置身天堂。

在玫瑰色的山崖下，有一座奇伟雄浑的宫殿，叫作“卡兹尼宫”，俗称“金库”。当地人管它叫“法老的藏宝洞”，这是古城保存下来的最古老、保存最完好的石凿建筑。宫室建在陡峭而坚固的岩石上，分为上下两层。底层由 6 根圆柱支撑，顶层也是由 6 根圆柱附壁雕成，柱与柱之间是神龛，供奉着圣母、武士等神像。这些神像比真人还大，栩栩如生，威严肃穆，颇具神韵。整座建筑建在沙石壁里，在阳光的照耀下，沙石壁闪烁璀璨，神奇无比。

由山顶俯瞰佩特拉城，看着脚下的群山，不由地想到更远处或许还埋藏着更多的秘密吧。佩特拉，这座古罗马历史中流传的圣境，被维多利亚时代的诗人用文字描绘成一幅历史的画卷，悠悠岁月，壮丽的东方宝藏依旧魅力如昔，让到访者们沉迷。

Tips

❶ 在约旦，中国护照是落地签，不用拿照片材料，交钱就可以。

❷ 早晨与傍晚是观赏佩特拉风景的最佳时刻。

❸ 夜间参观时，古城的蛇道至卡兹尼会点起近万支蜡烛，四周是贝都因传统音乐，仿佛可以触摸到佩特拉古时的生活，让人难以忘怀。

蛇道内留有不少遗迹，可以边走边参观，一路还可不时地见到嵌在岩石上的壁龛

不可不游

女儿宫

山脚下有一座具有拜占庭风格的古庙建筑——本特宫，也称“女儿宫”。传说当年城市缺乏水源，国王下令如有人能引水入城，愿以公主相许。后有一建筑师从谷外的穆萨村，劈山筑渠，引水入城，国王便将公主嫁给他，此宫遂改称“女儿宫”。

欧翁石宫

欧翁石宫，几百平方米的大殿竟然没有一根柱子支撑，真是巧夺天工。欧翁石宫的两侧是石窟群，远远看去密密麻麻，如蜂巢一般，石宫内有住宅、寺院、浴室和墓窟。

卡兹尼

古城核心卡兹尼是一座依山凿出的大广场，广场正面是一座高 40 多米，宽 30 多米，同样依山而建的殿堂，意为“金库”。传说里面曾收藏着历代佩特拉国王的财富，也有人说它是一座陵墓。

关键词：神庙、金银、陶瓷
国别：希腊
位置：巴尔干半岛南端
最佳旅游时间：4—6 月，9—11 月

雅典卫城

精神的守望者

当世界还沉睡在蒙昧的黑暗中时，文明的曙光已在爱琴海缓缓升起。尽管现在的卫城已经是断壁残垣，历经沧桑，它依然给予每一个参观者精神慰藉。

雅典卫城，是全希腊的宝石，是雅典的象征。雅典卫城是一曲古老的赞歌，是一段陈旧的历史，在与婀娜多姿的爱琴海的交相辉映中缓缓延续。它是雅典的一颗明珠，是雅典的象征，是一块集中了许多建筑、绘画和雕塑的方寸之地，可能世界上再也不会出现像雅典卫城一样的地方了。

站在像智者一样的阿克罗波利斯山顶上，可以看到远处的奇迹——美丽的雅典卫城。在希波战争中，雅典卫城曾遭到破坏。战争结束后，雅典人用了 40 年的时间来修补它的伤痕，最终使雅典卫城变成了古希腊文明的缩影，世界建筑史的奇迹。

欣赏雅典卫城最好的时间莫过于早晨。雅典的第一缕阳光慢慢地从卫城中穿过，然后照耀整个城市。包裹在晨光中的雅典卫城庄严而祥和，古希腊留传下来的一砖一瓦都散发着神秘的魅力。所以要放轻脚步，以免惊扰了它们的美梦。白色石灰石的帕提侬神庙是雅典卫城中规模最大的神庙，伴着蓝天

雅典卫城近景，这些建筑集中展示了希腊的古代文明

俯瞰雅典卫城全景，恢宏大气，摄人心魄

与红日的交相辉映，它向世人展示着绝代的风华。

来雅典卫城参观游玩的人络绎不绝，此时的海浪虽已不那么澎湃，但依然壮美鲜活。山门是雅典卫城的真正入口，但它只剩零星的几根柱子。即使是这样，我们依旧能感受到它磅礴的气势。然而，眼前的种种残损破旧丝毫不带凄凉之意，反倒让人无端生出些许眷恋。那一根根屹立了千年的石柱，摸上去粗糙坚硬，叩之却铿然有声，这是它的灵魂在跳舞。坐在神殿的石柱下，日光从旖旎的云朵中照射下来，微风吹过廊柱，一切美得让人不由得闭上眼睛，用心去品味此时此刻。整个雅典卫城最吸引人也最震撼人的，正是这一份历经苦难战乱洗礼却留存下来的最平静的精神。

漫步于残垣断壁之间，仿佛依稀可以听到柏拉图的雄辩、荷马的吟唱……当看到夕阳从雅典卫城的背后落入爱琴海时，不禁再次感叹雅典卫城的美丽。在这些残破之间似乎充满了对生活的信念，让我们意识到雅典卫城是一个不折不扣的精神守望者。

雅典带给人的惊喜超越了所有的神秘，而雅典卫城，是希腊的眼睛，是希腊精神的守护者，是尘世间每一个旅行者精神与理想的栖息地。

优美的女像列柱结构完美，文艺气息浓厚

不可不游

山门

山门是进入雅典卫城的第一个建筑，它整体是由大理石建造的，山门的中间是宽大的门廊，两边是柱廊。山门，是通往雅典卫城的圣道。

帕提侬神庙

帕提侬神庙又被称作“万神殿”，它是供奉雅典娜女神的主神庙。神庙是一座长方形的白色建筑，庙内设前殿、正殿、后殿。帕提侬神庙是雅典卫城最著名的建筑，是希腊全盛时期建筑与雕刻的主要代表。

伊瑞克提翁神庙

伊瑞克提翁神庙位于山门后，帕提侬神庙的对面。它建于公元前395年，因其形体复杂和精致完美而著名。它的内部有一座雅典娜的木雕像。在这座神殿南侧廊台的六尊女像柱，是整座神庙最引人注目的地方。但是游客在这里看到的都是仿制品，要看真品得到卫城博物馆及伦敦的大英博物馆。

雅典娜胜利女神庙

雅典娜胜利女神庙位于雅典卫城的前门南边，它也被叫作“无翼胜利女神殿”，是居住在雅典的多利亚人与爱奥尼亚人共同创造的建筑艺术结晶。雅典娜胜利女神庙经过战火的洗礼，现在只剩下几座11米高的圆柱，透着无尽的历史沧桑感。

Tips

❶ 雅典卫城东北方的吕卡维多斯山是欣赏雅典卫城日落的好去处，登上山顶可将整个雅典城尽收眼底。

❷ 卫城的最佳拍摄时间是清晨和傍晚，可以避开旅行团。

❸ 雅典卫城上是禁止拍摄婚纱照的。

关键词：内涵丰富、遗址之最
国别：中国
位置：四川省广汉市西北的鸭子河南岸
最佳旅游时间：全年

三星堆

文明的起源

古蜀的秘宝在这里，它们堪称独一无二的旷世神品，想知道是什么吗?

三星堆博物馆外环境布局巧妙，匠心独具，园内绿草如茵，湖光岛影，充分体现了博物馆“馆园结合”之特色

西南地区有不少古蜀文化遗址，但最有文化内涵、范围最大的非三星堆莫属。这座距今有几千年历史的古城遗址，与黄河流域、长江流域并列为中华民族的文明母体。三星堆保存有完整而且丰富的文物，证明了中华民族的文明起源和发展过程，因此三星堆又被称为“长江文明之源”。如果说，传说中的炎黄二帝是华夏五千年文明起源的精神信仰，那么三星堆和良渚就是华夏五千年文明起源的真实见证。

三星堆的发现很偶然，人们挖掘出许多代表青铜时代文化的文物后，便发现了这个古城遗址，又因为遗址内有三个黄土堆彼此相连，状如“三星伴月”中的三颗星星，因此被人命名为三星堆。

随着挖掘的深入和出土文物越来越多，人们已经得知这是商代早期的一座城池，城墙保护完整，得以真实地再现出三星堆之前的面貌。人工夯筑的城墙长度加起来大约有两千多米，城池规模按照当时的社会发展来看，属于一个大城池。在城池里，人们挖掘出许多祭祀坑、青铜器、玉石器、陶器、金器、贝和象牙等，品种十分丰富。

青铜器的品种和造型也很多样，其中用具品种包括罍、尊、盘、戈等，装饰品品种有爬龙柱、大小人头像、立人像，还有各种各样的铜制器皿，如铜鸟、铜鹿等。无论哪一种青铜器，都带有一种厚重古朴的历史韵味。其中，大小人头像的形象最有特点，不但具有浓郁的地方特色，而且表情极为夸张，但细细审视，又会感受到一股很强的威严气息。

三星堆里出土了很多金器，每一件都是精品，其中最为精美的要数金杖和金面罩。经过考察验证，三星堆是蜀人祭祀天地的场所，在商末周初之时，蜀人在这一带活动，他们铸造出各种精美的器皿，作为祭祀品献给天地，以此祈求风调雨顺，世道平安。现在，位于广汉城西北的鸭子河畔的三星堆遗址被列为全国重点文物保护单位，在它的东北角，便是展览青铜器和其他文物的三星堆博物馆。在这里不但可以了解古蜀历史，还可以看到古蜀文化的保护、收藏和研究情况。时至今日，三星堆博物馆已经成为举世闻名的古蜀历史旅游胜

三星堆出土的文物

三星堆出土的青铜像，身形高大，鼻挺，眼大，极其威严

地，到了三星堆，一定不要错过博物馆。

广汉特有的油菜花，也是三星堆的一大亮点，但尽量在每年年初去，因为四川的油菜花都是冬末春初时盛开。等到油菜花盛开的时候，站在三星堆遗址上，眺望金黄灿烂的油菜花，鼻翼间充盈着一阵阵清香，耳边还有小蜜蜂的嗡嗡声。看着它们忙碌的身影，再回看历经沧海桑田的三星堆，不由地感慨生命相对的长和绝对的短，这样心中会油然生出珍惜生命的信念来。

不可不游

石刻艺术墙

在德阳市的泰山北路，有一个挡土墙建筑，分别由多个景观组成，这些景观包括艺术长廊、中华魂、智慧之光、生命之歌、十二生肖大柱和牛门等，它们被统称为石刻艺术墙。虽然这些景观名称不同，造型各异，却表达同一个主题，那就是“自然”“生命”。墙体全部用石料筑成，但主题格调却各有不同，它们或浮雕，或圆雕，或空间组合，或建筑，虚实之间既有朴实的韵味，又不乏现代化的时尚和宏伟。石刻艺术墙将中国挡土墙和艺术造型完美地结合在一起。

云湖国家森林公园

绵竹市坐落着一座国家森林公园——云湖，这是一座集历史文化和自然景观于一体的公园。园内奇峰异石，密林丛生，百花竞放，更有丰富的珍稀物种。在园中漫步，可以感受到一股古朴的气息，而这便是深厚的历史文化积淀下来的结果。

油菜花开，一片金黄，增添了乡间田园缤纷的色彩

九龙滑草场

在德阳，有一个花草及户外休闲运动中心，规模极大，这便是九龙滑草场。滑草场坐落在九龙山上的旅游景区核心地带，面朝平原，拥有开阔的视野，背靠群山呼吸清新的空气，因此深受都市人群的喜爱。而且这里提供多种运动项目，水上步行球、真人 CS、履带滑草等，无论你喜欢哪一种运动，都能在这里体验到，并能感受新式运动带来的喜悦。

Tips

❶ 到三星堆看油菜花的最佳季节是每年的 3 月上旬至 4 月初。

❷ 广汉离成都只有半小时的车程，游览完毕后完全可以返回成都住宿。

博物馆奇特的造型，吸引了无数人的目光

在三星堆遗址上建起的国家考古遗址公园

关键词：融合、独特、防卫
国别：西班牙
位置：卡塞雷斯省
最佳旅游时间：6—11 月

卡塞雷斯古城

纪念之城

为何这里会汇聚各种不同风格的建筑，经历了漫长的时间却又保存完好？谜底等你来发掘。

卡塞雷斯最早由阿拉伯人在公元 9 世纪占据时命名为“卡斯里”，意为要塞。后来，基督教徒和穆斯林之间产生纷争，他们抢夺地盘，有着重要价值的卡塞雷斯便成了他们争夺的目标，于是在四个时期里，卡塞雷斯反复易主。

到了公元 12 世纪，卡塞雷斯落入来自马格里布的阿尔莫哈德人手里，并成为穆斯林的据点之一。阿尔莫哈德人一边在这里修建防御系统以防敌人夺走，一边发展经济，于是卡塞雷斯得到迅猛发展，很快便成为一座安定繁荣的城市。但这份安定很短暂，到公元 1229 年，莱昂王国国王阿方索九世将卡塞雷斯从摩尔人手里夺取过来，归为己有。

13 世纪，伊比利亚半岛的贵族们也都赶来，他们凭着雄厚的财力和兵力将城池霸占，并大兴土木，卡塞雷斯很多豪华的建筑都是那个时期修建而成的，这些建筑群便是现在卡塞雷斯老区的雏形。

从 14 世纪开始，西班牙绅士随着复地运动的结束涌入卡塞雷斯，他们在这座封建城市里修建更大型的建筑，于是卡塞雷斯变成今天这般模样。

门内的古堡仿佛一位历经沧桑的勇士坚定地守卫着这曾经繁华喧嚣的城市

各个时代的建筑让卡塞雷斯城更加神秘。圣马行奥教堂建于公元 14 世纪，为单廊式，半圆拱上有扇形的穹隆。同期建造的圣玛利亚大教堂，是从罗马式向哥特式转型时期的建筑。公元 18 世纪中叶，耶稣会建造了圣弗兰西斯科哈比埃尔教堂。这是一座三廊式建筑，有宽大的翼廊，采光窗上部是半球状的穹隆，它的正面有两座用粗石堆砌的四角呈柱状的塔。古城卡塞雷斯有不少贵族住宅，公元 14 世纪建造的穆德哈馆，是城里现存的唯一一座托莱多风格的建筑。戈鲁费奈

卡塞雷斯古城全景

斯·德·阿巴霍宅是卡塞雷斯古城最美的民间建筑。

卡塞雷斯是一座要塞之城，城墙上建有许多防卫塔楼。城西有 5 座塔，其中最著名的是布哈克塔，它守卫着进入市区的大门。长方形的塔楼，用石块堆砌而成，坚固无比。塔楼楼顶有根据西班牙君主斐南和伊萨伯拉的命令而保存下来的城垛。古城大门有建于 13 世纪的圣阿纳拱门，18 世纪的星门和罗马时代的基督门。12 世纪建造的列敦达塔楼以马蹄形拱门而闻名于世。

在 14 世纪至 16 世纪期间，卡塞雷斯城曾受到各种势力的统治。虽然其城防建筑、宫殿以及塔楼决定了城市的空间布局，但是由于受到各种包括阿拉伯伊斯兰教艺术、北欧哥特式、意大利文艺复兴式以及美洲新大陆艺术等不同甚至是相对抗风格的影响，使得卡塞雷斯城的建筑风格分外独特。

卡塞雷斯和其他城市中的古城区大相径庭，这座被围墙包围的古城区，居民非常少，人们都住在城墙之外。这里几乎是一座空城，而这似乎又为卡塞雷斯笼上了一层神秘面纱。

古城四周环绕着中世纪城垣

不可不游

圣母玛利亚教堂

在圣母玛利亚教堂，你会感受到各种风格建筑的多重转换。其中包含了古罗马建筑和哥特式建筑，两者的转换天衣无缝。圣母玛利亚教堂还是当地贵族的埋葬地点。这些

古老的城墙内，密集地保留着不同时代、不同风格的建筑

贵族当时在卡塞雷斯的地位算是比较高的。从这一点也能够体现出当时教堂在人们心目中的地位。

圣地亚哥教堂

圣地亚哥教堂使得西班牙在公元 11 世纪成为与耶路撒冷和罗马齐名的宗教圣地，于是规模更大的教堂取代了原来的公元 9 世纪的建筑。除具有类似于圣塞尔南教堂的一些巡礼教堂的特征以及地下室安置在西塔门下面等独特做法以外，建筑的最杰出部分在于西立面入口周围的西班牙罗马风格的雕刻。

Tips

❶ 西班牙人习惯喝冷水，房间内没有热水供应，酒店内自来水可直接饮用。

❷ 酒店不会提供拖鞋及洗漱用品，需自备。

阳光使古城显得更古老凄美，容易让人产生时光倒流的错觉

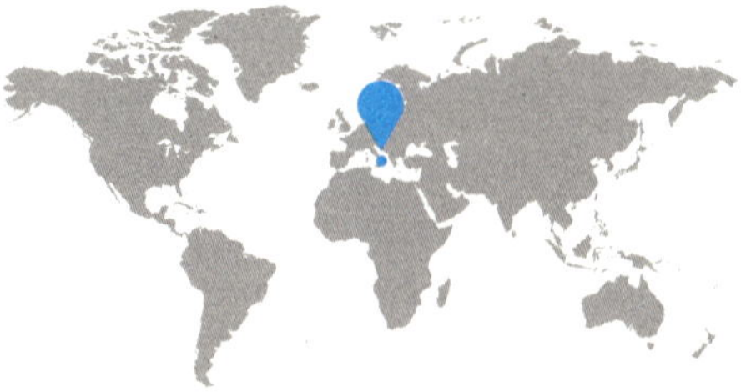

关键词：竞技场、万城之城、宗教工艺品

国别：意大利

位置：意大利半岛中西部

最佳旅游时间：4—9月

罗马

美丽的七丘城

2700年的历史在这里沉淀、发酵，无数个世纪在这里重叠、辉煌，那些灿烂的瞬间变成世界观众永恒的记忆。

特莱维喷泉，游客通常会在此地许愿

罗马最初建在了景色秀丽的七座山丘之上，所以又被称为“七丘城”。罗马古城到处都有罗马帝国的遗迹，虽然大多已残缺不全，但依然默默矗立，使这块土地散发出一种深深的高贵和顽强的气息。同时，这座历史久远的罗马城，是条条大路的终点，是精神追求的最远端。

沿着威尼斯广场旁边石路慢慢走，你会看到展现在眼前的是宏伟高大的古代议会大门和庙宇。这里的街道并不是很宽，两边的

▫古罗马斗兽场，是古罗马帝国专供奴隶主、贵族和自由民观看斗兽或奴隶角斗的地方

建筑似乎是因为经过了岁月的洗礼而显得斑驳不已。路的两边没有林立的摩天大楼，也没有奢华的都市气派，但可以轻易地感动你我。走到最繁华的城市中心，留给世人的仍是残垣断壁，也许世界上只有罗马愿意把这空旷的废墟保留在城市中心。

罗马古城里最负盛名的大概就是古罗马竞技场了，它的设计和建造可说是人类创造的一个奇迹。漫长的时间使它那淡黄色的大理石砖墙变成了黑色，只能看到无数的巨型大理石拱门和圆柱。漫步在这片废墟中，触摸着古物给我们带来的震撼，伫立在这里，似乎可以感受到自己正身处时空的影子里。闭上双眼，那远古的喊杀声、叫好声、兵器交鸣声混杂在一起，仿佛置身于帝国时代狂热的观众和惊心的厮杀之中。它见证了历史的荣耀与野蛮，它承载着时光的流逝与环境的变迁。

其实，罗马也有美丽温柔的一面，许愿池可以说是罗马最浪漫温馨的地方了。特莱维喷泉就是许愿池，人理石的海神雕像栩栩如生，精美无比。泉水从层层岩石的罅隙中涌出，最终汇成巨大的水池。据说站在喷泉前面，背向它投一枚硬币，就可以许三个愿望，但其中必须有一个愿望是“回到罗马”。许愿池在阳光下熠熠生辉，映衬着那满池的硬币，折射出绚丽的色彩。

罗马，这个城市分布着众多承载历史和传说的古迹。走在罗马的街道上，随便捡起一块石头，就有可能是时代的见证者，在它的背后可能有说不完的故事。这里处处充满着的诱人气息，让人情不自禁地迷失在这座美丽的七丘城中。

不可不游

君士坦丁凯旋门

君士坦丁凯旋门始建于公元 312 年，位于市中心，是罗马城现存的 3 座凯旋门之一。凯旋门长 25.7 米，宽 7.4 米，高 21 米，拥有 3 个拱门，最精美绝伦的是凯旋门顶端的 8 块浮雕，众多的雕塑集合了罗马不同时代的风格。

古罗马斗兽场

古罗马斗兽场是罗马的标志，它始建于公元 72 年，历时 8 年才建造完成，与凯旋门相邻。圆形的古罗马斗兽场周长 527 米，高 57 米，占地 2 万平方米，一次可以容纳 10 万名观众。

特莱维喷泉

维莱特喷泉是世界上最受欢迎的喷泉之一，也是罗马最大的喷泉。这个喷泉高约 26 米，宽约 20 米，历时 30 年才建成。巴洛克的建筑风格，更增添了这个喷泉的立体感，而具有许愿作用的泉水更是增加了特莱维喷泉的神秘感。

Tips

① 在罗马中央车站（Termini）内有旅游咨询中心，可以免费领取罗马地图，以便有个简单初步的印象。

② 夜间公共汽车行驶时间是 0:10—5:30，乘坐夜间的公共汽车观赏夜色里的罗马也很好。

罗马文艺气息浓厚，是情侣的度假天堂

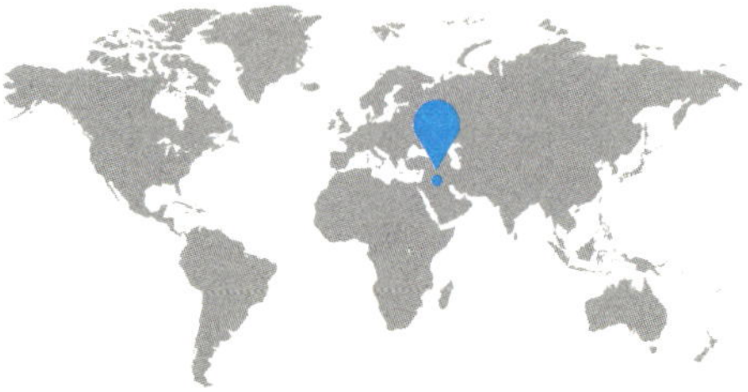

关键词：精美、别具风格
国别：伊拉克
位置：巴格达以南 90 千米处
最佳旅游时间：全年

巴比伦古城遗址

人类文明的发祥地

据说这里有《圣经》中未能完成的通天塔。

巴别塔，传说中能通往天堂的高塔

有“神之门”含义的巴比伦，地处交通要道，同时为古、新巴比伦王国的首都。早在公元前 2000 年，巴比伦就已经是西亚最著名也最繁华的政治、经济和文化中心了。如果再往前追溯，可以发现，在公元前 2350 年，巴比伦便已经有人类生息繁衍，因此可以说，巴比伦是人类文明的发祥地之一。

古代两河流域的建筑水平极为高超，这一点，在巴比伦古城中的建筑得到最充分的体现。且不说那些壮丽豪华的宫殿，仅埃特梅兰基塔庙就足以显示古巴比伦人精湛的技术，这座附属于埃萨古纳大庙的塔庙共有 7 层，最底端的基座边长和高度均约 91 米。而更引人注目的是每层由釉砖砌成，色彩斑斓，十分漂亮。塔顶的神庙专门供奉玛克笃克神金像，外身也是满铺釉彩，看上去精美绝伦。女神门是古城古建筑中的精华，在这里，除了看到神庙，还要看一看这扇门，高 12 米，宽度是高度的数倍。门墙上有釉彩动物图案，这些动物

中世纪的石柱，依然耸立在这座古城之中，似乎在完成未竟的使命

形象十分生动。

从公元前539年开始，波斯人、马其顿国王亚历山大和帕提亚人先后占领了巴比伦，战争让巴比伦的发展停滞下来，最终在战争中沦为一片废墟，那彰显巴比伦繁荣昌盛的120尊石狮子也遗落在历史的长河里，无迹可寻。

到了巴比伦，一定还要看一看空中花园的遗址，被列为古代世界七大奇观之一。所谓“空中花园”，只是希腊文的意译，并非指在空中建造的花园，而是一座修筑在高处的花园。传说空中花园的建造者为新巴比伦王国国王尼布甲尼撒二世，他颇有才华，修筑了许多气势宏伟的宫殿，空中花园更是将他的建筑才华展露无遗。这座花园是专门为米底的公主安美伊迪斯修建的。当时，公主远

这些断壁残垣，似乎讲述着昔日往事

从坚固的城墙，仍就能看出当年的繁荣景象

嫁至此，心里对故国甚是思念，为了哄爱妃开心，国王便在幼发拉底河河畔修筑高台，并在高台上兴建花园。花园里的建筑错落有致，逐层高升，每层都种植奇花异草，高墙壁上镶嵌有许多彩色雄狮，十分漂亮，公主行走在空中花园里，心情大好。因为修建在高台上，远远望去像是悬在空中，所以取名空中花园。

而今的空中花园，早已不见了国王、王妃的身影和当时建筑的盛况，恩爱和繁华都随风飘散，唯有这斑驳遗迹在默默诉说着过往的一切。

不可不游

巴别塔

此塔规模十分宏大。根据记载，塔建在许多层巨大的高台上，这些高台共有 8 层，越高越小，最上面的高台上建有马尔杜克神庙。墙的外沿建有螺旋形的阶梯，可以绕塔而上，直达塔顶；塔梯的中腰设有座位，可供歇息。塔基每边长和塔高均约 90 米。巴别塔是当时巴比伦国内最高的建筑，在国内的任何地方都能看到它，人们称它“通天塔”。也有人称它是天上诸神前往凡间住所途中的落脚处，是天路的“驿站”或“旅店”。

博物馆

伊拉克政府在遗址上仿建了一座城门，城门内修建了博物馆，馆内陈列着出土的巴比伦文物，其中两件展品最为珍贵：一件是根据出土文物复制成的巴比伦古城全貌的巨大模型；另一件是高近 2 米的黑色闪绿岩的石碑。石碑的上半部为精致的浮雕，刻着太阳神将权标授予汉谟拉比的情景；下半部是用楔形文字刻记的巴比伦王国国王汉谟拉比领导制定的世界上第一部法典《汉谟拉比法典》的全文，石碑的原件现在巴黎罗浮宫，此地陈列的是复制品。

Tips

1. 伊拉克为沙漠气候，最好携带防晒用品，注意防沙。
2. 请携带手电筒等照明设备，伊拉克可能会停电。

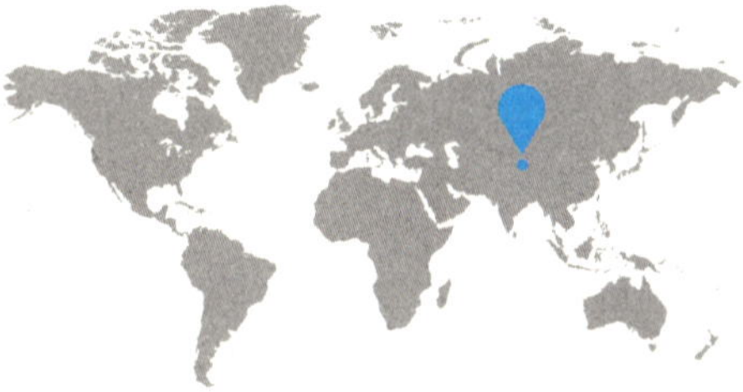

关键词：壁画、金银佛像
国别：中国
位置：西藏普兰县
最佳旅游时间：全年

古格王国遗址

帝国的余音

300 多年前，神秘的古格王朝一夜之间在历史上消失，留给我们的只有那记录了古格灿烂辉煌文化艺术成就的遗址。

古老城堡的断壁残垣与脚下的土林浑然一体，使人难以分辨究竟何为城堡、何为土林

巍峨的古格王国遗址坐落于西藏普兰县。它由曾经拥有百万金戈铁马的藏王朗达玛后裔所建，距今已有 1000 年的历史，于 17 世纪灭亡，给后人留下了无数珍贵的文物和历史资料。

古格王国遗址是用周围土林的黏性土壤修建而成的，为全国首批重点文物保护地之一。遗址从山麓到山顶高 300 多米，到处都是和泥土颜色一样的建筑群和窑洞。除几间寺庙外，其他房舍已全部塌顶，只剩下一道道土墙。遗址的外围建有城墙，四角设有碉楼。整个遗址建在一座小土山上，建筑分上、中、下 3 层，依次为王宫、寺庙和居民区。

古格王国的富强，或许与它盛产黄金白

城墙仍在，王朝已被湮没在历史之中

银有很大关系。在这里发现过一种用金银汁书写的经书，而且出土的数量极大。这种经书书写在一种略呈青蓝色的纸面上，一排用金汁书写，一排用银汁书写，在阳光下金银闪烁，富丽堂皇，奢华程度无以复加。

古格雕塑多为金银佛像，佛像用金、银、铜等不同的原料合炼而成，工艺精湛，通体全无接缝如自然形成，其价值甚至超过了纯金佛像。其中，最为神奇的是一种名叫“古格银眼”的铜像，只有古格才能制作，更是被视为佛像中的精品，因为极少流传于世，所以显得尤为珍奇。

而遗迹中保存数量最多、最完整的是它的壁画。古格壁画风格独特、气势宏大，较为全面地反映了当时社会生活各层面的状态。所绘人物性格突出，用笔洗练，丰满动感的女性人物最具有代表性，而且色彩鲜艳，至今保留较好。

古格王国遗址内壁画保存完好的殿堂建筑有5座，分别是红殿、白殿、度母殿、大威德殿、坛城殿。其中，红殿、白殿、度母殿和大威德殿比较集中地分布于遗址山下，坛城殿则位于山体的顶部。遗址建筑在彩绘、泥塑、雕塑艺术等方面都具有很高的价值，是古格王国时期遗留下来的完整作品，也是古格建筑及艺术的代表。

整个王宫都建筑在山顶上，四周全部是悬崖峭壁，险不可攀，只有一条曲折幽暗的登山隧道连接半山腰与山顶王室区。爬到顶后，果真有帝王的气势。远处就是成片绵延的土林，最上面有一些经幡，在土黄色建筑中非常显眼。纵览全城，东西两侧的山沟、北部开阔地带尽收眼底，仿佛整片大地都被踩在脚下。

古老而神秘的古格王国，就如一座巨大的迷宫，将太多的秘密深锁其中。古格的面纱等待着你去揭开。

废墟中的残垣断壁，依然能让人想象出昔日的繁华盛景

不可不游

干尸洞

相传古格与拉达克打仗落败，为了不连累百姓，古格国王与拉达克人订成盟约：自己投降，勿扰百姓。谁知在古格国王带领士兵弃械投降后，拉达克人不但将国王和士兵们全部杀死，派人将尸体扔到北面 600 多米处的断崖上，还将所有的百姓赶走，天长日久，这些士兵的尸体化为干尸，便成为远近闻名的阴森恐怖的“干尸洞”。

托林寺

托林寺作为古格王国重要的宗教活动场所，是西藏西部最著名的佛寺。红殿名为杜康大殿，是僧众集会之处，其四面墙上绘满壁画，风格与古格都城遗址相似。

Tips

① 古格王国遗址位置偏僻，交通不便，最好包车或者自驾前往。

② 因高海拔以及需要向上步行登高，建议做好预防高原反应的措施并带足饮用水。

③ 从扎达进入古格王国，需要先到公安局登记开证明，再到文化局购买门票。

残破的城墙，依稀还能看出当初的房屋结构

第五章

地球最文明的遗存

这里是涤荡人们心灵的所在，

无论是梵音，

先者的白骨，

还是传说中的童话，

都是人们内心所尊崇的。

之所以存在，

是因为相信。

左图：金光闪闪的佛塔

关键词：神秘、史前遗迹
国别：英国
位置：英格兰威尔特郡索尔兹伯里平原
最佳旅游时间：全年

巨石阵

历史的困惑

驻足，聆听宇宙洪荒的声音。

巨石阵主要是由许多整块的蓝砂岩组成，这些石柱排成圆形，不少巨型石块横架在两根竖直的石柱上

在英国的索尔兹伯里平原上，一些巍峨的巨石呈环形屹立在绿色的旷野间，这就是英伦三岛最著名、最神秘的史前遗迹——巨石阵，又被称为索尔兹伯里石环、太阳神庙、史前石桌、斯托肯立石圈等。据推断，巨石阵约建于公元前 2000 年，是欧洲著名的史前时代文化神庙遗址。

巨石阵是谜一样的遗迹，这些巨大而高耸的石块被竖立在荒野、山脚，甚至在过去的沼泽地区，而当地并不是石场，这些石块就如同金字塔的石块一样，是从远处搬运过来的。

根据推算，巨石阵已经有 4000 年以上的历史，现在所剩下的石头大大小小约有 38 块。这些石头因为经过长时间的风吹日晒，表面产生了许多奇形怪状的凹洞。巨石阵排

月光下的巨石阵充满了神秘感

列成一个同心圆的形状，石块大致为长方形，但却直立在地面之上，高度超过 4 米。而在相邻的石块之上，还有石头横躺在顶部，有的横跨两块，有的甚至横跨四块，排列成一幅奇特的图案。

巨石阵在一片宽广平坦、绿茵覆盖的原野上矗立着，较近的地方有一条整齐优雅的马路绕行而过，现代文明产物的汽车从这里不停地驶过，巨石阵独自在这里栖息，散发着经久不衰的神秘古老气息。这是由无数硕大无朋的石柱围成的建筑，由高空俯瞰，是一座呈圆形的建筑群，太阳东升西落，马路记录着汽车行驶的轨迹，而这里，记录的是太阳行驶的轨迹。

由于年代久远，石柱上已经长满绿色的苔藓植物，斑驳爬行，点缀着沧桑且异常坚毅的古代建筑。阳光从石柱之间的缝隙里穿行而过，投下了延长的石柱倒影。只要来到这里，人们就会惊叹于这样的事实，如此广袤的原野里连一块稍大些的石头都找不到，怎么会有如此巨大的石柱群建筑屹立在这里呢？如此突兀的建筑和其数千年之久的存在，的确值得所有人为此着迷。

不可不游

奥布里坑群

在天然石灰土壤里挖出一个由 56 个大坑组成的坑群，这便是奥布里坑群。在奥布里坑群中，56 个坑洞组成一个圆形，十分有创意。

人类化石遗址

一具来自地中海地区男童的遗骸被埋在距巨石阵不远处的一个简单坟墓中，与其埋在一起的还有一串琥珀项链，因此他被考古学家称为“琥珀项链男孩”，这是过去几年在巨石阵发现的第三具外国人的尸骸。

圣保罗大教堂

圣保罗大教堂位于伦敦，是世界著名的宗教圣地，建于公元 604 年，后经多次毁坏、重建。英国设计大师和建筑家克托弗 · 雷恩爵士在 17 世纪末完成了这个伦敦最伟大的教堂设计，整整花了 45 年的心血。大教堂原方案的平面是希腊十字形，带有一个突出的门廊。

巨石阵的主体由几十块巨大的石柱组成，这些石柱排成几个完整的同心圆

Tips

① 伦敦离巨石阵很近，交通方便，可以随时抽出时间去游览。

② 傍晚是观看巨石阵的最佳时间，此时的阳光照射在巨石上，投下长长的影子，或是穿过巨石间隙，形成一道道光柱，让整个景点充满一种难以言表的神性之美。

关键词：陵寝、巨石头像

国别：土耳其

位置：安纳托利亚东南部

最佳旅游时间：全年

内姆鲁特山

人神共舞

这是希腊时期最能体现卡梅琴尼王朝勃勃雄心的建筑之一。

内姆鲁特山位于土耳其安纳托利亚东南部。山上有一个高49米，直径152米的圆锥形陵寝，里面安葬着古代科马吉尼王国的国王安条克一世，在陵寝的东西两边，除了设有祭坛之外，还分别竖立着许多巨大的石像，都是安条克一世崇拜的神灵，有宙斯、阿波罗、大力士以及许多神兽，当然还有安条克一世本人。其中最大、最负盛名的巨石头像，就是安条克一世本人，他头戴三角形王冠，目光深邃凝重，胡须卷曲且浓密，极具王者风范。这些足以显示他王权的威严与神圣。石雕虽历经沧桑，身体部分已经碎裂得无法辨认，只有众多巨大的头像仍然保存完好，但在朝晖和夕阳里，却散发着无尽的神秘气息。

夕阳下的陵寝全景

在陵墓往西的高地上，依序摆设着安条克国王与阿波罗、宙斯、大力士等神头像的浮雕，一幅人神共舞的画面栩栩如生。紧紧相邻的是一块“国王星占图”的浮雕石板，雕镂着从脖子上垂下弯月的狮子和19颗星星。狮子背上的3颗星比其他的星星大，分别代表水星、火星和木星。上面绘制的是公元前61年7月7日的星相图。那天水星、火星和木星这3颗行星在狮子座四周排列成一条直线，而那天也正是安条克举行国王加冕仪式的日子。这种星相图为安条克的统治赋予了神授的意境，而在他死后，此星相图也昭示着他不朽的灵魂。安条克一世用众神的巨石像装饰自己的陵寝，以显示自己和神灵的共通性，还通过浮雕向人们展示自己已经进入神灵的世界，并与神灵为友。浮雕里面刻画的内容是他与众神并列，这也是在向世人展示着他自己神性的一面。

每当太阳将要升起的时候，彩霞透过祭坛，照在每座石像的脸上，石像就从黑暗的夜色中走出，从灰色变成淡黄色，又从淡黄色变成橙色；当金色朝阳喷薄而出时，掩映在无垠的湛蓝天际中的内姆鲁特山顶被披上了金灿灿的斗篷。在空无一人的山脉中，绚丽的朝阳照耀着山上的每一块岩石。这里的风景实在是太神秘太精彩了，站在那灿烂的阳光里，站在古老的石雕面前，站在内姆鲁特山之巅，站在东西文明的分界线上，轻轻抚摸着这里的石雕，观赏着眼前的美景，品味着人类千万年的巨变沧桑，体会着人类文明的荣辱兴衰，你的思想早已穿越时空，感受到人类过去的辉煌，也感受到我们希望的未来。

世界遗产委员会评价："这里是安条克一世的陵墓。他当时统治着科马哥纳—亚历山大王国解体后在叙利亚北部和幼发拉底河建立的王国，是希腊时期最能体现勃勃雄心的建筑之一。这里的众神合一和王室血统可以溯源到希腊和波斯两个系列的传说中去，这一点反映了这一王国文化的双重起源。"

不可不游

米特拉达梯一世墓

该墓地位于宁沸伊奥斯的阿尔萨姆西亚，此处有一条长达152米的地道，这是一条人工开凿的地道，有些地方建有台阶，一个人站在其间足以伸直身体。但地道尽头是死路，入口边有一篇刻在石头上的长长的碑文，但关于地道却只字未提。该地区的一座浮雕描绘的是一位衣着优雅的科马吉尼国王，据推测是米特拉达梯与天神互相握手的景象，手中擎着棍棒与狮皮的天神正是天神赫拉。

卡帕多西亚

卡帕多西亚位于土耳其安那托利亚腹地，此地独特的喀斯特地貌焕发着摄人魂魄的美，令无数旅行者魂牵梦绕。在波斯帝国时期，由于卡帕多西亚人向波斯人进贡了健壮的马匹和技艺精湛的金银工匠，波斯人把这里叫作"卡帕多西亚"，寓意是美丽的马乡。

Tips

❶ 土耳其是喜食肉食者的天堂，蔬菜也鲜美，代表性的季节沙拉"萨拉特"，用的都是新鲜的蔬菜，如小黄瓜等，再淋上土耳其自产的优质橄榄油，清脆爽口。

❷ 土耳其国铁以东方快车而驰誉，但实在是不便利，除线路不足外，车次少也是问题，不如搭乘长途巴士。

倒塌的神像，只剩下了头部

保存完好的浅浮雕像表现了米特拉达梯与天神握手的情景

关键词：法老陵墓、未解之谜、金字塔
国别：埃及
位置：埃及开罗市西
最佳旅游时间：10 月至次年 4 月

吉萨金字塔群

古埃及的名片

唯有触摸，才觉震慑；唯有亲历，才感时空交错。

胡夫金字塔东面是斯芬克斯狮身人面像

埃及吉萨的十座金字塔是古代七大奇迹之一，它们耸立在尼罗河两岸的沙漠之上，距古埃及的首都孟菲斯不远。这些金字塔是古埃及时期取得的最高的建筑成就，它们如此高大，使人们很容易相信它们是神或巨人所建造的。更令人感到神秘的是，据说最早发现这些金字塔的考古学家和游客相继死于非命，于是，人们开始传言，这些惊动了法老的人都中了法老的诅咒。

这里三座最大、保存最完好的金字塔属于第四王朝的三位法老——胡夫、哈夫拉和门卡拉。这三座金字塔位于尼罗河西岸，大沙漠东缘。古埃及人相信将墓葬建在西岸，王者可以由西边死亡，再由东边复活，循环往复。金字塔群全部背靠无垠的金色沙漠，与自然背景结合成一幅宏伟豪迈的图画。

金字塔下还有一座浅色建筑——太阳船博物馆。虽然感觉颜色、造型与环境不是很协调，但博物馆是建于当年发现太阳船的原址之上的，博物馆内展览的是从胡夫墓中发掘出的木质太阳船。出土的太阳船，距今已有 4600 年的历史，太阳神在古埃及人心目中具有不可替代的地位，象征着光辉和力量。在古埃及神话中，太阳神每天早上搭着太阳船从东边起来到西边落下，晚上在地下绕一圈又从东边回来。法老的墓穴中有太阳船是因为他希望死后能跟随太阳神一同周游宇宙。在胡夫金字塔底部，被发现有五个放置太阳船的坑穴，但其中三个是空的。

由于其雄伟神秘且独具魅力的建筑设计，以及刻在胡夫金字塔上的诅咒——“无论谁打扰了法老的安宁，死神之翼都将降临在他头上”“任何怀有不纯之心进这坟墓的，我要像扼一只鸟儿一样扼住他的脖子”引发的一连串离奇诡异的死亡事件，使得埃及金字塔不仅成为所有考古学家、探险家、天文学家梦寐以求的科考之地，也是激发众多文学家、电影工作者、艺术家等艺术工作者无穷想象力与探索欲的地方。众所周知的美国电影《木乃伊》三部曲《博物馆奇妙夜》《罗浮宫魅影》《古墓丽影》等影片，都是根据古埃及金字塔的历史和遗址而勾画的令人心驰神往的魔幻殿堂。

乘着一头骆驼，漫步于金字塔前，夕阳将影子拉得长长的，忽然感觉到时间的苍茫，宇宙的浩瀚。不禁要问，金字塔真的可以让人永恒吗？那法老们的灵魂又去向了何方？

太阳船博物馆陈列的公元前 2650 年左右的古木船

抓起一把沙子，任它们从指缝间轻轻滑下。忽然想到，这些沙子无论如何都会落下，就像我们的生命，总有停止的一刻。但在风中，有的可以飘得更远、更多姿。既然如此，我们为何不做一颗随风飞舞的沙子呢？

不可不游

胡夫金字塔

胡夫金字塔是埃及现存最高也是最古老的金字塔，在埃菲尔铁塔建成以前，胡夫金字塔一直是世界上最高的人工建筑，里面埋葬的是埃及第四王朝时期的法老胡夫。金字塔的建造布局十分规整，它的四个边分别对应东南西北四个方向且误差极小。

哈夫拉金字塔

哈夫拉是仅次于胡夫金字塔的第二大金字塔，它由胡夫的继任者哈夫拉建造。虽然高度不及胡夫的金字塔，只有 136 米，但是它建在了一块高地上，看上去似乎更为高大，同时周围的附属设施也更为复杂。

门卡拉金字塔

门卡拉是第四王朝时期的第 16 位法老，门卡拉金字塔远小于前两座金字塔，它的高度大约只有 65 米，总体积也只有哈夫拉金字塔的 1/10。不同于外面包覆石灰石的胡夫金字塔，门卡拉金字塔底部包覆的是花岗岩。

与金字塔相伴的骆驼

Tips

❶ 离大金字塔约 5 分钟车程或景区中沿着公路步行约 20 分钟有一个高地，是拍摄金字塔全景的好去处，千万不要错过。

❷ 每天的日落时分是拍摄金字塔的最好时间，但因金字塔晚上有声光秀表演，下午 4: 30 就要开始清场，一定要掌握好时间。

关键词：奇迹、结构奇特、内涵丰富
国别：中国
位置：陕西省西安市临潼区城东 5 千米处
最佳旅游时间：全年

秦始皇陵

了解君王身后事

世界上最大的地下皇陵，秦都咸阳的原型，等你来揭秘。

保存完好的兵马俑形体高大，比例匀称，形象生动，神态逼真

世界是多彩而神秘的，有很多事情是很难解释清楚的，因此，就有了所谓的"世界八大奇迹"。而中国的秦始皇兵马俑则被称为"世界第八大奇迹"，你知道它是怎样被发现的吗？

其实秦始皇陵兵马俑的发现很有意思。在 1974 年，我国的陕西省干旱少雨，用水困难，因此，当时的临潼县西杨生产队决定挖一眼大井，队长杨培彦组织杨新满等村民打井。当井打到 3.5 米深时，在西壁发现了红色坚硬瓷土。有的人大喊："看，古窑！"人们继续往下挖，接下来出现的一幕更让他们惊奇：他们竟然发现了陶制的人头、身肢、铜箭头、弩机。当他们挖到 4.5 米深时，竟然发现了一层秦砖，碎陶片更是遍地都有。可是大家都没在意，有的人把挖出来的铜器卖给供销社，而有的人干脆把秦砖拿回家当枕头。

事情就是这么富有戏剧性，这个消息不久就传到了公社干部房树民耳中。他专门来到打井现场，要求停止挖掘，并向上级汇报。因为他认为这些东西可能和秦陵有关。文化馆工作人员立即从供销社和老百姓家中收回了文物，并组织群众筛土收集文物。

秦始皇陵在巍巍峰峦环抱之中与骊山浑然一体，景色优美，环境独秀

随后，这些陶质残肢碎片被县文化馆赵康民修复粘成了3个大俑，命名为“秦代武士俑”。如果事情到这里就结束的话，它也就不能被世人瞩目了。这几个大俑被在家中休假的新华社记者蔺安稳发现了，他撰写的《秦始皇陵出土一批秦代武士俑》一文于同年6月27日在《情况汇编》上发表。该文引起了中央领导的高度重视，这才组织了专家组去勘察清理。1979年10月1日，秦始皇兵马俑博物馆正式开馆，对外展出。

在西方人眼里，秦始皇是“中国的拿破仑”。他13岁就继承了秦国王位，22岁正式登基亲理朝政，开始了他一生轰轰烈烈的政治生涯。秦始皇陵是中国史上第一个皇帝陵园，其规模之大、结构之奇特、内涵之丰富堪称世界之最。

陵园再现了秦国都城咸阳的布局构造，总面积相当于78个故宫的大小。相传宫殿地下用水银做江河湖海，顶上用明珠做日月星辰，用鱼油燃灯，以求长明不灭，极尽奢华。为了让秦始皇安息，陵墓四周有400多个陪葬坑和墓葬。考古学家发掘出3处兵马俑坑，出土的大约6500个兵马俑都是仿照真人、真马制成的。武士俑高约1.8米，面目各异，神态威严。据考证，兵马俑的原型是与秦始皇生活在同一个年代的人的形象，为秦文化的研究提供了重要依据。

此外，“世界第八大奇迹”秦始皇陵长期存在一系列疑问，如秦始皇真墓是否就在封土堆之下？墓室埋深多少？地宫结构尺寸怎样？墓室是否坍塌进水？墓室内所藏珍宝是否如史书记载的那样？是否被盗？这些皆是不到开挖之日就无法解开的谜团。

秦始皇兵马俑是可以和埃及金字塔及古希腊雕塑相媲美的世界人类文化遗产，它们充分表现了2000多年前中国古代汉族劳动人民卓越的艺术才能，是中华民族的骄傲和宝贵财富。想一探究竟的话就亲自来陕西吧。

兵马俑坑，是秦始皇陵的陪葬坑

不可不游

青铜器

陵墓地宫中心是安放秦始皇棺椁的地方，多年来已有5万多件重要历史文物出土。1980年发掘出土的两乘大型的彩绘铜车马——高车和安车，是迄今中国发现的体形最大，装饰最华丽，结构和系驾最逼真、最完整的古代铜车马，被誉为“青铜之冠”。

兵马俑坑

兵马俑坑是秦始皇陵的陪葬坑，位于陵园东侧1500米处。为研究秦朝时期的军事、政治、经济、文化、科学技术等，提供了十分珍贵的实物资料，是世界人类文化的宝贵财富。兵马俑坑现已发掘3座，俑坑坐西向东，呈“品”字形排列，坑内有陶俑、陶马8000多件，还有4万多件青铜兵器。

彩绘陶俑

在秦始皇陵首次发现了秦代陶俑新的类制，蕴含了丰富的文化元素。自2011年以来出土的文物中，尤以近30件陶俑最引人注目。此次发掘出土的陶俑通体涂有彩绘，上身的彩绘保存较好，但颜色偏黄。通过观察彩绘，均可看清彩绘涂刷的方向与纹路，能从这批秦代陶俑新的类制中了解秦代丰富多彩的杂技艺术及宫廷娱乐文化。

Tips

❶ 区间巴士在秦始皇陵与秦兵马俑之间往返，可凭门票免费乘坐，乘车地点分别为秦始皇兵马俑博物馆售票厅东侧停车场、秦始皇帝陵博物院以及丽山园东门外停车场。

❷ 西安的美食多，但多属油腻刺激的，切记适可而止，最好带上止泻的药片。

❸ 西安的日光强烈，需携带帽子或遮阳伞、太阳镜，注意防晒。

关键词：奇迹、瑰宝
国别：印度
位置：距新德里 200 多千米的阿格拉城内
最佳旅游时间：10、11 月

泰姬陵

王妃之谜

泰姬陵在水中的倒影呈现了泰姬的少女形象，这到底在昭示着什么？

正中央是陵寝，在陵寝东西两侧各建有清真寺和答辩厅。这两座式样相同的建筑，对称均衡，左右呼应

泰姬陵是一座由白色大理石建成的巨大陵墓清真寺，是莫卧儿皇帝沙·贾汗为纪念他心爱的妃子于 1631—1648 年在阿格拉建造的。泰姬陵是印度穆斯林艺术最完美的瑰宝，是世界遗产中令世人赞叹的经典杰作之一。

泰姬陵建于 1631 年，除了汇集全印度最好的建筑师和工匠外，还聘请了中东地区的建筑师和工匠，耗竭了国库库存，从而导致了莫卧儿王朝的衰落。泰姬陵用大理石筑

泰姬陵的前面是一条清澄水道，水道两旁种植有果树和柏树，分别象征生命和死亡

成，这些大理石来自于322千米外的采石场，本不是纯白色，只是因为大理石表面镶嵌了宝石，在阳光的照射下，宝石折射出光芒来，才会使泰姬陵变得纯白无瑕。建造所有墙体用的都是大理石，就连陵园那黑色的文字都是大理石。撇开历史原因和爱情故事所赋予泰姬陵的意义，只是泰姬陵本身就价值连城。这是因为泰姬陵的每一处都镶嵌了宝石、珍珠和银钉，还有金质栏杆和银质大门，它的每一个角落都散发着光芒。也正是这个原因，才会引起无数窃贼的觊觎，因此每年泰姬陵都会被窃贼光顾。不过，虽然经常有宝石和银钉等饰品被偷走，泰姬陵依然雄伟壮丽，倾倒世人。

泰姬陵有怎样的形制呢？据说它坐落在一个风景区内，庄严雄伟的门道象征着天堂的入口，上方有拱形圆顶的亭阁。沙·贾汗想在亚穆纳河的另一边为自己建一座同样的黑色大理石陵墓的传说似乎没有太多的真实性。沙·贾汗的儿子奥朗则布于1658年宣布为帝，并把父亲软禁在阿格拉一个城堡内达9年之久，一直到他父亲去世。沙·贾汗被软禁时能从城堡远远眺望泰姬陵，不过后来他也被葬在泰姬陵中。

从建筑的角度看，泰姬陵代表了莫卧儿建筑成就的高峰。这种风格的陵墓竖立在一个底座上，上面饰有光塔，人们对它怀有与清真寺同样的崇敬心情。

泰姬陵能够保存到今天也是一个奇迹。因为就在泰姬陵建成大约1个世纪之后，整个南亚次大陆沦为大英帝国的殖民地。征服者不仅掠夺了印度的财富，还要毁灭它的文明。泰姬陵被改造成了英国青年们娱乐的舞厅，甚至是野餐的场所。他们还将铁锤、凿子带了进去，以便在酒醉饭饱之后敲凿陵墓上的宝石和珍珠。更有甚者，当时英国在印度的总督还制定了一个拆掉泰姬陵拍卖的计划，连施工机械都已经开进了陵园。后来由于在伦敦的第一次拍卖宣告失败，才被迫放弃了这一计划，使泰姬陵得以保存下来。

如今，泰姬陵是印度的骄傲，世界的奇迹。你也想亲眼见到这座为爱而生的建筑吗？百闻不如一见，还等什么？

不可不游

莫卧儿式花园

莫卧儿式花园位于主体前方，被两排树木划分成4个同等大小的长方形区域。但这不是简单的划分，而是蕴含着“神圣与和平”的含义，在伊斯兰教中，“4”这个数字有此意思。花园中央的喷泉和其他装饰都是按照波斯式花园来设计的。

陵墓主体

主体建筑呈八角形，中央是半球形的圆顶，整座主体都以沙·贾汗最喜欢的白色大理石所建。在白色的大理石上镶满了各种颜色的宝石，拼缀成一些美丽的花纹与图案。建筑时，在主体下方挖了18口井，每口井都以一层石头、一层柚木的方式，把地基层层叠起，以降低地震对主体的伤害，可见沙·贾汗对皇后的爱护。陵墓内部只靠室外透入的阳光照明。在大理石屏风内有两副空石棺，沙·贾汗与爱妃的真正长眠地点是在地下另一个土窖中。

清真寺

在主体两旁各有一座清真寺，以红砂岩建筑而成，顶部是典型的白色圆顶。兴建这两座清真寺的主要目的是维持整座泰姬陵建筑的平衡，以达到对称之美的视觉效果。

泰姬陵是用从322千米外的采石场运来的大理石建造的，显得格外高雅别致

一身红衣的印度女子和泰姬陵的白色形成鲜明对比，互相映衬，分外动人

Tips

❶ 泰姬陵每周五只对当地穆斯林开放，请合理安排时间。

❷ 游客穿过甬道、水池，从大门一直走到陵墓后，要想拾级别而上，必须先脱鞋，以表示尊敬，即使外国政要也不例外。

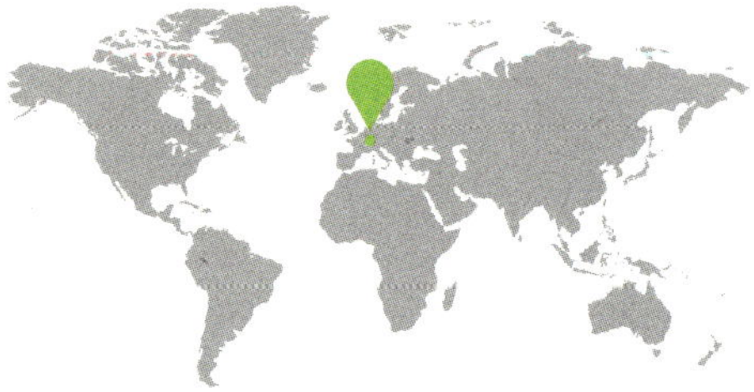

关键词：墓穴、恐怖、寂静
国别：法国
位置：巴黎 4 区、5 区和 15 区的地下
最佳旅游时间：全年

巴黎地下墓场

“亡灵之都”逸事

回到地面，再一次呼吸到新鲜空气的你，一定对死亡有了新的认知。人的骨头可以这样不计尊严地堆放，却又被堆放得如此有尊严。

巴黎，在人们的心目中似乎永远是溢彩流光，艺术氛围浓厚。可是，就在这香艳之都的脚下，竟是另有一番景象：阴森恐怖，死寂无声，俨如人间地狱——600 万巴黎市民的遗骸长眠在第 14 大区的地下。入口处上方，一行铭文赫然在目：“先人墓区，闲人止步！”

然而，当你的爱人在老佛爷百货与凡登广场流连忘返，当塞纳河吹来软软细风，当没完没了的艺术馆使你的神经麻木，你会不会觉得巴黎实在是个太温柔的城市？浪漫的名字掩盖了这个古老城市的许多个性，再去一次巴黎，也许你会找到属于男人的乐趣：历史、光荣、神秘、恐怖与放肆——这个城市的伟大就在于它的丰富。

18 世纪，天花在巴黎肆虐，无数市民在这次瘟疫中死亡，公墓很快便被占满，看着亟待处理的尸体，市长下令将死者挖坑填埋。等尸体腐烂分解后，再把骨头取出来重新安置。一个月后，人们把骨头取出来，但实在是太多了，地上面积依然远远不够用，于是，有人提议用废弃的采石场充当墓地，这便是天下闻名的巴黎地下墓穴。地下墓穴是个隧道，共有 300 千米长。1994 年，巴黎政府向世人开放了地下墓穴其中的 1 千米，人们这才得以见到它的真容。宽 2 米的地道虽然有 2 ~ 3 米高，但十分昏暗潮湿，地道一侧成堆的骨头又增添了阴森的气息。

墓场内整齐的骨头墙

地下墓穴本来是由石墙和骨头墙组成，但现在里面却布满一排排电缆线。原来在 20

世纪初，政府为了节省成本，将通信管道铺设在隧道里。随着科技发展，这些通信设备被废弃，便成了隧道的一景。地下墓穴在第二次世界大战中还被开发成法国的秘密指挥部以及市民战时的避难所。

毫无疑问，法国名人也多长眠于此。其中，有讽刺作家弗朗索瓦·拉伯雷、哲学家孟德斯鸠和帕斯卡、科学家拉瓦锡、诗人兼作家拉·封丹、大革命时期的罗伯斯庇尔及其政敌丹东、女作家赛维妮、路易十五的情妇蓬帕杜，甚至还有莫扎特的母亲。

几百年过去了。今天，当你走进这些地道时，除了感叹地道本身的通达，更会惊讶地发现，大腿骨被排列成了比较整齐的骨头墙，碎骨头则用来填充缝隙，而头盖骨则在大腿骨组成的墙上镶了几道边。在这里骨头好像是客观存在的创作素材，让人忘记他们曾经是血肉之躯，是灵魂的载体。

墓区内部为石灰石基岩构造，如同城堡一般坚固，而里面的氛围却叫人心惊肉跳

不可不游

骸骨

墓穴的一面墙体是用骨头堆砌而成，但它们并不是杂乱无章地被码放，而是经过工人们的匠心巧手码成各种形状：拱桥、走廊、洞穴。而且不同部位的骨头码放位置也不同，手骨和胫骨放在最下面，头盖骨码放在最上面，当然，头骨有时也会因为艺术需要而被镶嵌在骨头墙的其他位置。

深邃幽暗的墓穴给人一种恐怖之感

Tips

❶ 墓穴每周一不开放，周二游客会很多，请合理安排旅游时间。

❷ 参观墓穴要自备手电筒。

关键词：莲花生、修行
国别：中国
位置：西藏山南扎囊县境内
最佳旅游时间：全年

青朴

净化心灵的家园

如果说神秘的藏传佛教令所有人心中充满信仰的话，那么青朴修行地就是这片信仰中的明珠。

山脚下矗立着古色古香的建筑

青朴修行地位于海拔4300米的纳瑞山腰，它距离西南位置的桑耶寺仅7.5千米。纳瑞山多为荒山秃岭，呈现出没有活力的土黄色，唯独这里生机勃勃，小溪水在葱茏的树林潺潺流淌，蝶儿鸟儿在繁盛的百花间上下翻飞，恍若世外仙境一般。正是这样的美景吸引了无数人来此。

青朴三面环山，正南面敞开处正对着雅鲁藏布江的宽广河谷。由于深居大山深处，溪流潺潺，植被茂密，青朴修行地冬无严寒夏无酷暑，常年气候温和。在这里到处生长着生命力顽强的草木。树林里，各种各样的野花互不相让，不时有飞鸟从空中掠过，唱出清脆悦耳的曲子。五色经幡随处可见，迎

虔诚修行的人们

风飘荡，路边的石块上还可以看到藏文摩崖石刻，大部分是各种颜色和各种字体的六字箴言。这一切让人不禁赞叹藏族人的智慧，他们将美景和信仰结合在一起，孕育出神秘多彩的藏地风情。

青朴修行地的山中有 108 座修行山洞和 108 处神泉，历史上曾在此修行过的寂护大师、莲花生大师、藏王赤松德赞及金刚乘大师白若杂那等，都在此留下数不胜数的圣迹。位于山顶的莲花生修行洞格乌仓和下面的措杰洞、法王洞、鲁堆琼钦洞，都已成为朝圣者、旅游者向往的名胜。由于史上灭佛运动导致的佛教前弘期结束，许多受到迫害的寺庙僧尼将众多经卷和文物埋藏在此山中，成为后弘期以来高僧大德和寻常修行者发掘珍贵典籍之地。直到今天，据说还有许多珍贵典籍藏于大山深处，等待有缘有德之人去发掘。

亘古不灭的酥油灯是修行者的信念

山脚下的庵子庙，是青朴最有名的寺庙之一。庵子庙是一所尼姑庵，庙内的摆设与西藏其他寺庙没有区别，只是墙壁上的壁画都是以尼姑为主。在徒步青朴的途中，可以看到很多简陋的小房子，条件好些的用石头砌成，差些的就只支个棚子，还有人直接住山洞。这就是著名的修行者的居所，很多人就居住在这里，常年静修。

再往上走，就是温扎寺了。一进寺门，

山上随处可见的经幡，表现了虔诚的信徒对神灵的敬畏

迎来的便是一排排、一盏盏点亮了的酥油灯。酥油灯在藏传佛教信徒心中十分重要，那一盏盏的酥油灯，传达着信徒无限的虔诚和祈愿，把酥油灯比作信徒们的精神之灯一点都不过分。

温扎寺之上，就是莲花生大师修行过的红岩洞，这里是整个青朴修行地的最高点。大师的修行洞并不宽敞，洞内正中的佛龛中供奉着莲花生大师的鎏金塑像，在众多酥油灯的照耀下金光灿灿。

站在最高处往下眺望，明媚的阳光下，青朴山一片茂密的绿色，溪流从山上流淌下来，冲刷着河流中间摆放的转经筒，使其一刻不停地转动，发出清脆的叮当声。远处是山间斜坡和悠长辽阔的雅鲁藏布江。置身其中，完全不觉身处西藏，宛然一派梦中江南的错觉。

不可不游

桑耶寺

作为中华民族文化遗产的典范之一，有着 1000 多年历史的桑耶寺，是藏族历史最悠久的寺院，里面珍藏着西藏吐蕃王朝以来各时期的遗产，这些遗产包括宗教、历史、壁画、雕塑等多个方面。毫不夸张地说，桑耶寺是藏族早期文化的宝库。

姐德秀镇

姐德秀镇位于贡嘎县内，是西藏历史上著名的八大镇之一。该镇属典型的藏南乡镇，镇内小店铺众多。这里风光秀美，景色宜人，人与自然和谐相伴，丰富的自然、人文景观环绕在姐德秀镇周边，如同戴在雅鲁藏布江中游流域的一条宝石项链。近年来国家投资数千万元在该区一带营造了广阔的人工林，还有灌丛、湿地、河流等。

Tips

① 去之前先看一些有关青朴的资料，不然面对满山的圣迹会茫然不知其详。

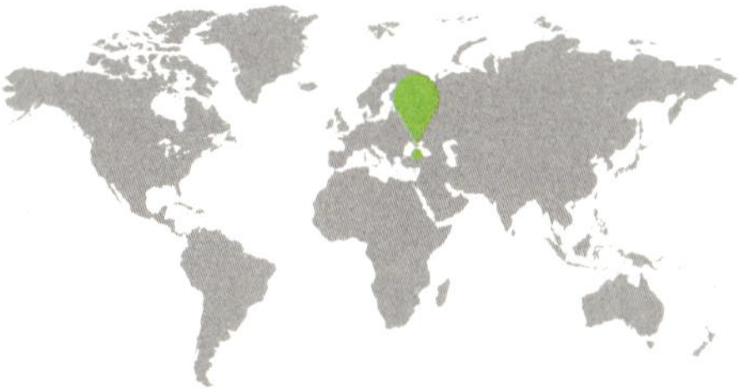

关键词：风化、圆锥形石柱
国别：土耳其
位置：安纳托利亚高原的卡帕多西亚
最佳旅游时间：4—10月

精灵烟囱

魔法创造的奇迹

那些林立的岩石，如同传说中精灵的烟囱一样，高高地耸立在山谷之间，若非上帝，又有谁能创造出如此的奇观呢？

岩石表面甚为光洁，随着阳光和云影的变幻不断改变自己的色调

在1000多年前，一群受迫害的基督徒逃入了土耳其安纳托利亚高原。就在将要陷入绝境之时，他们进入了一个后来被称为卡帕多西亚的地方。看到它的第一眼，这些基督徒就虔诚地跪在了地上，他们相信这个地方是上帝赐给他们的避难所。这里山峦起伏，沟壑纵横，沟壑与谷涧之中是一片又一片的“石柱森林”。那些林立的岩石，如同传说中精灵的烟囱一样，高高地耸立在山谷之间，若非上帝，又有谁能创造出如此的奇观呢？

夕阳下的精灵烟囱，活似一个个精灵，闪着金光

基督徒们在这里定居下来，躲过了东罗马帝国、阿拉伯人的无数次迫害。他们在这里建立了教堂，创造出和土耳其其他地方迥然不同的文化，直到千年以后，才被世人所熟知。

埃尔吉亚斯山和哈桑山活跃时喷发出的岩浆和岩灰冷却凝固后形成厚厚一层凝灰岩。凝灰岩在阳光的曝晒和风霜雨雪的侵蚀之下，松软的部分剥蚀殆尽，经过千万年在地上形成无数峡涧沟壑，在地下形成广泛连通的暗流岩洞。有些比较坚实的部分残留下来，耸立在地表形成千姿百态的岩石。其中，有壁立千仞的悬崖，有蜿蜒数千米的褶皱，更多的则是像蘑菇、树桩、尖塔一样的石笋和石柱，构成奇石林立的露天博物馆。

奇石博物馆中，到处是一眼望不尽的石柱，千石嶙峋，万岩峥嵘。有的高仅十几米，有的则高达几十米；有的像一根纤细的电线杆，有的则像一座巨大的碉堡；有的呈浅红色、赭色或棕色，有的则呈灰色、土黄色或乳白色。岩石表面甚为光洁，随着阳光和云影的变幻不断改变自己的色调。这些奇形怪状的岩石林仿佛来自童话世界，被世人称作“精灵烟囱”。

还在村外，就可以看到峭壁上悬着的一个石穴群落。各个石穴之间，有铁梯相连，也有羊肠小道崎岖相通，只不过现在有些铁梯已经锈迹斑斑，不可再用，而小道也长满茅草，无法通行了。聪明的当地人不仅在峭壁上开洞，在村子里也是凿洞而居。他们把石柱从中间掏空，设厅堂、卧室、厨房，并在里面描彩绘，铺地板，开凿窗户。在这样的石柱里面生活，仿佛一夜之间变身原始人，过上了穴居生活。

除了地面奇观之外，卡帕多西亚还有一种地下景观——利用凝灰岩的特殊结构开凿

精灵烟囱林林总总，冲天而立，形成独特的石林景观

的地下城。顺着入口走下去，尽是七拐八弯的坑道。各层之间的通道口，都安放着一个直径1米多的圆石盘，这是地下城特有的安全装置，如有敌人来袭，只要扳动暗设的机关，石盘就会自动将洞口封住。在拜占庭帝国早期的宗教迫害和后来的阿拉伯人入侵时期，都曾有上万名基督教徒躲藏在这里。

看着那些高耸的“精灵烟囱”，那些洞穴连通的巨大地下城，很多人相信，这些奇观都是上帝专门为那些落魄的基督徒建造的。也许，它的原型就是传说中的伊甸园吧。

不可不游

居里美

居里美是个仅有几十户的小村子，但这里奇石分布广泛，拥有卡帕多西亚最大的奇石博物馆。那些高大的石林显现出不同的光彩，美妙非凡，打造出了一片梦幻般的世界。这里的村民们在巨大的天然石柱中掏出了房子，仿佛过着原始穴居生活。

于斯希萨

在两座100米高的灰色山丘上，人们建立了村落，名为于斯希萨村。他们就地取材，在山丘上从上到下开凿出一排排整齐的洞穴，上下有十几层之多。远远看去，就好像是一个特大号的蜂巢一般。于斯希萨村的洞穴房屋冬暖夏凉，居住十分舒适。

德林库尤地下城

德林库尤地下城深55米，共有8层，各种功能都很齐全。第一层是日常生活场所，第二层是宗教活动场所，第三、四两层是学习、避难以及储存武器的场所，第五层和其他则是储物库和蓄水池。每层之间都挖有孔道通风换气，加之每层面积都有2500平方米之多，极为宽敞，在这样的地下城生活一年半载都没有问题。

Tips

❶ 卡帕多西亚地区有很多基督教的教堂，现在的土耳其人大多信仰伊斯兰教，到了不同的地方应注意尊重他们不同的宗教信仰。

❷ 最著名的旅游项目是乘坐热气球升空，从高空观赏整个卡帕多西亚的神奇地貌，是一项很好的体验。

关键词：佛寺、古迹、绿地
国别：尼泊尔
位置：尼泊尔西南和印度交界处
最佳旅游时间：7—11 月

蓝毗尼

世人瞻仰的圣地

蓝毗尼那些古老的菩提树受了佛法的影响，如同经历了千百年沧桑的智者，散发着丝丝禅意，静默地看着小镇，看着往来的游人……

蓝毗尼是佛教发源地，寺庙众多

在喜马拉雅山脉南麓距离加德满都300 千米的地方，有一个叫作蓝毗尼的地方，这里被尼泊尔的佛教徒们视为圣地。2000 多年前，佛祖释迦牟尼就诞生在这里的一个花园中。从加德满都出发，汽车在山路上颠簸，但没人会感到旅途的劳苦单调，世界上最雄伟的山脉下的景色处处让人着迷。

山路时而穿过巉岩、时而越过开满鲜花的草原，两边有时是浓密的森林、有时又是光秃秃的石滩；远处的雪山时时可见，路边的渊壑令人惊心动魄，有苍鹰在高空盘旋，有狍鹿跳入灌木丛中；砖木建筑的小镇，草木苫成的乡村，热闹的集市，山路上独行的僧人，骑着大象的男子，河边浣洗的女人们……无不让人感到一种异乡的情调，也让人忘记旅途的辛苦。

到了蓝毗尼，所有的人都会屏住呼吸，细细地体会着这里与众不同的奇妙的氛围。也许这就是人们所形容的禅意吧，在这儿，不管你以前是否信佛，也不管你以前对佛教

寺庙倒映水上，纯净古朴，更体现出了蓝毗尼这个佛祖故乡的灵气

了解多少，都会一下子静下来，从心灵到身体都静下来，忍不住想要听听来自佛的声音，想嗅嗅佛国的味道。

走在蓝毗尼的街头，随处都可以看到盘腿打坐、口中念念有词的僧人。他们胡须蓬乱、僧衣破旧、眉毛上沾满灰尘，可是那虔诚的双眼中却透出无限的浩渺与空灵。若是在冬季，你还能看到他们衣角、眉梢结起薄薄的寒霜，可是依然赤着双脚，穿着单衣，坐在青石板上，一动不动。让见者无不怦然心动，敬意油然而生。

整个蓝毗尼本身景色就美得不可胜收。山间绿树成荫，那些古老的菩提树受了佛法的影响，如同经历了千百年沧桑的智者，散发着丝丝禅意，静默地看着小镇，看着往来的游人。平地上是青葱的绿草、茂密的芭蕉，每天清晨这些低矮植物的叶子上都会挂满晶莹的露珠，折射出神圣的光彩。远处山岭间，峰峦耸立，常常雾气蒙蒙，山风吹过，云雾缥缈，松涛轰鸣，松针被风弹拨着，如万琴齐奏，交会成一曲气势磅礴的交响曲。如果走进山林之中，还会听到那些山溪清冷的流水声，如同清音梵唱，悠扬祥和，令人神清心静。每至朝暮时分，山雾从高处流下，飘向蓝毗尼镇中，给翠绿的大地铺上了一层厚厚的白纱，更让这里如同烟雾缭绕的佛国仙境。

摩诃摩耶夫人庙呈白色，极为清秀和肃穆，而简洁的方形又给人一种典雅和庄严的印象。庙旁边有一水池，池水清澈透明，阳光照射水面上，珠光点点，十分美丽。池边的娑罗树树干挺拔，树冠茂盛宽阔，像是在庙前撑开一把伞，专为跋山涉水前来参拜的佛教徒提供一片阴凉。而佛教徒们唯一能够回报的，就是自己虔诚的信念。

蓝毗尼博物馆内的佛像

轻轻地触摸那些古老的佛教雕刻，轻轻地抚摸那些沧桑的古树，站在一旁静静地瞻仰那些苦行的僧人，你会将生活中所有的烦恼、不快、失落都抛到脑后。在这里，你能听到来自佛的声音，你能看到自己的心灵！

不可不游

摩耶夫人祠

摩耶夫人是北天竺迦毗罗卫国净饭王的妻子。相传公元前563年尼泊尔阴历正月的望日，她在回娘家的路上来到蓝毗尼花园，在一株巨大的娑罗双树下休息的时候生下了乔达摩·悉达多，即后来闻名世界的佛陀释迦牟尼。摩耶夫人祠修建在佛祖诞生之地，周围的地面上有许多砖砌佛塔和庙宇的废墟，它们的历史可以追溯到公元前2世纪至公元9世纪。摩耶夫人祠对面有两个小型佛教寺庙，游人可以在通往摩耶夫人祠路边的宗教品市场里购买香烛或其他佛教供奉品，到寺庙中祈福。

蓝毗尼阿育王石柱

阿育王石柱立在摩耶夫人祠西侧，柱高7.79米，周长2米多，原有的马头雕像已不见踪影，半截石柱有一道伤筋动骨的裂纹，被后人用3道铁箍固定。石柱离地3米处有婆罗米文字书写的阿育王铭文："无忧王于灌顶之第二十年来此朝拜，此处乃释迦牟尼佛诞生之地。兹在此造马像、立石柱以纪念佛祖在此诞生。并特谕蓝毗尼村减免赋税，仅缴纳收入的1/8。"

蓝毗尼博物馆

该博物馆位于蓝毗尼寺院区后面，专门用来展示佛祖生平，有各种复制品和全世界各处佛教圣地的照片。马路对面是蓝毗尼研究院，但只对专门研究佛教历史的学者开放。

Tips

① 尼泊尔人民友好善良，一般不会拒绝被拍照，但出于尊重，无论是拍人家的日常生活还是一些宗教仪式，拍摄前请先获得同意。

② 带上自己的洗漱用品和梳子，尼泊尔多数旅馆不提供。

关键词：皇宫、佛塔、江水
国别：缅甸
位置：曼德勒省
最佳旅游时间：10月至次年2月

曼德勒

灵魂的栖息地

走在曼德勒山的山路上，回首俯瞰，一片绿色的都市中，点缀着白色的高楼大厦，闪烁着金光的佛塔，更如朵朵金莲花，盛开在大地之上。

阳光下的佛塔金光熠熠，让人肃然起敬

伊洛瓦底江从曼德勒山脚下流过，在它们交汇之处，孕育出了一座伟大的城市——曼德勒。曼德勒又名“瓦城”，它从19世纪开始就是缅甸重要的政治、经济、文化中心，这里有巍峨的佛塔、庞大的宫殿、雕刻精美的佛像，也有古老的城堡、英国殖民时修建的政府大厦。青山、绿水、古庙、佛塔将这里装饰成了一处灵魂

成排成列的白塔，威严秀丽

的栖息所，将这里点缀成了一处佛光笼罩的灵地。

走在曼德勒山的山路上，回首俯瞰，一片绿色的都市中，点缀着白色的高楼大厦，闪烁着金光的佛塔，更如朵朵金莲花，盛开在大地之上。相传2400多年前，佛祖释迦牟尼来此传道时，曾站在山上，指着伊洛瓦底江畔说，这里将会出现一座庞大的都市。曼德勒果然不负众望，它的辉煌让所有见过它的人感到震撼。也正是这样，城里的人相信，这座城市是在佛陀的旨意下建立起来的；他们信佛、敬佛，相信这座城市永远会继承佛陀慈悲、宽容的心，它也永远会得到佛陀的佑护，永远繁荣昌盛下去。

清晨的阳光透过繁茂的绿叶，坐在被碎光洒满的巨石之上，合起双手，让新一天的生活从灵魂的洗礼开始。很多缅甸人，长年累月地坚持到曼德勒山上打坐，他们就这样静静地坐在那里，一言不发，双眼若闭若开，神思若游若离。仔细地观察，你会发现，他们的精神是那么专注，他们的呼吸都是那么的平静，他们起来时心情出奇的好，仿佛真的得到了灵魂的洗礼。尝试着找块无人的石凳坐下，轻轻闭上眼睛，尽量不去想生活中的杂事，嘤嘤叽叽的鸟鸣在耳边跳跃，时近时远，似乎远处的梵音也渐渐响起。那确实是一种来自心灵的声音，虽然并不抑扬顿挫，甚至有些单调，却可以让人深深着迷。你沉醉在这低低的梵音之中，忘记了盘屈的双腿早已麻木，连那叽叽喳喳的鸟鸣都忽略了，耳中、心中只有那些清灵的梵音，它们越来越响，越来越清晰，那些和婉的音符在头脑中飞来飞去，直到被同伴叫醒的时候，余音还久久不息。

山上有很多庙宇，远看和中国的古建筑颇为相似，那飞檐、挑脊、滴水、吻兽都似曾相识，可走近却发现并不相同。它们有着独特的造型，多了几分棱角，少了几分圆润；多了几分奇异，少了几分优雅。它们不似中国的古建筑那么大气，那么雍容华贵，但那些屋檐，墙壁上雕刻的佛像、鬼怪却更加充满奇幻色彩，尤其是那些手持巨杵的守护神像，露着獠牙，瞪着巨目，张口怒斥，令人心生寒意，敬畏之心顿起。

躺在当地特有的独木小舟中，任其荡漾在伊洛瓦底江的缓流之中，听着不远处寺院奏响的梵音和僧侣们的吟诵声，感受着江水拍打船壁的沉缓节奏。虚幻迷离中，那城市似乎就飘浮在眼前，它在慢慢地变化，幻化出一朵盛开的灿烂的金莲花。

隐逸在丛林中的佛塔，古朴宁静

不可不游

马哈木尼佛塔

在马哈木尼佛塔供奉着一尊4米高的释迦牟尼佛像。因为佛像全身贴满了金箔，所以马哈木尼佛塔又被称为大金佛。每天都有大量来自世界各地的游客和佛教徒前来朝拜，但根据佛塔规定：只有男士可以进入厅里近身叩拜大佛，女士们是被拒于门外的。

曼德勒皇宫

古城正中央，坐落着贡榜王朝的曼德勒皇宫，这也是缅甸最后一个王朝的宫殿。整座宫殿呈四方形，被护城河环绕，墙体为红砖，显得极为浑厚。而104座大大小小的、木结构的宫殿建筑古色古香，建筑上那些精细的雕刻衬托出一种豪华的贵气。整体看来，曼德勒皇宫雄伟而又壮丽。

曼德勒山

缅甸是一个佛教国家，有许多佛教地，最著名的要数曼德勒市北面的曼德勒山。虽然曼德勒山海拔才236米，却是曼德勒市的最高点。站在山顶，可以一览曼德勒市全景，就连远处的伊洛瓦底江都尽收眼底。建议在傍晚登上曼德勒山，因为那时候的曼德勒市笼罩在落日的余晖里，五彩斑斓的祥云和金色的佛光格外引人注目，十分美丽。

Tips

① 与缅甸的其他地区一样，进入曼德勒的佛塔也要脱鞋、脱袜，以示对佛祖的尊敬。而且不要穿短裙、短裤进入佛塔。

② 购买玉质首饰一定要选择国营正规的商品店，索取购物发票等证明，出境时备查。

马哈根达杨僧院，修建时间不长，但修行僧人已经上千

关键词：陌生、古老、神秘
国别：中国
位置：喜马拉雅山脉南麓
最佳旅游时间：5—11 月

墨脱

隐秘的莲花

虽然它古老、闭塞、落后，但是让人无法拒绝，山清水秀是它的主要特征，鸟语花香是它的美好注解，神秘莫测是它的原始常态。

青山绿水下的小屋，恬淡安宁

如果把你放到一个不通公路、不通邮件的地方，你会不会崩溃？如果把你放到一个闭塞、落后，以人力为唯一运输方式的地方，你会不会抓狂？如果把你放到一个古老、陌生，石锅和筷子是唯一能拿得出手的商品的地方，你会不会溃逃？这样的地方貌似是不存在的，它只出现在小说和神话故事中，这样的地方是令人匪夷所思的。但在神秘的西藏，就存在着这样一个秘境，它就是位于林芝地区的墨脱。

墨脱是西藏高原上海拔最低、环境最好的地方；墨脱是西藏最温和、雨量最充沛的地方；墨脱是西藏最神秘、生态保存最完好的地方。总之，它的一切都充满诱惑，令人迷醉。

历史上的墨脱曾被众多的佛教徒所向往，虔诚的信徒们甚至把一生能去一次墨脱看作人生最大的幸事。在《象雄大藏经》的《甘珠尔》中，墨脱被称作“佛之净土白马岗，殊胜之中最殊胜”。墨脱人有自己独特的转经楼，这些转经楼通常建在溪边。悦耳的铃声与潺潺的流水交织在一起，伴随着漫山遍野的花香和此起彼伏的鸟儿的鸣唱，严肃庄重的转经在这里变得诗情画意，佛门的信仰在这里变得馨香。

被青山绿水环绕的墨脱，物产丰饶，景色极具诱惑力

墨脱的妙处，蕴含在徒步行走的艰难过程之中。它地处雅鲁藏布江的腹地，不通公路。在墨脱面前不能言路，可以说世界上再也没有比墨脱更难走的路了。墨脱复杂的地质构造决定了它拥有比其他峡谷盆地更多的山，处处怪石嶙峋、悬崖峭壁，放眼望去，简直没有落脚之处。山上植被茂密，原始森林神秘莫测。徒步去墨脱的过程绝对是一段惊险、艰难、刺激的旅程。森林里出没的野兽令人胆战心惊，水里嗜血成性的蚂蟥让人不寒而栗，整个旅途就是一段刺激无比的冒险，这种经历只要一次，绝对令人终生难忘。

大自然就是这样奇幻，它让人永远地捉摸不透。与险峻的旅途相对应的是一路上绝美的风景。瀑布是行走过程中不能错过的一个看点，水量之大、数量之多，实属罕见。从山石上倾泻而下的瀑布，初时如轻纱般朦胧，从石壁上缓缓地流淌下来；坠落下来后，水花被岩石撞击得四分五裂。水流吼声震天，无比壮观，然后腾起阵阵的水雾，在山间飘浮，如梦似幻。景象壮观阔大，瀑布奇绝的美让人忘却了旅途的艰险与身心的疲惫。

门巴族和珞巴族世代生活在墨脱，他们善良淳朴，在这片神奇的土地上挥洒着汗水。门巴竹编精美绝伦，珞巴族人饮食方式独特，烧烤是主要的烹调手段。这里交通不便，人力背夫是唯一的运输方式，在城中随处可见负重前行的人们。劳动是最美丽的，他们背进来药品、食物，背进来钢筋水泥，背进来大米青菜，把墨脱建设得更加美丽。独特的民族风情与鲜艳多彩的服装，共同交织成一道靓丽的风景线。

人生是一场苦难的修行，当心灵疲惫时，来一场说走就走的旅行是十分有必要的。走路去墨脱，是让心灵放松的绝佳选择。伴随着随时可能出现的野兽、高山峡谷、鸟语花香，走在不见人烟的秘境之中，把生命掌握在自己的手中去旅行，将会是最璀璨夺目的一段旅程。这样的旅程，你的人生能够拥有几次？

不可不游

仁钦崩寺

仁钦崩寺是墨脱最大的寺院，相传它是由甘布寺中的活佛甘布所建。寺院内外的景色都异常秀丽。寺院内有多座镀金铜佛像，高大巍峨、庄严肃穆，是许多信徒朝拜的圣地。寺院外，鲜花古木繁多，绿树参天、花朵连绵，衬托得寺院既古朴又典雅。

老虎嘴瀑布

水流凌空而泻，气势非凡，坠至半空之中时，被岩石所阻挡，水花被撞击得四分五裂，溅起巨大的水雾，纷纷扬扬。水流继续向下，坠入无底的深渊，发出阵阵轰鸣，如凶猛的野兽在咆哮，连大地都为之震动。每当日落西山，晚霞染红水雾，奇妙异常。

藤桥与溜索

这里的藤桥与溜索十分奇特，见不到一块木板、一根铁钉。桥由白藤缠绕而成，白藤柔软而坚韧，弹性极大。走在藤桥上需要技巧和勇气，不仅要顺着白藤的劲儿往前，更要随时注意脚下的安全。

老虎嘴瀑布从山石上倾泻而下，腾起阵阵水雾，无比壮观

Tips

❶ 溜索状如圆筒，需要手足并用地爬过去，费时费力，极富挑战性。

❷ 建议穿解放鞋，因为徒步旅行，每天都要走在溪水和泥泞的路上，解放鞋更加防滑耐用。

❸ 多备几双袜子，保持脚掌的干爽，这样才不容易感冒。另外准备一双粗布长袜，套在裤脚外面，防止蚂蟥的侵袭。

❹ 不要在草地上停留太久，也不要把包放在草地上，尽量走路中间，走得快也不容易粘上蚂蟥。

珞巴族具有独特民族风情的服饰

关键词：菩提寺、菩提树

国别：印度

位置：印度比哈尔邦伽耶城南

最佳旅游时间：全年

菩提伽耶

空寂之城

走在尼连禅河的岸边，绿水从身边汩汩流过，低矮的枝条垂进水中，风一吹便扰起朵朵涟漪，如同传说中次第绽放的莲花。

印度是佛教的发祥地，这里的佛教圣地多得数不清，但若非要找出一个最神圣的来，那么非菩提伽耶莫属。菩提伽耶位于比哈尔邦伽耶城南 10 千米处。相传，当年释迦牟尼云游到此，在附近的森林中苦修 6 年，这使他形容枯槁，精疲力竭，但还是未悟得解脱之道。于是他放弃苦修，到尼连禅河中沐浴，洗去一身积垢。随后攀树枝上岸，喝了牧羊女奉献的乳糜之后，便来到了菩提伽耶，在一棵大菩提树下打坐静思，发誓如若不能大彻大悟，终生不起。他就这样苦思冥想了七七四十九天，终于在一个月圆之夜悟得了正道，成为佛陀。从此菩提伽耶也成了佛教信徒心目中最神圣的地方。

摩诃菩提寺，是与佛陀生前生活紧密联系的四个圣地之一，是佛陀成佛得道的地方

走在尼连禅河的岸边，绿水从身边汩汩流过，低矮的枝条垂进水中，风一吹便扰起朵朵涟漪，如同传说中次第绽放的莲花。这条河因为传说也带了禅意，很多印度人喜欢在河中沐浴，他们相信这样可以除尽污垢，带来吉祥。河边有很多巨大的榕树，如同一把把张开的大伞。当地人说，佛祖当年就是在这样的树下打坐的，最后得道成佛。印度人喜欢在大树下乘凉，随着旅游业的发展，这些地方成了小贩们摆摊的地方，出售各种纪念品、食品的摊位密密麻麻，和想象中佛陀静坐处截然不同。

还未进入菩提伽耶镇，那巨大的大觉寺佛塔就映入眼帘。它高高地耸起，矗立在周围的矮塔和绿树之中，仿佛高大的佛陀正在讲经，而菩萨和罗汉们围护在身旁，倾听着他的教诲。塔内供奉着一尊镀金坐像，佛祖身披黄色袈裟，大耳垂肩，双眼低垂，面容慈祥。来自世界各地的游人，虔诚地参拜着佛像，有的抬头仰望，被宏伟的建筑和高大的佛像所折服；有的低头祈祷，不知在许下什么心愿。

大觉寺后面是著名的菩提树，这棵树是1885年翻修时从斯里兰卡大菩提树上砍下来的树枝扦插而成的。每天都有无数佛教徒在树下打坐诵经，试图借助这棵“正宗”菩提树的神力帮助自己提高修为。佛塔周围的空地上，来自不同国家、不同地区的佛教信徒们各自圈一块地方集体打坐，各种语言的诵经声此起彼伏，十分喧闹，但只要你静下心来，很快就会发现那种相同的音调，把不同的语言糅合在一起，那些纷乱的声音竟然随着这音调变得十分和谐，变得清晰而有节奏。也许这便是佛的魅力，无论外界如何，它在信徒们的心中永远能创造出一个独立的世界。这里安静，祥和，没有冲突和纷争，没有喧嚣和争吵，这里空灵但不空虚，这里寂静却不寂寞，心灵可以在此得到休憩，灵魂可以在此得到解脱。

菩提伽耶的一草一木都是有灵性的，尤其是那棵菩提树，有人说，拾起一片菩提叶，

打坐的释迦牟尼佛

每当烦躁时看看它，心情立刻就会好很多。也许佛真的无处不在，他在尼连禅河的波纹中，在大觉寺的瓦片上，在菩提伽耶的每一块石头中，每一片树叶里……来菩提伽耶吧，感受你心中的佛！

不可不游

大觉寺

大觉寺又称大塔，玄奘西游印度时，对此塔及塔附近的其他遗迹皆详加记载。13世纪时，为了逃避伊斯兰教徒的摧残，佛教徒将大塔掩埋，形成一座土丘，使它湮没数百年。直至1881年才由英国考古学者康林罕重新掘出，举世震惊，每年来此朝圣的佛教徒不计其数。大塔高52米，是整个菩提伽耶最宏伟的建筑，周围有数座小塔围绕。每至夜里，塔周围灯光璀璨，将大塔照亮，极其壮观。

金刚座

大塔外侧有一棵菩提树，金刚座就位于这棵树下。传说此座为佛陀大彻大悟成道之处，如今，佛陀石像安置于金刚座之上，供修行者礼拜。中国自古就和此座颇有缘分，唐朝时，玄照、智光、悟空等高僧陆续来此地礼拜，甚至留住于此参研佛法。而后在五代十国，乃至宋朝时期，均有高僧来此修行，建碑立塔，以示虔诚。

菩提伽耶考古博物馆

菩提伽耶考古博物馆距大觉寺不远，馆中有当地出土的一些文物，包括一些阿育王时代的物品。游客可以通过它了解大觉寺以及菩提伽耶的历史。

尼连禅河

在中印度摩揭陀国伽耶城东边，有一条从南流向北的河，它是恒河的支流，名为尼连禅河。因为两岸景色十分美丽和壮观，所以游客们经常在此流连，传说佛陀都曾经被这里的美景吸引而下河沐浴呢。

Tips

❶ 注意人身安全，避免单独外出，避开不安全场所，夜间避免去偏僻地点。

❷ 印度是右舵国家，在不熟悉当地道路，没有取得当地合法驾驶执照的情况下，切勿选择租用车辆以自驾的方式出行。

关键词：天然、粗犷、原始
国别：芬兰
位置：北极圈
最佳旅游时间：9月，12月至次年2月

拉普兰德

圣诞老人的故乡

世界上真的有圣诞老人吗？来圣诞老人之家，答案自会揭晓。

拉普兰德地区白雪皑皑，一望无际，就像世外仙境

去领略北极光的绚烂，体验梦幻般的极昼与极夜，寻找西方童话现实里的世界，追寻着儿时的梦想来到这里——芬兰北极圈以北，被称为“拉普兰德”的地方。

拉普兰德被称为“欧洲最后一块原始保留区”，它不仅原始，而且充满神秘感，是世界著名的圣诞老人的故乡。很久以前，一位年纪很大的圣诞老人在世界各地周游，为孩子们带来欢乐。有一天，他来到北极圈附

拉普兰德奇异的北极光

近的拉普兰德地区，被眼前白雪皑皑、银装素裹的美丽景色所迷恋，决定在这里的耳朵山定居。从此，芬兰的耳朵山就成了圣诞老人居住的地方——每当圣诞节来临，热情的芬兰人就会向远方的客人一遍又一遍地讲起这个动人的故事，世界各地的许多儿童都知道圣诞老人住在北极圈里的耳朵山上。

传说中的圣诞老人，头戴垂肩红软帽，身穿红皮袍，脚蹬长筒靴，满头银发，曲卷的白胡子垂过腰际。每到圣诞之夜，他就坐着由8匹驯鹿拉的雪橇来到各家各户，从红布袋里掏出糖果、点心、玩具等包装精美的礼物分发给孩子们，共享节日快乐。

拉普兰德每年10月进入冬季，一直要到第二年的5月才开春，整个冬季长达8个月。到了冬至前后，人们可以亲身感受到极夜，可以看到24小时的星星；到了夏至前后，人们又可以感受极昼，看到24小时不落的太阳。

当然在拉普兰德不参加雪地运动，那可是最大的损失。这里有一流的滑雪场，与天地融为一体，可真正体验时尚滑雪的滋味。雪地运动不只是滑雪，如果滑雪橇让驯鹿或雪地狗拉着一路欢跑，那种感受新鲜又刺激。

有人更喜欢在雪地骑马。下午3点多的拉普兰德已像沉沉夜晚，马带着你穿林而走，没有人迹，空气干净。雪在飘，冻在枝头结成绒花，风加马蹄声及树枝偶尔的抖动声，一平如镜，无欲无求。

然而这里并非冰天雪地，而是数之不尽的湖泊、江河和溪流，由森林和沼泽连接起来。在这片蓝绿相间的拼图中，最辽阔最湛蓝的就是伊纳里湖。湖的沿岸有数以百计的小湾，湖里岛屿星罗棋布，有些小岛只比岩石略大。

熬过漫长的寒冬，每年3月，拉普兰德人都要带着心爱的驯鹿聚集在北极最大的湖

驯鹿是这里的交通工具

泊伊纳里湖上，参加一年一度的传统民间节日——赛鹿节。这是一项具有浓郁民族风情的传统比赛项目，既能锻炼人们勇敢顽强的精神，也能检验驭手的驯鹿技艺。

拉普兰德人还别出心裁地在北极圈上做出一番文章。以天时地利的独特条件，为到拉普兰德旅游的客人举行跨越北极圈的仪式。一位身穿传统民族服装的拉普兰德姑娘把一张驯鹿皮铺在北极圈的界标旁边，先请游客双膝跪在鹿皮上，再拉开游客的衣领，把少许冷水从颈后轻轻浇灌下去，为远道而来的游客“提神”。随后把一个用桦木做成的木瓢递给游客，请客人品尝香甜的驯鹿奶汁。喝罢，拉普兰德姑娘郑重其事地颁发给游客一张证书，作为客人正式跨越了北极圈的证明，留作永久纪念。

想要寻找儿时的圣诞老人，现在就启程吧。

不可不游

圣诞老人邮局

从世界各地寄给圣诞老人的信件，每年多达 70 万封，这些信件全部被寄到圣诞老人邮局。这个神奇的邮局就坐落在拉普兰德，专门收取圣诞老人的相关信件，同时也售卖有关圣诞节的各种礼品：圣诞贺卡、明信片等，游客购买后会盖上邮局专有的圣诞老人形象邮戳，然后寄出去。工作人员不但负责邮寄有特殊意义的圣诞贺卡，也会回信，每年都会选择收信数量的 1/3 进行回复。

圣诞村

永远飘荡着圣诞喜气的圣诞村和圣诞乐园是游客不能错过的两个地方。在圣诞村，可以近距离与圣诞老人接触和沟通。圣诞乐园则是让人回归温馨童年的梦幻场所。

夜晚的灯光笼罩在雪上，如梦似幻

Tips

❶ 这里的驯鹿肉不仅味美，而且脂肪少，蛋白质含量高，具有很高的营养价值和很显著的滋补功效。

❷ 有芬兰“鱼寿司”之称的 Graavi，是著名小吃，是用腌制过的生鱼片包裹上小马铃薯和奶油香菜同吃，比起用米饭的日本寿司，自然另有一番别致的风味。

❸ 拉普兰德有欧洲最大的滑雪中心，滑雪爱好者或是新手都不容错过。

关键词：玛雅文明、金字塔
国别：墨西哥
位置：尤卡坦州南部
最佳旅游时间：12 月至次年 3 月

奇琴伊察遗址

辉煌的见证

昔日辉煌已然不再，但托尔特克文明从未离开这神秘之地。

武士神庙，广场上竖立着 200 多根石柱，每根石柱的每一面都雕刻了托尔特克武士形象

在墨西哥尤卡坦州南部的奇琴伊察遗址，是古玛雅—托尔特克文明中最引人注目的一笔。在南北 3 千米长，东西 2 千米宽的范围内，有数百座建筑物，可以说在中美洲古建筑名单上，是极品中的极品。

人们推测大概在 10 世纪以前，奇琴伊察曾是玛雅人的一个重要据点，接下来的几百年里，它又成了托尔特克人的城市。于是今天奇琴伊察大片遗迹重见天日之时，人们看到的已是一个不完全属于古玛雅风格，也并非纯粹托尔特克风格的建筑。

奇琴伊察的库若尔甘金字塔和羽蛇神庙是最了不起的建筑。春秋季初始时分，在此地驻足，日落的阳光投影在神庙边墙上，就会出现一系列等腰三角形。阳光变化，影子由笔直渐变为波浪形，宛如从塔顶上游动而下的巨蟒，又象征着初醒的羽蛇神。因此，人们在观看了显示季节划分的特殊效果时，还能领教古玛雅人由信仰所激发的灵感。

在奇琴伊察还有7个中美洲蹴球的球场，其中金字塔西北150米左右的球场最为引人注目，这是古代中美洲最大的球场。球场内部两侧有雕刻着球员形象的石板。奇琴伊察的球赛是一种宗教仪式，祭司会在开赛前算上一卦，卦上若说“如果甲队赢，今年就会风调雨顺，否则就是个灾年”。那么最后，如果真的是甲队赢，两队可能都会获得奖赏；反之，则甲队和乙队的队长都要献上他们的人头，以平息神怒。这种场景，可以从球场的一幅队长断头图上看到。

从球场到“武士庙”是一条蜿蜒的长廊，这时奇琴伊察的建筑已经开始印上了托尔特克人的足迹。长廊顶部由许多雕刻着托尔特克武士的石柱支撑，当人们缓步经过长廊时，会经历一条带有前人智慧和高超工艺结晶的道路，这也是一部记载着托尔特克民族英雄的史书。

与玛雅人信奉羽蛇神不同，托尔特克人更迷信猛兽的勇猛与强悍。武士庙装饰了许多以美洲虎和雄鹰为主题的壁刻和壁画，这些带有浓郁托尔特克风格的艺术作品，隐隐生威地迎送着过往的人。

或许，奇琴伊察的过往在历史长河中已渐渐为世人所遗忘，并像任何一个曾经兴旺的古城一样归于荒芜。但奇琴伊察的雕塑与建筑，那交融了两段辉煌的结晶，在世界艺术史上会永远散发夺目的光芒。

不可不游

武士神庙

奇琴伊察古城北部的武士神庙是一座石质建筑物，位于金字塔顶端，查克莫天使的祭坛雕像设立在入口处，顺着阶梯上了金字塔顶，再穿过祭坛神像，就能进入神庙里面，神庙内部最有特点的就是武士形的支柱。

修女院

奇琴伊察有一组政府宫殿，建于古典时期，因其具有普克风格的精美而引人注目。在这组建筑物的东面，有一座装饰雨神面具的庙宇。西班牙人给政府宫殿取绰号为修女院，给庙宇取了一个绰号为教堂。

金字塔神庙是供古代印第安人各部落祭祀神明的祭坛，而不是陵墓

椭圆形天文台，是为掌管风和学习的羽蛇神而设

Tips

❶ 奇琴伊察内的浮雕禁止拓印。
❷ 奇琴伊察除入口餐厅外，内部没有饮食供应，请提前准备所需饮食。

关键词：冰川、雪峰

国别：中国

位置：新疆伊犁昭苏县西南部

最佳旅游时间：8—10 月

夏塔古道

被遗忘的美

暮色中，那些雪峰呈现出迷人的粉红色，仿佛少女娇羞的脸庞，让人心动不已。

夏塔峡谷是一个富有传奇色彩的胜地，气象万千

有人说夏塔是个被时间遗忘的地方，也是一处被人们遗忘的美景。也许正是这种遗忘，才让这里显得更加迷人，显得天更蓝，山更青，峡谷更加幽深和美丽。在古道的峡谷入口处，很多人就已经被这里的美震撼了，平坦的草地、苍翠的松林、潺潺的河水；远处西天山诸峰，连绵并立，直插云霄；半山之上尽是皑皑白雪，透着丝丝寒气，让人望而生畏。在它们面前，人类是那么渺小，那么脆弱。

想想自己就要从这茫茫林海、皑皑白雪间穿过，激动的心情让人辗转难眠。住在峡口草原的帐篷之中，呼呼的风声从远处隐隐传来，松涛阵阵，似乎来自旷野的呼唤：“来吧，来吧，来看看大自然的伟大和雄奇吧！”

忽然传来一阵歌声，是来此旅游的游人，围着篝火载歌载舞。也许在这壮美的景色中，只有欢歌热舞才能释放心中被生活久久压抑的那种心情吧。清晨，牧民煮的奶茶香气飘遍整个山谷，在草原上休整的人已经开始陆续进山了。

踏着青青的草地，舒适又柔软，像梦，却已经醒来了。那些幽林之中，会随时跑出一两只野兔、松鼠，它们呆呆地看着游人，憨态惹得人开怀大笑。深山之中，天格外蓝，云朵又浓又白，仿佛山风早就吹净了上面所有的杂质。几座雪峰近看更加壮丽，像披着白色盛装的公主，让人只能远观，不敢上前，唯恐亵渎了它们的圣洁。

当夜色开始降临之时，山上呈现出迷人的浅红色，连白雪都被染上了这种迷幻般的色彩，冷峻中显出几分可爱。扎营在山下，一轮明月挂在天空，也许是因为离天近了，也许是因为白雪的反射，山间的月夜似乎比别处更亮。那些山峰清晰可见，在月下更加婀娜多姿了，不禁让人想到《诗经》中的“月出皎兮，佼人僚兮，舒窈纠兮，劳心悄兮。”

千百年来，无数人通过这条古路在阿克苏和伊犁之间穿行。汉唐和亲的公主，在此回首不见故乡，前望远路雪山连绵，远华夏之国，入蛮夷之乡，此生父母难见，故国难归，忧愁哀思怎不唏嘘；西征将士，至此闻山风萧瑟，枭啼鹿鸣，万里寒冰，渺无人烟，思生死难知，前途未卜，如何不泣下沾襟；取经高僧，至此见雪峰圣洁，余晖呈祥，想千里求佛不得一见，数年艰辛涌上心头，岂不感恸；至于失势迁客，落魄行商，行至此道，无不失魂。忽而几声夜枭啼鸣，惨厉的叫声在山谷间回荡，久久不息，让人心中凄恻。传说，千百年中那些葬身古道的羁客迁人，不甘魂留空谷，既思家人故土，又怨命途迍邅，化而为枭，在古道间徘徊哀鸣，经久不去。

走在夏塔古道之上，看着那些刻画着图文的巨石和一个个玛尼包，顿时生发出深深的沧桑之感，感慨生活的艰辛、前人的伟大。那些从云端奔腾而下的巨大冰河、穿云接日的高峰、深不见底的峡谷又让人斗志顿生，壮怀不已。夏塔古道就是这样一个让人兴奋又伤感的所在，它让人看到真正的生活，真正的自然！

不可不游

木扎尔特冰川

在腾格里峰冰川上海拔 3600 米的位置，冰川运动异常激烈，终年都会听到清脆响亮的崩坍声，地势十分险峻，几乎没有人敢涉足这里。这儿便是腾格里峰冰川最重要的部分：木扎尔特冰川。蒙古语意为“白冰川”。称它为白冰川是有道理的，因为在这里，冰川最厚处可达 20 米，在阳光下反射出冷冰冰的白色寒光。

夏塔古城

古代时期，从伊犁到阿克苏，要穿过山峰耸立的天山，也要路过水面宽阔的特克斯河。在天山和特克斯河之间，有一个夏塔峡谷。夏塔峡谷靠近驿道处的昭苏县，建有一个驿站，这便是夏塔古城。古城现为柯尔克孜民族乡政府所在地，也是一个集古道、古遗址和自然景观于一体的旅游胜地。

琼阿帕热气泉

在南天山喀尔勒克塔格山，山崖的缝隙里会喷发地热产生的热气，这种热气能够祛病健身，因此人们将这里开发出来做成天然气泉，在众多的气泉中，琼阿帕热气泉最著名，它的东南面 85 千米处就是拜城县。

Tips

1. 徒步穿越夏塔古道有一定难度，没有高山穿越经验的游客谨慎选择，最好有成功穿越过的向导做指引。
2. 穿越时必要的装备，如绳索、急救包等应准备齐全。冰雪之上路滑，防滑鞋、防寒衣物必不可少。
3. 外地游客需要前往夏塔峡谷，应在伊宁市公安局提前办理好边境通行证。

满地的青草野花为夏塔古道增添了活力

关键词：朝拜圣地、溶洞群

国别：马来西亚

位置：吉隆坡北郊 11 千米处

最佳旅游时间：全年

黑风洞

石灰岩的梦世界

天蒙蒙亮，一个健壮的男子搀扶着自己的妻子登上那峻险的楼梯去乞求庙里的神祠赐给他们一个宝宝，三步一拜，五步一叩，虔诚万分。

在马来西亚，有一个集宗教、旅游和科学于一身的旅游胜地——黑风洞。黑风洞由石灰岩溶洞组成，有形态各异的巨型钟乳石，又被称为“马来西亚大自然奇观”“ 石灰岩的梦世界”。据科学家考察，黑风洞拥有发育最全面的亚洲洞穴生态系统，在这个有 20 多处洞穴的洞穴群里，最为著名的是暗洞和光洞。

阴森恐怖的暗洞长达 2 千米，里面有不下 150 种动物，其中蝙蝠数量最多，达数万只，还有可怕的蟒蛇和白蛇。洞内陡峭曲折，危机四伏，人类轻易不敢进入。光洞与暗洞毗邻，高度和宽度都在 60 ~ 80 米，而且顶部有孔洞，阳光可以从孔洞进入，照亮洞内的黑暗，因此被命名为光洞。但因为洞穴实在是太过晦暗，光线反而给洞穴增加了一丝神秘的气息。去黑风洞的话，需要攀登 272 级石阶，因为黑风洞在半山腰，被丛林掩映着，而且这些石阶十分陡峭，所以要格外注意安全。

洞中阴森透凉，小径陡峭曲折，有多种

黑风洞内有形状各异的巨大钟乳石从洞顶垂下，颇为壮观

溶洞内有成百座彩绘的印度教神像，这里被认为是马来西亚的印度教圣地

造型钟乳石。有的状如农夫、小孩、仙女，有的状如各种奇禽异兽，可谓鬼斧神工，曲尽其妙。洞内有小溪潺潺，还有许多分洞，栖息着成千上万只蝙蝠和蛇。为保证安全，此洞已不向游客开放。

光洞附近一个洞穴中有1891年建的印度教庙宇，供奉着苏巴玛廉神，还有成百尊的彩绘神像。山下有洞窟艺术博物馆，展示包括神像壁画在内的印度神话文物。登上山顶，可远眺橡胶园和锡矿山。

黑风洞作为马来西亚的印度教圣地，每年阴历1～2月的大宝森节期间，虔诚的印度教徒用钢针穿过皮肤，面颊和舌头上用小刀、小叉刺穿，背负神像，唱着宗教圣歌游行步入石洞参拜，为期3天，朝圣者可达30万人。平时到黑风洞的游人也络绎不绝。

在光洞附近的一个溶洞中，有一座建于1891年的印度教庙宇，供奉苏巴玛廉神。据说此神能使不育夫妇恢复生育能力，因此不少无子女的印度人甚至华人、马来人纷纷来此拜神求子。另外，此溶洞内还有上百座彩绘的印度教神像。黑风洞山麓左侧有一个湖，湖旁也有一个石灰岩洞，人们称之为“艺术画廊洞”，洞里有很多色彩鲜艳的雕塑和壁画。

洞穴坐落在丛林掩映的半山腰，由山脚走到洞穴，要登272级陡峭的石级，爬上去颇费一番功夫

洞中历史悠久的印度教庙宇，苏巴玛廉神受人顶礼膜拜，此外还有栩栩如生的彩绘神像，表情各异，对人间万物显露出祝福的姿态。山下的洞窟艺术博物馆更是让人耳目一新，那些富含想象的神像壁画以及古老的印度神话文物，活灵活现地呈现在眼前。

不可不游

光洞

光洞也是黑风洞的一个洞穴，光洞在黑洞隔壁，由巨大的石灰岩组成，洞底离地面约100米，高60米，宽80米，阳光能从洞顶的孔穴中射入，因而，洞内并不是漆黑一片，光线使得洞中更显扑朔迷离。

暗洞

位于光洞下方是暗洞，在错综复杂的洞穴中，生存着一些世上罕见的生物。而走下阶梯便可到达画廊洞，其中展示了雕像及描述印度教传奇故事的壁画。

Tips

1. 不要穿裙子，裤子也要在膝盖以下。
2. 注意通往黑风洞楼梯旁的猴子，他们会抢夺游客身上的物品。

关键词：火山、巨型石像
国别：智利
位置：东南太平洋上波利尼西亚群岛最东端的岛屿
最佳旅游时间：11月至次年3月

复活节岛

石像的故乡

又是一个不为人知的秘密，让好奇心带你一起探索它的神奇。

复活节岛上遍布近千尊巨大的石雕人像，它们或卧于山野荒坡，或躺倒在海边

复活节岛是一个与世隔绝的岛屿，它位于南太平洋中，距离智利海岸3700千米，像一叶孤舟漂泊在万顷碧波之中。该岛的形状近似三角形，由3座火山组成。岛上多丘陵，是由海底升起的火山形成的典型的海洋中的岛屿。岛上地面崎岖不平，悬崖峭壁遍地都是；复活节岛属于热带海洋性气候，阳光充足，气候干旱，植被以灌木和草丛为主，这片岛屿充满了原始和荒夷之感。1722年复活节那天，荷

有些石像头顶还戴着红色的石帽，重达 10 吨，颇为壮观

兰航海家洛加文到达这座岛屿，将其命名为“复活节岛”。

很多东西与人类的生活距离太过遥远时，总会带有一些莫名的神秘，这座岛也是一样。虽然复活节岛极为荒凉，但是岛上的原始居民却将自己的故乡称为吉·比伊奥·吉·赫努阿，即“世界的中心”，而波利尼亚人以及太平洋诸岛上的土著居民却把它称为“拉帕努依岛”，意思是“石像的故乡”，因为岛上矗立着数百尊由凝灰岩雕刻而成的充满神秘的巨型石像。这些石像大多被放置在长方形的石台上，各个面朝大海，只等春暖花开，着实令人赞叹。

这些石像线条简洁粗犷，造型生动奇特，全部为半身，头部硕大，长脸窄额，凸眉凹眼，长耳高鼻，昂首挺胸，凝望远方，神情或沉思，或冷漠，神态威严，目光直入人的灵魂深处。另外一些石像的顶部戴着一顶红岩石做的“帽子”，好像一位彬彬有礼的绅士。还有一些石像，身上刻着一些符号，就像是雕刻者文于其上的图案。人们曾在这些石像的附近发现了一些刻有文字符号和奇异图案的木板，并把它们称为“会说话的木头”。一些考古专家认为，这些木板上刻着的是复活节岛的古老文字，但由于种种原因，现在这些符号已无人能够读懂，永远作为一个神秘的图案吸引着众人。

因为与世隔绝，对于造访复活节岛的来宾，岛上的居民非常热情。他们友好地献上串串花环，唱起动听的歌曲，跳起优美的舞蹈。在这个充满浓郁异国情调的小岛上，眼前女子曼妙的舞姿，耳边轻盈缥缈的歌声，让人产生一种不真实的感觉，仿佛错入另一个时空。

布满苔藓的礁石，也为岛上的美景增色不少

复活节岛的石像矗立在蓝天白云下，犹如站岗的士兵

不可不游

石头人像

复活节岛上有近千尊石头人像，这些石头人像形态各异：有的躺倒，有的侧卧，有的直立。它们体积庞大，造型生动，至于它们是何人所雕刻，雕刻原因是什么，以及如何将它们搬运过来，这些问题至今仍无人解答。

阿纳凯

阿纳凯位于复活节岛北部。这里环境清幽，湛蓝的大海，金色的沙滩，黑色的礁石，岸上生长着茂盛的棕榈，漫步此间，让人心旷神怡。更为重要的是，这里有岛上保存最完好的石像。

拉诺廓火山

拉诺廓火山位于复活节岛的首府安加罗阿以南 9 千米处，在这里可以观赏岛上的秀美风光。火山旁还有一个在远古时期进行传统祭鸟仪式的地方，那里的鹅卵石上刻有形态各异的岩石画，让人匪夷所思。

Tips

❶ 复活节岛上有不同档次的旅馆和露营地。如果在旺季前往，需要尽早预订房间。

❷ 南极上空的臭氧层空洞扩展到了智利，因此外出活动时，最好穿长裤和长袖衣服，并记得涂抹防晒油。

第六章

遗世独立的绝美村落

不慕名利的人爱隐居，

幽静的田园时光，

梅妻鹤子，

何等惬意。

假如我们依然抛不开杂念，

但当我们厌倦了都市的喧嚣，

可以来这里清静片刻，

即便不能一辈子，

哪怕一天，

也是好的。

左图：山清水秀，犹如童话般的威吉斯小镇

关键词：世外桃源、原始村落、自然风光
国别：中国
位置：云南省文山州广南县八达乡
最佳旅游时间：2—4月，8—10月

坝美

秘境中的桃源

屋舍俨然，良田美池、阡陌交通、鸡犬相闻，黄发垂髫，怡然自得。

山洞后面竟有一块如此宽阔之地

陶渊明先生笔下的世外桃源，环境优美，民风淳朴，人们过着自给自足的生活。总觉得这样的地方只可能存在于虚构之中，然而我们是如此的幸运，在崇山峻岭之中，一处世外桃源跃入眼帘。坝美村，一直以来鲜为人知，但一经发现立刻引起了轰动，它与陶渊明笔下的世外桃源简直一模一样，令人诧异。

关于坝美村，有个美丽的传说。相传一对苦命的母子来此避难，逃到了坝美村附近，但是一条混浊湍急的河流却阻拦了他们的脚步。背着母亲肯定是无法过河的，为了儿子，母亲决意投河，儿子执意不肯。在互相争执的时候，一个美丽的壮族姑娘划着小竹筏唱着歌谣而来，渡了母子过江，来到了坝美村。两个年轻人互生爱慕，结为夫妻，从此隐姓埋名，过着男耕女织的平淡生活。

坝美村通过一个巨大的溶洞水道与外界联系，船是唯一的交通工具。水道宽且长，坐在船上，缓缓前行。起初还有光线，水底的鱼儿与水藻也清晰可见，越往里越黑暗，四周一片漆黑，只有木桨划破水面的声音与

坝美四周被青山环绕，触目可及之处，皆是让人心动的绿色

人轻微的呼吸声，静得可怕。当压抑将要到达底线的时候，突然豁然开朗，美景尽在眼前。

悲喜交加的感受接踵而来，前一秒还是死一般的寂静，下一秒则是欣欣向荣的喧腾。依旧在船上，河流两岸一片葱绿，山花烂漫，落英缤纷，岸上稀稀疏疏的房屋散落着，袅袅的炊烟在升腾，田地里作物肆意地生长，到处觅食的小鸡，懒洋洋卧着的小狗，以及或忙碌或悠闲的人们，组成了一幅美丽的田园图景。

坝美四面环山，山上植被良好，鸟儿鸣唱、动物穿行，犹如原始森林般壮阔；山脚下的坝美也是绿色的，远望过去，一片油绿，养目提神。身着民族服饰的壮族人们穿行其间，成了绿色油画上一道亮丽的色彩。

坝美民风淳朴，人们诚实善良，看到来人，总是热情招待。只要有盐巴，他们可以整年不出去。在这里有的老人甚至一辈子都没有出去过，不会汉语更不知道外面的世界，没有烦恼与忧愁，安详自在。开垦田地、种植作物，他们在这里自给自足，整片山谷就是他们的乐园。

村口的大榕树，遮天蔽日，垂下的树须长达数米，像一个忠诚的卫士守望着家园。横跨水上的竹桥，精巧美观，站在桥上看到远处的炊烟、茂密的竹林、河边的稻田与悠悠转动的水车，美景尽收眼底。

在繁华的世俗世界中竟然存在着这样自然原始的乐园，令人称奇。当心灵疲惫或受到挫折的时候，不妨来到这里，过几天与世隔绝的生活，将会是一种全新的体验。

坝美村口的百年老树，枝繁叶茂，树大根深，像个忠诚的守护神

不可不游

坝美河

被坝美人亲切地称为鸳鸯河，在流进村子前河水自然地分成两股，进村之后则合二为一，难分难舍，如同一对情侣，历经分分合合最后依然结合。左边的为女人河，右边的为男人河，白天它泛着银光、生机勃勃，夜晚则静谧温柔，用它清澈的河水为人们拂去一天的辛劳。

溶洞水道

悠长深邃的溶洞水道上方分布着大小不一的3个洞口，就像是房屋的天窗一样。每个洞口的景色各异，一个洞口上方被枝叶遮挡，洒下斑驳的阳光，映在水面，煞是好看；一个洞口光秃秃的，透过光亮可以看到燕子的巢穴与沉睡的蝙蝠；另一个洞口巨大，透过它可以看到湛蓝的天空，给在黑暗中穿行的人们带来希望。穿过水道是对勇气的挑战，十分刺激。

坝美坐落在山脚下，犹如隐身在原始森林中

Tips

❶ 坝美村与世隔绝，不通电，来此游玩要准备好手电筒与应急照明灯等设备。

❷ 水道黑暗悠长，最好多人一起合租小船，尤其是女生，最好结伴而行。

❸ 如果要在村子里过夜，可以住在村民家中，他们友善淳朴，会提供最好的床褥，不过要事先商量好价格。

关键词：山水、城堡、教堂
国别：西班牙
位置：特鲁埃尔省
最佳旅游时间：全年

阿巴拉钦

激情中的温婉

塔霍河在群山之间蜿蜒穿梭，在她的臂弯里，阿巴拉钦小镇静静地沉睡着，享受着比利牛斯半岛最柔和的阳光和海风。

在比利牛斯半岛东北部的阿巴拉钦，这个建于中世纪的小镇，藏身在群山之中，它躲过了吊车机器的喧闹轰鸣，躲过了钢筋水泥的入侵占领，躲过了飞机火车的撕裂冲击。它对着清澈的塔霍河水整理中世纪的容颜，它沐浴着最温暖的阳光，懒洋洋地躺在山与河的怀抱之中，它轻嗅着来自大西洋的海风，孕育出一个个温馨、浪漫的梦。

当春风唤起沉睡的树木时，小镇外矮丘上的果园变成了色彩缤纷的海洋，蜂蝶在桃花、杏花、梨花间飞舞，美丽的西班牙姑娘就在纷纷花雨中起舞，伴着低沉清幽的乐曲，仿佛一首清新的婉约小令，很难想象，这个以激情的斗牛而著称的国家，竟然还有如此温情、如此柔和的一面。和心爱的人走过绿荫花丛，立在横跨塔霍河的石桥之上，任落英坠满肩头，轻嗅着彼此发梢染上的花香，不知有多少人曾梦想着融化在阿巴拉钦的春色之中。

丛林中的阿巴拉钦小镇，远远望去，恍如童话般的世界

端一杯当地居民酿制的果汁酒，坐在小镇街头的大槐树下，听着鸟啼的声音被风吹远，看着远处升起缕缕炊烟，美酒、美景、身边的美人，无一不叫人深深地沉醉。那时，你也许再也想不出比这更闲适的生活，再也想不到比这更美的田园风光了。只想永远这样静静地坐着，直待月光铺满地面，才依依不舍地从花茵上离开。

小镇的建筑格局也颇为独特，方块状的

小镇的房屋五颜六色，清新典雅，让人心旷神怡

屋体，覆盖着小倾角的屋顶，鳞次栉比地立在山坡之上。那倾斜的山坡，成了房屋的展台；那些精致的房屋，远望如镶嵌在山坡之上的装饰品。沿着房屋建有古老的小路，走进那些深深的巷子，两侧高高的墙壁，让这里有种曲径通幽之感。足音在两壁之间激荡，远远传开，还未见到对面的人，却先听到或是轻灵或是沉着的脚步声。尤其在下雨时，走在这些幽深的巷子里，让人想到戴望舒的《雨巷》，总是猜想着传来的脚步属于谁，是否对面正有一个丁香一样的异国女子，打着一把古色古香的油纸伞，从巷子那边向你走来。

小镇的房屋大多采用石膏建造而成，新建的房屋雪白洁净，清新典雅；那些历经岁月侵袭的古老房舍被山风吹成暗红色，显出了深深的历史沧桑。紧闭的大门上，挂着一只只吸铁石雕成的蜥蜴，人们相信它们可以给主人带来一生的好运。镇里有好几处教堂，每至清晨，教堂中就会传来清音唱诵，即使没有宗教信仰的人，听到这种饱含爱与虔诚的声音，也不禁肃然动人，变得更加温和，更加仁慈。

走进那些山坡上的酒馆之中，要一杯咖啡，找一个靠窗的位置，拉开窗帘，一边品尝杯中的美味，一边将山水、城堡、教堂、房屋、果园收入眼底，那种被美淹没的感觉，又岂止“悠闲”二字可以轻易地概括！

不可不游

城堡

小镇上方的山坡上，矗立着一座古堡。虽然年代已久，早已荒废，但断壁残垣间还能联想到它往日的辉煌。城堡两侧，城墙沿着山坡逶迤而下，直伸到塔霍河边，如同一道屏障围护着阿巴拉钦小镇。

城堡所处的山坡上还是俯瞰小镇全景的最佳位置，白日里到了这里可以将整个地区收进眼中——蜿蜒环绕小镇的塔霍河，一片片果园，鳞次栉比的建筑……夜晚，坐在城堡之下，听山风吹过千百年前的断壁残垣，看着下方的点点灯火、头上的灿烂星空，也是浪漫无比的事。

教堂

小镇中有多所教堂，最著名的是古老的圣玛利亚大教堂和近年新建成的住教皇宫。它们的建筑各有特色，新旧不同，但那种浓厚的宗教氛围都值得体验一番。游人可在早晨前去和当地的教徒们一起做祈祷，也可以听听那些没有任何配乐的宗教吟唱，绝对是对心灵的一次难得的洗礼。

塔霍河

塔霍河是西班牙的主要河流，阿巴拉钦 4/5 的区域被塔霍河环绕。在小镇靠近河边的地方，有古老的石桥，有新建的公园，有度假酒店，有果园农场，游人可以沿着河流体验这里的种种乐趣。

Tips

❶ 小镇的神奇之处在于每间房屋的门上都有一个大大的吸铁石壁虎在上面，据说这是小镇人多年延续下来的一种信仰。

❷ 通过古老的石路，登上小镇上方的山坡，在古堡下欣赏西班牙最美的夜空，似乎穿越了时空。

关键词：超凡脱俗、美女
国别：中国
位置：四川省甘孜藏族自治州
最佳旅游时间：4、5月，9、10月

丹巴

“千碉之国”

这里人杰地灵，美女众多，单身男士不容错过。

极具民族特色的甲居藏寨，坐落在层峦叠嶂的山坡上，极为美丽

尽管它被誉为“中国最美丽的山村”，但因为“蜀道之难，难于上青天”，很多人并不知道丹巴这个地方。即使她的名声逐渐远扬，她依旧如一位小家碧玉般，清新宁静，超凡脱俗，气质优雅。恐怕只有四川这样仙境般的地方，才能够涵养出这样美丽的景色。

丹巴，位于四川省甘孜藏族自治州，境内高山耸峙，层峦叠嶂，峡谷深邃，景色独特而优美。丹巴的山路缓缓向上，远处的雪山巍峨静谧。山脚下的河谷，流水汩汩，终年不歇。山顶与山谷，互相配合，使得丹巴冬无严寒、夏无酷暑。在这水光山色中，蕴藏着丰富的资源，雪山、森林、温泉、高山草甸，应有尽有。

被誉为“千碉之国”的丹巴，怎么少得

丹巴白塔，五彩经幡在风中飘扬

了古碉呢？在大小金川及大渡河两岸的村寨、山脊和要隘处，耸立着无数的古碉建筑。据记载，在鼎盛时期，丹巴碉楼多达 3000 座，一个规模较大的村寨也有百余座。试想，当初在河谷两岸，碉群密密麻麻地林立着，那气势该是何等壮观！经过战争和风雨的剥蚀以及时间和地震的考验，千百年之后，古碉至今仍然屹立不倒：有的早已偏倚，却不倒塌；有的弯曲如弓状，依然坚守着那片土地。这些古碉的建筑艺术，精湛得让人叹为观止。

除了这冰冷的、毫无生命力的人文建筑让你大开眼界外，那富有朝气和活力的美女，更会让你心潮澎湃。丹巴美人谷，是出了名的盛产美女的地方。大凡美人谷的女孩，不管她们是深处大山之中，还是走出大山，都无需用粉黛和华丽的服饰来装扮自己。她们似乎不怕风吹日晒，冰肌玉肤似乎永远都含烟凝碧。即使终年从事着体力劳动，稍加梳洗，也立即气韵毕现，真是天生丽质，超凡脱俗。

除了美女，丹巴最美的要数甲居藏寨了。藏寨像群星般散落在倾斜起伏的山坡上，或稠密集中，或星罗棋布，或藏在河坝的绿洲间，几百幢美丽而又独特的嘉绒藏式民居就这样错落有致地融于自然环境中。它们背靠着神圣的墨尔多神山，脚踩着金川河谷，天人合一的理念在此体现得淋漓尽致。行至于此，宛如进入了一个童话世界。如此古朴典雅的丹巴乡土民居资源，可谓是中国，乃至世界乡土民居建筑的一朵奇葩，是中华民族贡献给世界的又一份珍贵的文化遗产。

甲居藏寨，四季景色不同，时时呈放异彩。春天，桃树、梨树、石榴树在房屋四周，吐绿滴翠，红白相间，争奇斗艳，此时的山寨是一片花的海洋；夏季，寨楼被掩映在万绿丛中，好似一位娇羞的少女犹抱琵琶半遮面，只在微风拂过的时候，露出俊俏的面庞；秋天，山寨呈现出一派多彩的画面，绿色、黄绿色、金黄色、红色，各种颜色层叠交织，构成一幅绚烂多彩的图画。也只有从这时开始，寨楼才露出她那迷人的面庞，尽显其小巧玲珑的娇姿。

丹巴，这个深受大众喜爱的地方，总会在不经意间，给你意外的惊喜。

不可不游

墨尔多山

墨多尔山风景素以神奇著称，山上的空行母十分灵验，若在此修行，极易修成正果。所以，墨尔多山的神奇，古往今来被很多游人墨客顶礼和传颂。

党岭

党岭位于丹巴县边耳乡境内，其保存了大量珍稀动物、植物的活化石，是世界上非常重要的地质历史博物馆和物种基因库。景区内山川秀美壮丽，生物种类繁多，每到10月上旬，党岭便被笼罩在迷人的秋色之中。树木都被秋天染成了彩色，行走其间，连呼吸都是秋的气息。雄奇壮美的雪峰、星罗棋布的海子、苍翠茂密的原始森林、缓缓流淌的小溪、珍稀的动物等，使党岭成为一个特大型综合性山岳风景旅游胜地。

古碉

古碉是嘉绒地区藏族先民们的建筑杰作具有悠久的历史。丹巴的古碉主要建在大小金川以及大渡河上游两岸的村寨、山脊和要隘处，这些古碉形式多样。

Tips

1. 景区紫外线强，长时间在户外活动请戴上太阳帽，涂抹防晒霜，以保护皮肤。
2. 景区昼夜温差大，请带足保暖防寒衣物，并备常用药品。
3. 景区内骑马时间较长，应挑选合适的马匹及马鞍，注意安全，听从服务人员指导。冬季驾车要带上防滑链条，冰雪路上车速勿快，牢记安全第一。

夜色下的古碉气势雄伟，守卫着丹巴人

千百年来，古碉经受了战争和风雨的剥蚀，却巍然屹立，其建筑艺术鬼斧神工，精妙绝伦

关键词：修道院、教堂、河水
国别：俄罗斯
位置：莫斯科东北面
最佳旅游时间：全年

苏士达

金环上的白色圣地

年复一年，一座座白色的房屋在开满鲜花的草地上被建造起来，它们独特的外表，如一颗颗镶嵌在大地上的珍珠，构成了今天苏士达童话般的风貌。

这些历史建筑大都以白色为主色，使城镇更添了几分圣洁与纯净

在莫斯科东北200千米左右的波克隆纳亚山丘上，有一座宁静、美丽、充满乡土味的小镇——苏士达。它建于公元9～10世纪，曾经是苏士达大公国的一座重镇，如今已有千年历史。它走过沧桑岁月，经历过王朝更替、革命和战乱，战火变革都没有改变它原来的样子。那些古老的教堂、精致的木屋、墙壁斑驳的修道院都岿然屹立在风雨之中，几乎和几百年前的画作一模一样。

镇里最具代表性的建筑是那些修道院和教堂，这个仅有9平方千米的小镇上竟然分布着50多座教堂、5座修道院和17座与它们相连的钟楼。那些美丽的白色建筑，掩映在绿树丛中，尖顶直插云霄，如同格林童话中住着美丽公主的城堡。漫步在小镇外侧平滑的草地上，仰望着远处雪白的建筑，会让人情不自禁地走向它们，亲自确定一下，是否有个美丽的公主住在城堡中，等着王子来将她带走。镇上的居民都是虔诚的东正教徒。每日清晨，悠扬的钟声便会从教堂旁的钟楼里传播开来，告诉人们新的一

翠色蔓草隐入纯白建筑之中，宛若梦幻，令人流连忘返

天开始了。这些钟楼依然采用手动敲钟，做了几十年的敲钟人能熟练地用这些铜钟演奏出古典的乐曲。

镇内的木质建筑非常有名，几乎所有公共设施与民居都是木质的。据说，最早来到这片美丽的土地上的居民，一到这儿就被这里的青山绿水迷住了。于是，这些居民们按照童话故事里的描述，建造了居所、教堂、修道院……这里最早的建筑布局就与大自然的风水气势相互协调。日复一日，这里的居民不断增多，建筑也不断从绿地上崛起。它们如同珍珠一样点缀在卡缅卡河之畔，掩映在绿树丛中，使美丽的苏士达小镇千百年来一直保持着童话般的外貌。

卡缅卡河静静地流过小镇旁边，白色的教堂、苍绿的杉树、挺拔的白杨、湛蓝的天空倒映在河水之中，宛如一幅绚烂的风景油画。一条弯弯的小路，穿过绿毯般的田野，直伸到小镇深处，将那些美丽的建筑分隔开来。路边栽满了各种花草，雏菊、郁金香、太阳花、扫帚梅，吸引来蜂蝶无数，给古朴的小镇增添了无数生机。秋天白杨、桦树的黄叶随风飘下，铺满小镇的道路。踩着厚厚的落叶，走在小镇之中，脚下传来窸窣的声音，鼻子里闻到阵阵香味——这一定是当地人正在烤野味。在这里的餐馆之中，游人能品尝到最美味的野兔、山羊、狍子，焦黄香嫩的肉，极大地刺激了食欲，让人口水直流。

街道干净整洁，鲜花绽放，让人备感舒爽

冬季，厚厚的雪掩盖了一切颜色，那些金顶、红顶的教堂都被染成白茫茫的一片，穿着厚厚的羽绒服，在柔软的雪地上奔跑，抓起一把雪，抛向对方，童年时的一切快乐忽然都回到了身边。每年 12 月底至次年 1 月初的“俄罗斯之冬”节日期间，是苏士达小镇最热闹的时节，四面八方的游客相聚在这里，人们穿着鲜艳的民族服装，乘着雪橇，载歌载舞。

美丽的苏士达，让人来了就不想走！

不可不游

波克罗夫斯修道院

在苏士达旅游，不能错过波克罗夫斯修道院。这座建于 14 世纪的建筑，如今依然经常飘出悠扬的古钟乐声。被美丽的宗教故事熏陶，乐声也变得格外美妙。与修道院相对的，是街道另一边的列宁公园。公园里最值得称颂的是几座教堂，这些形式各异的教堂都是木结构的，在精美绝伦的工艺中透着浓浓的古朴气息。

乡村建筑博物馆

乡村建筑博物馆建于 1968 年，是一幢露天的木结构建筑。建造博物馆的木匠技术十分高超，整个博物馆据说没用一根钉子。博物馆内有冬天教堂和夏天教堂（由于东北部气候寒冷，一般城市一定有冬、夏两座教堂，差别在于冬天教堂可以生火取暖）。另外，还有民宅和商店，以及水井、水车、磨面粉用的风车。乡村建筑博物馆重现了几百年前的俄罗斯小镇风貌，给人一种古老怀旧的感受。

Tips

① 在苏士达厚厚的雪地里奔跑，打雪仗，看着蓬松的雪球在对方的笑脸上飞散开来，那一定是非常难忘的记忆。

② 品尝一下当地独具特色的烤肉，幸福感会瞬间爆棚。

关键词：密集整齐、棋盘式、小巷纵横
国别：中国
位置：广东省佛山市三水区乐平镇
最佳旅游时间：全年

大旗头村

神奇的“锅耳”

一条泥土路？三五片畦田？七八间院落？那是普通的村落，这里会改变你对村落的定义。

大旗头村，青砖古墙，恢宏气派

有百年历史的大旗头村，不但排列整齐，还有最好的排水系统和最牢固的防御措施。走在青石板铺成的街道上，可以看到青砖瓦房排列有序，每栋房子上面独特的锅耳形封火山墙十分吸引人的眼球。脚下的石板雕刻为铜钱形状，颇有艺术韵味，而石板下面则是暗渠，这些暗渠肩负着排污水和雨水的功能。大旗头村从修建起，无论下多么大的雨，都没有发生过水涝，这都要归功于暗渠这个排水系统。而且石板街只有一端可以出入，另一端是堵死的。一旦匪徒入侵，可以把门楼锁上，匪徒便攻不进来了。

大旗头村的创建者郑绍忠是清代人，任广东水师提督，因功得到慈禧太后召见。太后下旨准许他修建房舍，并拨款给他。于是他在老家的原址上进行规划，并修建出这样独特而又坚固的村落来。房屋建好后，他并没有全部归为己有，而是将本村所有的村民都搬迁进来免费居住。

振威将军家庙是村子里最有特点的一座建筑，家庙的主人便是武将出身的郑绍忠。家庙前面有一个水塘，村子里所有的水源都汇集到这里，意为“四水归塘”。最值得一提的是塘边的那座笔形古塔，名为文塔，塔基由两块方石组成，一大一小，大的像是砚台，小的像是印台，与上面的塔身恰好构成“文房四宝”的形象。

其实郑绍忠并不识字，他一直羡慕读书人，也希望子孙后代都读书做官，于是修建了笔塔，笔塔里面供奉着魁星和文昌帝君。经常可以看到家长们来为自家的孩子“开笔”，祈求他们读书顺利，成绩优异。而这个笔塔也体现了岭南一带上进好学的民风。

村口的古榕树长得非常茂盛，老人们在树下聊天下棋玩牌，水牛在池塘里戏水玩耍，小狗在石板街上跑来跑去，累了就索性睡在街中心。这样悠闲、静谧、安然的场面，是大旗头村从古至今一直都存在的画面。

每个来大旗头村的人都会惊诧于村落的布局和规划，何等聪明的人才能设计出这么严谨又不失大气的村落来？不过只要在附近多走一走就会发现，粤中很多古村落都是这样的“梳式布局”。只不过现在很多村落没有得到很好的保护，已经被毁坏了。想要给祖先最好的交代和报答，莫过于先把祖先留下来的东西保护好，把文化和历史留住。

不可不游

“锅耳屋”

锅耳屋又称鳌鱼墙，有独特的象征意义，象征独占鳌头、拜官晋爵的意思，具有浓郁的岭南特色。除此之外，锅耳屋还有防火的作用，一旦不幸发生火灾，锅耳能够有效制止火势蔓延。

大旗头村村前的文塔

锅耳形封火山墙的青砖大瓦房

Tips

1. 嘉鱼是三水特产，曾是贡品，其嘴如老鼠，鳞在皮内，腹部多膏，值得品尝。
2. 在大旗头村的大榕树下，常有当地居民出售自制的菜干等物品，可选择购买。
3. 乐平镇内有乐平工业发展公司招待所，也可回到中心城区，在三水荷花世界附近有不少酒店可供选择。

关键词：雪山、湖泊、精致的建筑
国别：瑞士
位置：卢塞恩湖畔
最佳旅游时间：全年

威吉斯

跨越时空的童话

威吉斯小镇静卧在卢塞恩湖畔，如同一个对镜巧笑的少女，它是那样动人，以至于轻瞥一眼，便让人再也不能放下。

卢塞恩湖区深处的威吉斯小镇，干净，富裕，美丽，是个童话般的地方

即使在到处都充满美景的瑞士，威吉斯小镇也足以称得上是奇迹了。也只有冰蓝清澈的卢塞恩湖水才能滋养出如此干净、富裕、美丽动人的一块土地，也只有圣洁的瑞吉雪山才能呵护如此秀气、大方，令人魂牵梦绕的一个小镇。

瑞士的小镇很多，它们在大城市如雨后春笋般耸起的今日，显得格外的珍贵。在这里，你无论采用何种交通方式，在大城市间往来时，都能看到这些美丽的小镇的身影，那些风格迥异的建筑，那些平坦光滑的田园，那些在中世纪样式的房屋顶上冒起的缕缕炊烟，那

站在小镇湖畔，身处这种环境与氛围会觉得宁静中透着安逸

些经历了千百年风雨，依然岿立在高地上的要塞、城堡，都让你心动不已。让你不得不离开那些计划路线中安排好的大城市，来到这些小镇里寻找真正的瑞士，真正的中欧风情。

卢塞恩湖畔的威吉斯小镇，就是这样一个让人不经意间轻瞥一眼，便再也不能放下的地方。乘车进入小镇时，所有人几乎都怀着一种难言的欣喜，却又战战兢兢的，唯恐自己的到来会打破那原有的宁静。那些白墙绿瓦的房屋，从车窗外慢慢溜过，那些有着高高红色尖顶的塔楼，如同戴着圣诞帽子微笑地欢迎着来此的游客。那些温和、善良的居民，看到游人到来，都露出灿烂的笑容，这才让人对自己的冒昧来访稍稍释怀。

由于瑞士是个绝对中立的国家，这里的小镇都没有经历过德国及法国曾遭受过的那些战火。它们大多保持着原始的样子，没有一丝遭战乱破坏又重建的痕迹。威吉斯小镇中，有好多座上百年甚至几百年的建筑。这些古老的建筑静静地矗立在那里，讲述着一个个发生在小镇上的传奇、浪漫的故事。每一座灯塔，每一座修道院，甚至每一个雕像，每一条街道，在当地导游的口中，都能演绎出一个浪漫得让人心动或是伤感得让人流泪的故事。

卢塞恩湖岸上有一座古老的木码头，早晨小镇上的渔民们在这里伴着晨雾驶向风景如画的卢塞恩湖中捕鱼，傍晚又在夕阳的余晖中哼着丰收的小调返航。现在，这儿主要成了观光游艇的停泊点，游人可以乘着快艇，或小木船去欣赏美丽的卢塞恩湖的景色。白天，乘着快艇飞驰在平静的湖水中，一边是顶着白雪的瑞吉山，一边是童话般静美的威吉斯小镇，湖风夹着花香雪凉，令人有说不出的舒畅愉快。夜晚荡着小木船，在月影中、渔歌里，看着静穆的瑞吉山和小镇里闪烁的灯光，又有一种难以言说的风情。

优美的环境，使这里的所有居民都被熏陶成了艺术家。他们将瑞士人喜爱园艺的传统发挥到了极致，家家户户，门前屋后、露台上、窗口里、栏杆上、楼梯旁、门廊里，所有地方都种满了花——向日葵、风铃草、天竺葵、牵牛、紫藤、铁线莲，当然最多的还是蔷薇属植物——藤月、玫瑰、蔷薇。马克·吐温曾经在这个宁谧、美丽而又充满鸟语花香的小镇中度过了一段难忘的日子，他也一直将此作为“一生的钟爱”。

如果你钟情于童话般被艺术氛围笼罩的旅游胜地，一定不可错过威吉斯小镇，这儿是让你找到梦想的地方！

小镇的每一角都别有一番风味

不可不游

卢塞恩湖

卢塞恩湖被群山环绕，湖水深邃湛蓝，被微风吹皱的湖面妩媚动人。清晨或黄昏，湖水和天空中的云朵随着时间的不断推移和光线的不断变化而变幻出不同的绚丽色彩，这是欣赏卢塞恩湖美景的最佳时间。湖面上星星点点的游船，湖旁露天咖啡座里的情侣，湖边长椅上喂食天鹅的老妇人，则为卢塞恩湖平添了勃勃生机。

瑞吉山

在瑞士中部，有一个著名的瞭望台，许多著名人物都曾来此旅游，这便是被称为“山峦皇后”的瑞吉山。由于它在阿尔卑斯山脉的前麓，所以是观赏日出和日落的最佳场所。而且，在这里还可以看到阿尔卑斯山的全景以及黑森林和大平原。

Tips

❶ 瑞吉山上，有 1871 年修建的登山铁道，至今仍保留有蒸汽机车，不妨坐着古老的蒸汽列车来次“穿越时空”的旅游，定会别有一番风味。

❷ 瑞士最著名的运动就是滑雪，这里拥有世界上最好的滑雪场，最周到的服务，运动之后还可以浸泡温暖的山地温泉。

关键词：纤尘不染、宁静
国别：中国
位置：四川省甘孜藏族自治州稻城县
最佳旅游时间：4、5月，9、10月

稻城亚丁

蓝色星球上最后一片净土

它的景致保持着在地球上几近绝迹的纯粹，不愧为“中国香格里拉之魂”。

辽阔的草甸、五彩斑斓的森林，犹如走进一幅油画

找一个能放下一切去旅行，去感受，去流浪的人一路同行，去看看这个世界。如果我们看到了，那我们是幸福的；如果我们找到了，那我们也是幸福的。可是哪个地方会这么美呢，毫无疑问这个地方就是稻城亚丁。

彩林、雪峰、清溪、草甸、高山湖泊、原始森林，共同构成了自然风光迷人的稻城亚丁。自英国作家詹姆斯·希尔顿创作的小说《消失的地平线》问世以来，作品中描绘的永恒和平宁静的地方——香格里拉引起了人们无限的向往。可是香格里拉在哪里呢？云南省宣布香格里拉在云南迪庆，但你可曾知道，在四川境内也有一个“香格里拉”，那就是稻城，她的美丝毫不逊色于迪庆的迷人风光，她的美同样叫人无法忘怀。

稻城的三座雪峰，终年冰雪皑皑，纤尘不染。雪峰上面交错着条条冰川，其间生长着繁茂的森林和肥美的草原。冰川洁白无瑕，阳光照射，仿佛水晶般透明。繁茂的森林在上空俯瞰好似一片绿色的海洋，微风吹过，好似鱼儿在海洋中雀跃不已。肥美的草原是如此辽阔，满眼是不知名的花儿与草儿，绿草环绕着红花，远处几只牛羊悠闲地漫步。

稻城拥有着省级自然保护区海子山，位于稻城北部，是青藏高原最大的古冰体遗迹，有“稻城古冰帽”之美称。站在海子山上，极目远眺，天地无止境，景色壮观，撼人心魄。相传海子山是恐龙生息繁衍的地方。

稻城南部屹立着巍峨的高山——俄初山。它高峻而巍峨，挺拔却不失俊俏，像一位美貌的女子坐在云霓之间。秋季，层林尽染，万山红遍，正如山的美丽的名字，在阳光下闪闪发光。

◘ 每逢金秋，湖边的水草都变成了红色，非常神奇壮观

稻城的红草地上，湖水或者沼泽边生长着秋草，在周围或黄色，或绿色的青杨树的衬托下，显得更加炽烈和鲜艳，与远处的山峦、蓝天、白云一起，构成了一幅绚烂的稻城风景图画。

稻城的宗教文化极其丰富。大寺院建筑遍布各处，体现着浓郁的宗教色彩；异彩纷呈的民俗风情以及节日等无不受到宗教影响，散发出难以阻挡的魅力，使得雪域之外的人们也纷纷走进这片圣地，领略她那古朴独特的文化气息。

受够了城市里的乌烟瘴气、人山人海，一直在期待一场与众不同的旅行。九月的金秋，来稻城亚丁，在蓝色星球享受这里的一片净土。稻城是大自然的杰作，是世界的风光宝库，是野生动物和植物的天然乐园，由衷地喜欢这里——蓝色星球上最后一片净土。

不可不游

海子山

在稻城北部，有一个被称为“稻城古冰帽”的地方，这里海拔 4300～4700 米，是青藏高原最大的古冰体遗迹。现在这里被划为海子山自然保护区。名为海子山，是因为这里大大小小的海子多达 1145 个，是中国最多的海子聚集地。它们星罗棋布在山间，就像是上帝撒下的钻石。

冲古寺

雪峰脚下海拔 3880 米处，有一座破旧的寺庙，这就是稻城有名的冲古寺。后来有一个高僧来到这里，便重修寺庙，以此传播佛法。寺庙重建好后，高僧每日念经祈祷一方百姓安康。高僧去世后，为了纪念他的功德，寺院僧人每天都要为他烧香。

◘ 溪水在林间淙淙流淌，为这里的宁静带来欢快之声

Tips

❶ 高原天气寒冷干燥，一定要带上毛衣和羽绒服。有条件的建议穿着冲锋衣、登山鞋。此外多带些一次性内裤、袜子，这里洗衣服不太方便。

❷ 高原紫外线极强，最好戴上遮阳帽和墨镜，以免灼伤皮肤和眼睛。藏式“博士帽”既可挡住阳光又可遮蔽雨雪。

❸ 雨具最好选择雨衣，这样出行方便一些。

关键词：精奇、雄伟
国别：中国
位置：西藏自治区林芝的工布江达县
最佳旅游时间：全年

秀巴古村

藏民的智慧

即使在今天，硕果累累的建筑学家在它们面前依旧赧颜，工艺的精奇、工程的浩大、造型的优美都让他们赞叹不已。

松赞干布出生地，在蓝天下显得十分神圣

在浩瀚的历史长河中，多少王朝兴盛衰败、多少英雄风起云涌。曾经辉煌的吐蕃王朝，传唱千年的史诗，伴随着沧海桑田的巨变，早已尘埃落定。只余下一个个古堡栈道，虽历经变迁，却默默见证着风云变幻。

秀巴古村，位于林芝的工布江达县，其最主要的景色便是秀巴古堡。古堡群原本有 7 座古堡，但由于年久失修，现仅存高低错落的 5 座。这些古堡高度在 50 ~ 60 米，堡

祈福塔，已成为藏族人民心中祈求平安幸福的灵塔

垒相隔 30~50 米，古老而又神秘，当地人称之为“千年古堡”。但在当地还流传着这样的一个传说：秀巴古村是格萨尔王征服妖魔的一个战场，这些古堡就是妖魔钦巴那波的居所，堡垒异常坚固，战事持续了三年依旧攻不下来。之后的一天，格萨尔王在梦里得到了神明的指示，知道了妖魔在黎明时分法力最弱，用弓箭即可伏魔。格萨尔王于是派出神箭手登上古堡对面的山坡，在天刚刚破晓之时发起进攻。一支支利箭射向古堡，除掉了妖魔。现今古堡上还留有被利箭划过的痕迹，证明了这不仅仅是传说。

还有一种说法是松赞干布为了方便军队联系以及屯兵防御而修建。这些古堡由片石和木板构建而成，顶层嵌有瞭望孔，可以观察远处的动静，也能防御，向攻来的敌人射箭，还可以燃放狼烟，传递消息，可谓是功能齐全。古堡周围散落的断壁残垣是以前藏民的住房，高大的古堡与低矮的村舍相比肩，形成了一个完美的整体，也使得它成了一个易守难攻的体系，固若金汤。松赞干布为统一吐蕃，四处征战，每统一一个地方就修建一座古堡，作为其统治的标志，向人们昭示自己的强大。

无论是天赋神力的格萨尔王，还是英明勇敢的松赞干布，他们的伟大事迹在这里世代传唱，既是藏民们对祖先的追思向往，亦代表了一种远古的荣耀。但世事变迁、沧海桑田，这些人物早已湮没在历史的洪流之中，只余下沧桑的古堡昭示着昔日的辉煌。

这些古堡是失落的文明，是历史的余光，虽历经千年，依旧高大雄伟、气势磅礴。它们与附近的村舍相互衬托，当站在它们的面

巍峨的大山耸立在天际，庇护着山脚下的城市

前，你会发现，原来想象是不需要翅膀的。在这里，你的想象会被无限地扩大开来，飞到战火弥漫的战场，飞到利箭纵横的山坡，无论是哪一种，都会令人欣喜不已。

Tips

❶ 古堡是十分珍稀的建筑文物，游览时切记文明观赏，不要乱涂乱画。

❷ 这里昼夜温差大，记得带较厚的衣服，以防感冒。

不可不游

火麻

秀巴古村里生长着一种有趣的植物——火麻，藏语名叫“活玛”。如果被它的刺刺到，就会像被黄蜂蜇到一样痛。但如果把它煮熟，却味道鲜美。这里的藏民常常采摘火麻嫩叶，和牦牛肉一起炖煮，味道非常好。此外，它还有个唯美的名字——无情草。

祈福塔

祈福塔坐落在古堡群的旁边，高 28 米，分为 5 层，是当时祈求军事胜利的灵验宝塔，据说十分灵验。塔内一层设置有一个巨大的转经筒，现今它已经变成了藏民虔诚祈祷、转经祈福、祈求平安幸福的灵塔。

秀巴古堡，顶天立地，直入云霄